SPIノートの会 編著

主要3方式〈テストセンター・ペーパーテスト・WEBテスティング〉対応

これが本当のSPI3だ!

2026年度版

これがSPI3だ!

ある会社で希望者を募り、美術館に行くことになった。美術館の入館料は1人あたり600円であるが、30人を超す団体の場合、30人を超えた分については1人あたり400円になる。

(1) 美術館に46人で行く場合、入館料は総額でいくらになるか。

A　11600円　　　F　24400円
B　14800円　　　G　27600円
C　18000円　　　H　30800円
D　18400円　　　I　34000円
E　21600円　　　J　AからIのいずれでもない

(2) 入館料の総額を美術館に行く人数で割り、各人が同じ金額を支払うようにする場合、1人あたり550円支払うことになるのは何人で行くときか。

A　25人　　　F　50人
B　30人　　　G　55人
C　35人　　　H　60人
D　40人　　　I　65人
E　45人　　　J　AからIのいずれでもない

（くわしくは186・188ページ参照）

60秒でわかる！SPI3

SPIの
カリスマ氏

SPIは、日本で一番使われているテストだ!

・基礎能力検査（言語・非言語）と性格検査で構成
　※言語は国語、非言語は数学に相当

・パソコンで受ける「テストセンター」やペーパーテストなど、複数の受検方式がある

・最新バージョンは「SPI3」

SPIの非言語問題

P、Q、R、Sの4人が1冊の本を順番に読んだ。4人の読んだ順番について、次のことがわかっている。

Ⅰ）SのつぎにPが読んだ
Ⅱ）最初に読んだのはRではない

(1) 次の推論ア、イ、ウのうち、必ずしも誤りとはいえないものはどれか。AからHまでの中から1つ選びなさい。

ア　Qが2番目に読んだ
イ　Rが3番目に読んだ
ウ　Sが4番目に読んだ

A　アだけ　　　　E　アとウの両方
B　イだけ　　　　F　イとウの両方
C　ウだけ　　　　G　アとイとウのすべて
D　アとイの両方　H　ア、イ、ウのいずれも誤り

(2) 最も少ない情報で4人の読んだ順番がすべてわかるためには、Ⅰ）とⅡ）の情報のほかに、次のカ、キ、クのうちどれが加わればよいか。AからHまでの中から1つ選びなさい。

カ　Qより先にPが読んだ
キ　Qより先にRが読んだ
ク　Rより先にSが読んだ

A　カだけ　　　　E　カとクの両方
B　キだけ　　　　F　キとクの両方
C　クだけ　　　　G　カとキとクのすべて
D　カとキの両方　H　カ、キ、クのすべてが加わってもわからない

（くわしくは46・48ページ参照）

SPIの非言語では、幅広い分野から出題される。この問題は「推論」。論理的思考力を問う問題だ！

ナルホド!!

就活中の女子大学生

SPIの言語問題

最初に提示された二語の関係を考え、同じ関係のものを選びなさい。

(1) 鉛筆：文房具
  - ア　万年筆：筆記
  - イ　ペンチ：工具
  - ウ　文学：小説

A　アだけ　B　イだけ　C　ウだけ　D　アとイ　E　アとウ　F　イとウ

(2) 相対的：絶対的
  - ア　創造：模倣
  - イ　芸術的：前衛的
  - ウ　保守的：革新的

A　アだけ　B　イだけ　C　ウだけ　D　アとイ　E　アとウ　F　イとウ

下線部のことばと意味が最も合致するものを、AからEの中から1つ選びなさい。

(1) <u>自分だけひとり超然としていること</u>
  A　潔癖　B　孤立　C　崇高　D　孤高　E　独裁

(2) <u>はかりごとをめぐらして、あれこれと行動すること</u>
  A　遂行　B　発案　C　策略　D　画策　E　考案

SPIには複数の受検方式がある！

テストセンター

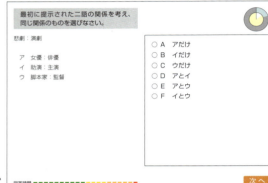

```
最初に提示された二語の関係を考え、
同じ関係のものを選びなさい。

悲劇：演劇

ア　女優：俳優
イ　助演：主演
ウ　脚本家：監督

○ A　アだけ
○ B　イだけ
○ C　ウだけ
○ D　アとイ
○ E　アとウ
○ F　イとウ
```

テストセンターで!!

テスト会社の
専用会場（テストセンター）の
パソコンで受ける

ペーパーテスト

各チーム8人で競う駅伝が行われた。はじめの4人が往路を、後の4人が復路を走り、第1走者と第8走者は6km、第2走者から第7走者まではそれぞれ4kmを走った。この駅伝に参加したあるチームの各走者の通過時刻は、下図のとおりである。

```
       9:00   9:20   9:45   10:05  10:20
スタート 第1走者 第2走者 第3走者 第4走者
        6km    4km    4km    4km
ゴール  第6走者 第7走者 第6走者 第5走者
        4km    4km    4km    4km
        11:04  10:47  10:34  10:20
```

(1) このチームの第1走者の平均時速は何km/時か（必要なときは、最後に小数点以下第2位を四捨五入すること）。

A　0.3km/時　　F　15.0km/時
B　10.0km/時　 G　18.0km/時
C　10.5km/時　 H　19.2km/時
D　12.0km/時　 I　21.0km/時
E　12.5km/時　 J　AからIのいずれでもない

(2) このチームの往路全体の平均時速は何km/時か（必要なときは、最後に小数点以下第2位を四捨五入すること）。

A　10.0km/時　　F　14.5km/時
B　12.0km/時　　G　15.0km/時
C　12.5km/時　　H　16.0km/時
D　13.5km/時　　I　16.5km/時
E　14.0km/時　　J　AからIのいずれでもない

(3) このチームの第8走者の平均時速は22.5km/時であった。復路全体の平均時速は何km/時か（必要なときは、最後に小数点以下第2位を四捨五入すること）。

A　12.0km/時　　F　16.0km/時
B　12.4km/時　　G　16.4km/時
C　14.0km/時　　H　17.2km/時
D　14.8km/時　　I　18.0km/時
E　15.0km/時　　J　AからIのいずれでもない

WEBテスティング

```
空欄に当てはまる数値を求めなさい。

Xは2の倍数、Yは3の倍数、Zは5の倍数で
あり、以下のことがわかっている。

   ア　X＋Y＝35
   イ　Y＋Z＝41

X、Y、Zがいずれも正の整数であるとき、
Xは［　　　］である。

回答欄

回答時間　　　　　　　　　　　　　　　　　次へ
```

自宅で！

自宅などのパソコンで受ける

※WEBテスティングとほぼ同じテストを、企業内のパソコンで受ける「インハウスCBT」もある。

企業などで、ペーパーテストを受ける

方式が違うと出題範囲も違う！

「SPI」Q&A カリスマに聞け!

> 国語や数学に自信がないのですが…

SPIは国語や数学が出ると聞きましたが、自信がありません。
高校までに習ったけれど、忘れてしまったことも多くて…。
SPIの問題がちゃんと解けるかどうか、不安です。

大丈夫! SPIは、特別な知識を必要とする問題は出ないし、変わった問題（奇問）も出ない。きちんと対策をすれば、充分に解けるレベルの問題ばかりだ。
SPI対策は、他の採用テスト対策にも役立つぞ。採用テストにはSPIに似たものが多いんだ。

※採用テストとは？
テスト会社が作成、販売している、採用選考のためのテストの総称。「適性検査」「筆記試験」と呼ばれることも。多くの企業は、これらのテストを購入して実施している。

きちんと取り組めば効果がありそうですね。
やればできる、という気になってきました!

何点とればOK？

SPIの合格点は何点なんですか？

実は、SPIには「**何点取れば必ず合格**」という目安はないんだ。
合格ラインは企業ごとに違う。
だから、合格ラインが高いときに備えて、**なるべく高得点を狙うのがベストだ。**

なるべく高得点を狙うには、得意な科目に集中して頑張るのが、効率がよさそうですね。

それでは言語・非言語で極端に点数が違ってしまうことになりかねない。
どちらか一方の科目の点数があまりにも低いと、最悪の場合、落とされる可能性もある。
苦手な方を優先して対策し、まんべんなく得点できるようにしておこう。

結局、どう対策すれば？

「今から国語や数学を復習して、しかも3方式もあるんですよね…絶対に間に合いません！」

「どうしよう!!」

「心配無用。SPIの特徴を踏まえれば、短時間でも結果は出せる！」

> 📌 **SPIの特徴とは？**
>
> ●実施方式によって出題範囲が異なる！
> ↓
> ・自分が受ける方式がわからないときは、<u>共通の出題範囲から対策しよう</u>
> ・方式がわかっているときは、その方式を優先して対策しよう
>
> ●同じ方式では、出題分野や問題の傾向がかなり固定されている！
> ↓
> 過去の出題傾向を押さえた対策が効果的。再現性の高い本書を使って、繰り返し問題に取り組もう

「過去の出題傾向を押さえた対策…、なるほど、再現性が高い対策本を使う理由って、コレだったんですね！」

SPI対策はこの本だけで万全？

本書があれば、3方式をまとめて対策できる。SPI対策は、これ1冊で万全ですね！

その通り！と言いたいが、万全とまでは言えない。
万全の対策を考えるなら、本書以外に、方式ごとの個別対策に取り組んで上乗せすることが大事だ。

やっぱり個別対策ですか…。
本書の良さは、どういうところにあるのですか？

SPIは方式ごとに体裁や範囲が違うが、中核となる部分は共通なんだ。
本書では、その共通部分の問題を中心に取り組むことで、SPIの全体像を広く理解することができる。
全体像を知ることは、個別対策にも欠かせない。
まずは本書に取り組んでSPIを知ろう！

SPI2? SPI3?

SPIのことを「SPI2」とか「SPI3」と言いますよね。SPIの後ろの数字は何ですか?

数字はSPIのバージョンだ。最新のバージョンは「SPI3」だよ。

「2」と「3」、両方の対策をしたほうがいいんでしょうか?

現在、SPIの全部の方式でSPI3が実施されている。これからSPI対策を始める人は、バージョンを意識する必要はないぞ!

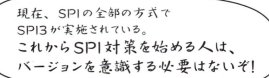

※SPI2とSPI3の違いは9ページを参照

SPIの性格検査

以下の質問は、あなたの日常の行動や考え方にどの程度当てはまるか。最も近い選択肢を1つ選びなさい。

	A					B
		Aに近い	Aどちらかといえば近い	Bどちらかといえば近い	Bに近い	
1	常に活動的なほうだ	A	A'	B'	B	常に落ち着いているほうだ
2	決断するときは細心の注意をはらう	A	A'	B'	B	決断するときは思い切って行う
3	冗談をあまり言わないほうだ	A	A'	B'	B	冗談をよく言うほうだ
4	うまくいかなくてもやり続ける	A	A'	B'	B	うまくいかなければ違う方法を試す
5	他人の意見に従うほうだ	A	A'	B'	B	他人の意見には従わないほうだ
6	気が強いと言われる	A	A'	B'	B	穏やかだと言われる
7	ある分野で抜きん出た存在になりたい	A	A'	B'	B	無理せず自分らしく進みたい
8	失敗してもあまり気にしないほうだ	A	A'	B'	B	失敗するといつまでも気になるほうだ

（くわしくは413ページ参照）

性格検査は3部構成で、質問数が多い。落ち着いて質問文を読み、すべて答えよう！

性格検査では何を見ている？

SPIの性格検査が何を測るものなのか、ピンときません。どう考えればいいのでしょうか。

SPIの性格検査は、企業の風土や職務内容に、受検者がどの程度、適しているかを客観的に診断するための検査だ。
企業は、なるべく自社にあった人に入社してもらい、活躍してほしいと考えている。そのためのものなんだ。

企業や職種によって、求める人物像は違うということですね。当たり前のことですが、気付きませんでした。
自分が、応募企業の風土や職務内容に合っているかどうか、調べるところから始めようと思います！

全国の就活生が待ち望んでいた
SPI主要3方式の対策本
をついに刊行！

日本で一番使われている採用テスト

「SPI（エスピーアイ）」は、企業の筆記試験で最も多く使われている採用テストです。就職活動をする大学生は、対策が必須です。

SPIは、適切な対策をすれば、確実に効果が見込めるテストです。厳しい就職状況で結果を出すためにも、SPI対策は重要です！

問題の体裁や出題範囲は方式によって違う！

SPIには複数の実施方式があり、どれが実施されるかは業界や企業、職種によって違います。**よく実施されるのは「テストセンター」「ペーパーテスト」「WEBテスティング」。問題の体裁や出題範囲は方式によって異なります。**それぞれの方式を正しく理解した対策が必要です！

SPIの主要な方式を広く対策！

最も効率のよい対策法は、自分が受ける方式の対策をすることです。しかし、志望業界や企業、希望職種などが決まっていない段階では、自分が受ける方式はわかりません。**方式を絞り込めない場合、SPIの全方式を視野に入れ、各方式で共通の出題範囲から押さえていくのがよい対策法です。**本書は、このコンセプトに基づいてSPIを対策する本です。

SPI対策の「最初の一冊」として本書を活用してください！

本書の特徴

■ SPIの主要3方式に対応！

　新卒採用で実施されるSPIを完全解説。よく実施される「テストセンター」方式に加え、SPIの自宅受検版である「WEBテスティング」方式、応募企業などに出向いて受検する「ペーパーテスト」方式の問題と解説を掲載しています。SPIの主要3方式の対策ができるのが本書です！

■ WEBテスティングがわかる！

　SPIのWEBテスティングは、「入力式の問題が多い」「電卓の使用が前提」など、他の方式にはない特徴を持っています。

　本書では、WEBテスティング独自の特徴を踏まえた対策の要点を解説し、厳選した問題を掲載。テストセンター、ペーパーテストと合わせ、WEBテスティングがわかります！

■ 3方式の出題範囲が一目でわかる一覧を掲載！

　SPIの出題範囲や問題の体裁は、方式によって異なります。本書は、主要な3方式の出題範囲が一目でわかる一覧を掲載。どの分野が共通で、どの分野が独自の範囲なのかがすぐにわかります。本書を終えた後で、方式ごとの個別対策に取り組むときにも役立つ一覧です。

■ 実際の出題範囲、出題内容を忠実に再現！

　実際にSPIを受検した就活生の皆さんから寄せられた報告に基づき、**問題を高い精度で再現**しています。本書で対策をしておけば、本番で確実な手応えが得られるでしょう。

性格検査の解説も掲載！

SPI3の性格検査に完全対応。また、2018年1月に行われた報告書のリニューアルに対応しています。

 **ていねいな解説で理解しやすい！**

問題の解説にできるだけページを割き、**数学や国語から遠ざかっていた受検生でも理解しやすいていねいな解説**を加えました。また、数学の基礎からやり直したい受検生のために、**「算数のおさらい」も掲載**しています。

 テストセンターの予約から当日まで、受検の流れを完全解説！

SPIのテストセンターでは、受検する本人が自宅のパソコンなどで予約手続きをします。予約時には性格検査の受検も必要です。**本書は、初めてテストセンターを受ける際の疑問や不安に答えます。**

※SPIのテストセンターでは、オンライン監視による自宅受検が選べます（2022年10月開始）。本書で解説する受検の流れは、自宅受検にも対応しています。

2026年度の改訂内容

・非言語問題を増問

　代金の精算の問題を増問しました。

---

xv

本書の使い方

1 SPIの全体像を理解する

「第1部 これが本当のSPI3だ！」(P.1)
「第2部 これがSPI主要3方式の㊙攻略法だ！」(P.19)

2 各科目の出題範囲と対策法を確認

非言語（P.35）・言語（P.333）

3 再現問題に取り組む

1問ごとに正解と解説を確認。問題の形式や考え方に慣れるためにも、すべての分野に取り組もう

4 苦手な科目・問題は重点的に対策

理想は全科目・全分野がまんべんなくできていること。苦手な分野は重点的に対策しよう

5 全科目に繰り返し取り組む

手早く正確に解くためには「慣れ」が欠かせない。繰り返し取り組もう

6 性格検査対策も忘れずに

性格検査がどのようなものかを理解しておこう

本書の見方

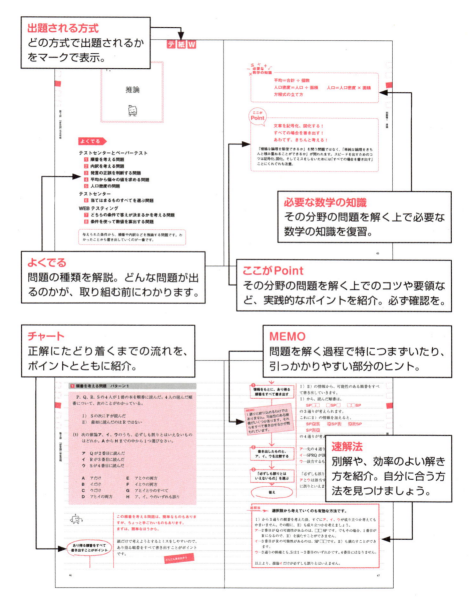

[目次]

【巻頭カラー】

60秒でわかる！ SPI3 ———————————————————— i

【プロローグ】

全国の就活生が待ち望んでいたSPI主要3方式の対策本をついに刊行！ xiii

本書の特徴 ———————————————————————— xiv

本書の使い方 ————————————————————————— xvi

本書の見方 ————————————————————————— xvii

第1部

これが本当のSPI3だ！ ———————————— 1

日本で一番使われている採用テスト「SPI」——————————— 2

対策の前にこれだけは押さえておこう ——————————— 4

SPIの種類 ———————————————————————— 6

SPIのオプション検査①英語検査（ENG）とは ——————— 10

SPIのオプション検査②構造的把握力検査とは ——————— 12

SPIの報告書とは？ ———————————————————— 14

個別対策に効果的な対策本は？ ——————————————— 16

第2部

これがSPI主要3方式の㊙攻略法だ！ 19

「テストセンター」とは？ ————————————————— 20

テストセンターの特徴 ————————————————— 22

テストセンター受検のながれ ——————————————— 24

WEBテスティングとは？ ————————————————— 28

ペーパーテストとは？ ————————————————— 30

SPI以外の採用テストにもテストセンターがある！ —————— 32

「非言語」完全攻略 ——— 35

SPIの「非言語」の概要と対策 ——— 36
非言語の問題種ごとの頻出度 ——— 36
テストセンター、ペーパーの非言語の要は「組問題」対策 ——— 38
WEBテスティングの非言語の要は「入力問題」対策 ——— 40

非言語「問題種」別・攻略法と再現問題 ——— 43

> 以下のマークはそれぞれ
> テ —— テストセンター形式
> 紙 —— ペーパーテスト形式
> W —— WEBテスティング形式
> の方式で各分野が出題されることを意味しています。

全方式の共通分野

❶▶ 推論 テ 紙 W ——— 44
順番／内訳／発言／平均／人口密度／すべて選ぶ／どちらの条件／条件に合う数

❷▶ 図表の読み取り テ 紙 W ——— 98
数量の表／割合の表／2つの表／得点範囲の表／表と一致するグラフ

❸▶ 集合 テ 紙 W ——— 128
2つのうち1つに当てはまる／3つのうち1つに当てはまる／2つまたは3つに当てはまる／2つに当てはまらない／全体の人数／何人当てはまるか

❹▶ 順列・組み合わせ テ 紙 W ——— 142
積の法則／積と和の法則／組み合わせと積の法則／余事象／順列／最後に当てはまらない場合を引く／同じものを含む順列
▶ 算数のおさらい　順列・組み合わせ ——— 160

⑤ ▶ 確率 テ 紙 W ————————————————166

積の法則／積と和の法則／余事象／小数を使った確率／全組み合わせ
▶ 算数のおさらい　確率————————————— 182

⑥ ▶ 料金の割引 テ 紙 W ————————————184

総額／平均額／総額の差／割引率

⑦ ▶ 損益算 テ 紙 W ————————————————194

定価での利益／定価／仕入れ値／売れた個数／金額不明で割引率

⑧ ▶ 分割払い・仕事算 テ 紙 W ————————206

総額のどれだけ／以前のどれだけ／手数料／方程式を用いた問題／小
数を用いた問題
▶ 算数のおさらい　分数————————————— 218

⑨ ▶ 速さ テ 紙 W ————————————————————222

時刻表の距離／時刻表の速さ／周回で追いつく時間／速さの平均／時
間を求める方程式／流れの速さ

⑩ ▶ 割合・比 テ 紙 W ————————————————236

ペンキの量／部活動の生徒／異なる比率

⑪ ▶ 代金の精算 テ 紙 W ——————————————248

代金から精算額を求める／代金の一部と精算額から代金を求める／代
金・精算額から人物を求める／精算額から代金を求める

1方式の出題分野

⑫ ▶ 資料の読み取り テ ————————————————258

⑬ ▶ 長文読み取り計算 テ ——————————————264

数値計算／内容一致

⑭ ▶ 整数の推測 W ————————————————————272

整数の比較／割られる数を求める

⑮ ▶ **グラフの領域** 紙 ——————————— 280
　　直線で囲まれた領域／黒点が並ぶ領域／直線と放物線／直線と円
　　▶ 算数のおさらい　座標と不等式 ——————— 300

⑯ ▶ **物の流れと比率** 紙 ——————————— 304
　　図を式にして変形／到着する割合／数量／２経路の割合比較

⑰ ▶ **装置と回路** 紙 ——————————————— 318
　　０と１を規則的に変化／数をかけたり割ったりする装置

第4部

「言語」完全攻略 ——————— 333
SPIの「言語」の概要と対策 ——————— 334
言語の問題種ごとの頻出度 ——————— 334

言語「問題種」別・攻略法と再現問題 ——————— 339
❶ ▶ **二語関係** テ 紙 ——————————————— 340
❷ ▶ **熟語の意味** テ 紙 ——————————————— 350
❸ ▶ **熟語の成り立ち** W ——————————————— 360
❹ ▶ **語句の用法** テ 紙 ——————————————— 366
❺ ▶ **文の並べ換え** テ W ——————————————— 380
❻ ▶ **空欄補充** テ 紙 W ——————————————— 388
❼ ▶ **長文読解** テ 紙 W ——————————————— 394

特報 一部企業でテストをコロナ禍の前に戻す動き。
　　　オンライン監視テストは実施が続く ——————— 410

「性格」完全攻略 ——411
SPIの性格検査概要 ——————— 412
SPIの性格検査はこう考えよう ———— 416
性格検査の結果はこう表示される ———— 418
SPIの性格検査の尺度一覧 ————— 420

第3部・第4部は、出題頻度順（出る順）・学習効果の高い順に構成しています。

第 **1** 部

これが本当の
SPI3 だ！

日本で一番使われている採用テスト「SPI」

🔑 SPIとは

　SPI（エスピーアイ）は、リクルートマネジメントソリューションズ社製の採用テストです。多くの企業の採用活動で実施されてきた、**「日本で一番使われている採用テスト」**です。最新バージョンは「SPI3」です。

　SPIは基礎能力検査と性格検査で構成されています。基礎能力検査では言語（国語に相当）、非言語（数学に相当）などが出題されます。

　SPIの基礎能力検査で問われるのは、企業人として仕事を遂行する上で必要な基礎的能力です。特別な知識や専門能力は不要です。**本書を使ってきちんと対策をすれば、充分に解けるようになる問題ばかりです。**

🔑 受検方式が複数ある

　SPIには複数の受検方式があります。本書で取り上げるのは以下です。

テストセンター

　専用会場（テストセンター）のパソコンで受検します。指定された期間内で日時と会場を選べます。筆算が前提です。

※自宅受検も選べます（2022年10月開始）。

WEBテスティング

　自宅のパソコンで受検します。指定された期間内であればいつでも受検できます。電卓の使用が前提です。

ペーパーテスト

　企業内などでマークシート方式で受検します。筆算が前提です。

🔍 主流はテストセンター方式

SPIの実施方式と受検者数の割合

実施方式		方式の説明	受検者数の割合
パソコン	テストセンター	専用会場のパソコンで受ける	65%
	WEBテスティング	自宅のパソコンで受ける	20%
	インハウスCBT	企業内のパソコンで受ける ※WEBテスティングとほぼ同じテストが実施される	1%
紙	ペーパーテスト	マークシートを企業内などで受ける	14%

※受検者数の割合は「リクナビ2015」内の「SPI3公式ガイド」に公表されていたデータを元に作成

テストセンターの受検者数はその他の方式の受検者数を圧倒しています。**SPIの主流はテストセンターといえます。**

🔍 出題範囲は実施方式ごとに違う

SPIは、実施方式によって出題範囲が異なります。例えばテストセンターの出題範囲が、他の方式にそのまま当てはまるわけではありません。

SPI対策を考えるときに大事なのは、実施方式による出題範囲の違いをきちんと押さえることです。

※出題範囲の違いは問題種ごとの頻出度の一覧（非言語36ページ、言語334ページ）で確認できます。

🔍 合格ラインは企業によって異なる

基礎能力検査の合格ラインは、企業によってかなり異なるのが実情です。何割を正解すれば通過とは一概にいえません。**点数は高いに越したことはないと考えて、高得点を狙いましょう。**基礎能力検査の点数が高いと、面接官の心証も良くなります。また、基礎能力検査の各科目で偏りがないように得点するのが理想的です。言語・非言語のどちらかが極端に苦手な人は、苦手なほうを優先して対策しましょう。

対策の前に
これだけは押さえておこう

各方式で共通の出題範囲から対策しよう

SPI対策は、自分が受ける方式の個別対策をするのがベストです。受ける方式がわからない状態で対策を始めるときは、**3方式の出題傾向を広く浅く押さえることから始めましょう。まずは各方式で共通の出題範囲を対策し、その後、各方式で独自の出題範囲を対策**します。

受ける方式がわかっているときは、その方式を優先的に対策します。

3方式すべてに対策しておくと万全

学生の利便性などを考慮して、SPIの実施方式を使い分ける企業も多く存在します。例えば、東京本社での筆記試験に参加できる学生にはSPIのペーパーテスト、それ以外の学生にはテストセンターやWEBテスティングを実施するといった具合です。**自分が受ける方式がわかっている場合でも、SPIの主要3方式はできればすべて対策しておくと万全です。**

なぜ方式によって出題範囲や問題が違うのか？

方式ごとに出題範囲が違うのであれば、どの方式を受けるかによってSPIの結果に差が出てしまうのでは？と思うかもしれません。

実は、**SPIの基礎能力検査は、どの方式を受検しても測定結果に大きな差異が出ないように作られています。**にもかかわらず出題範囲や問題に違いがあるのは、パソコンと紙の違い、会場受検と自宅受検の違いなど、方式ごとに異なる受検条件を踏まえて問題が作られているからです。この実態を理解した上で、出題範囲を把握して対策を進めましょう。

🔍 過去の出題内容を踏まえた問題に取り組もう

　SPI は、受検者の学力の推移などに合わせて毎年少しずつ調整されていますが、同じ問題が何年にもわたって使い回されるのが普通です。つまり、「SPI は、出題分野や問題の傾向が、かなり固定されているテストだ」といえるのです。この傾向を踏まえた最も効果的な対策は**「過去の出題内容を踏まえた問題に取り組むこと」**です。

　本書掲載の問題は、多くの受検者からの聞き取り調査に基づいています。本書の問題に繰り返し取り組めば、SPI の得点アップが見込めます。

🔍 パソコン受検方式は「慣れ」が必要

　テストセンター、WEB テスティングでは、問題の見た目や制限時間などがペーパーテストとかなり違います。特に違うのが以下の点です。

受検者ごとに出題内容や出題数が違う

　パソコン受検方式は、受検者の回答状況に応じて出題内容や出題数が変化します。最初から決まった問題内容、問題数を解くペーパーテストとは違います。

問題ごとに制限時間が設定されている

　パソコン受検方式では、原則として 1 画面に 1 問ずつ表示されます。全体の制限時間のほかに問題ごとの制限時間があり、時間を過ぎると未回答でも次に進んでしまいます。

次の問題に進んだら後戻りできない

　回答を終えて次の問題に進むと、前の問題に後戻りすることができません。

　パソコン受検方式では、出題順に素早く問題を解いていく必要があります。**問題形式に慣れておき、正確で素早い回答を心がけましょう。**

SPI の種類

SPI には対象者や目的による種類分けがあります。これは実施方式とは別のものです。

● SPI の総合的なテスト

種類 (基礎能力検査のみの名称)	対象	備考	実施方式						
			テストセンター		ペーパーテスト		WEBテスティング/インハウスCBT	
			基礎能力	性格	基礎能力	性格	基礎能力	性格
SPI-U (GAT-U)	大学生	大学生の採用で使われる	約35分 言語と非言語	共通 約30分	70分 言語30分 非言語40分	共通 約40分	約35分 言語と非言語	共通 約30分
SPI-G (GAT-G)	一般企業人	中途採用で使われる	約35分 言語と非言語		70分 言語30分 非言語40分		約35分 言語と非言語	
SPI-H (GAT-H)	高校生	高校生の採用で使われる	約35分 言語と非言語		70分 言語30分 非言語40分		約35分 言語と非言語	
SPI-P		性格検査のみ ※テストセンターでは、性格検査のみの受検は不可						

※本表は、リクルートマネジメントソリューションズが公表している情報を参考に作成しました。
※このほか、テストセンターとペーパーテストでは以下のオプション検査があります。
　英語検査(ENG)　テストセンター約20分(SPI-U、SPI-Gでだけ実施されます)、ペーパーテスト30分
　構造的把握力検査　テストセンター約20分(SPI-Uでだけ実施されます)
※基礎能力検査のみのテスト(GAT)は、ペーパーテストとインハウスCBTでだけ実施されます。

● SPI の短縮版・専門テスト

種類 (基礎能力検査のみの名称)	対象	備考	実施方式	
			ペーパーテスト	
			基礎能力	性格
SPI-A (GAT-A)	大学生	SPI-Uの短縮版	50分 言語と非言語が交互に出題	共通 約40分
SPI-B (GAT-B)	大学生	研究開発職・SE採用で使われる	90分 言語30分、論理的思考30分、数量的処理30分 ※「論理…」「数量…」は非言語に相当	
SPI-R (RCA)	大学生 短大生	一般職採用で使われる	57分 分類7分、概算5分、文章照合5分、 言語と非言語40分	
SPI-N (NCA)	短大生 高校生	一般職・事務職・技能職採用で使われる	31分 照合5分、表の読み取り5分、置換5分、 計算8分、漢字8分	

※本表は、リクルートマネジメントソリューションズが公表している情報を参考に作成しました。

🔑 SPI の総合的なテスト

　テストセンター、ペーパーテスト、WEB テスティングなど SPI の全方式で実施される総合的なテストです。**最新のバージョンは「SPI3」**です。

SPI-U 　大学生の新卒採用のためのテスト

　本書で対策するテストです。SPI で最も多く使われています。

SPI-G 　一般企業人の中途採用のためのテスト

　主に一般企業人の中途採用で使われる総合的なテストです。大学生対象の「U」とは出題範囲が異なります。転職を志す方は、まずこれらのテスト対策から始めるとよいでしょう。

SPI-H 　高校生の新卒採用のためのテスト

　主に高校生の採用で使われる総合的なテストです。大学生対象の「U」、一般企業人対象の「G」とは出題範囲が異なります。

🔑 SPI の短縮版・専門テスト

　総合的なテストの短縮版や、専門職採用のためのテストです。実施方式はペーパーテストのみです。こちらも、**最新のバージョンは「SPI3」**です。

SPI-A 　SPI-U の短縮版

　大学生対象の「U」の短縮版です。同じ時間内で、言語、非言語が交互に出題されます。

SPI-B 　研究開発職・SE の採用に使われるテスト

　大学生対象のテストです。非言語に相当する科目が「論理的思考」「数量的処理」（それぞれ 30 分ずつ）に分かれています。

SPI-R、SPI-N　　一般職、事務職などの採用に使われるテスト

「R」は大学生・短大生が対象、「N」は短大生・高校生が対象です。左右の文字の同異を調べたり、提示された規則に従って情報を分類するなど、大学生対象の「U」とは違うタイプの問題が出題されます。

※こうした定型業務の処理能力を測るテストを「事務処理テスト」と呼びます。

SPI-Nの能力検査「記号の照合」の再現問題例

左右の記号群が同じ場合は【　同　】に、異なる場合は【　異　】にマークしなさい。

例1　k　n　a　p　o　ー　k　n　a　p　o　　【　同　】【　異　】

例2　ま　は　り　く　あ　ー　ま　は　く　り　あ　　【　同　】【　異　】

🔎 SPI-R、SPI-N では「誤謬率」が測定される

「誤謬率」は「回答のうちの間違いの割合」のことです。間違いが多ければ、処理の正確さが足りないと判断されます。SPI-R と SPI-N では、誤謬率が測定されます。これらのテストでは、「処理の速さと正確さの両方を測定しているので、でたらめな回答はしないこと」という説明があります。このような説明を受けたときは誤謬率を意識して、多少スピードを犠牲にしても、正確さを重視した慎重な回答を心がけましょう。

※本書で扱う SPI-U では、誤謬率は測定されません。誤答をおそれて空欄にするよりは、自信がなくても回答欄を埋めたほうが有利です。

🔎 性格検査は共通

SPI の性格検査は、テストの種類、方式に関係なく共通のものが実施されます。ただし、問題数やテスト全体の制限時間は、パソコン受検方式（テストセンター、WEB テスティング、インハウス CBT）とペーパーテストとで異なります。

※性格検査について詳しくは 411 ページを参照

🔑 SPI「3」と「2」の違い

　SPIは、2013年1月にSPI2からSPI3にリニューアルしました。現在、SPIの全種類・全方式でSPI3が実施されています。

　SPI2とSPI3の主な違いは以下の通りです。

・ 性格検査のしくみと内容が変更

　テストセンターの性格検査が、会場受検から予約時に受検するしくみに変更されました。

　また、性格検査全体の変更点として、新しい診断項目（「性格特徴」の「社会関係的側面」と「組織適応性」）が追加されました。

※テストセンターの受検予約について詳しくは24ページを参照

・ テストセンターに「構造的把握力検査」が登場

　テストセンターに、新しいオプション検査「構造的把握力検査」が登場しました。

※「構造的把握力検査」について詳しくは12ページを参照

・ WEBテスティングに一般企業人対象（G）と高校生対象（H）が登場

　SPI2まで、WEBテスティングは大学生だけが対象でした。SPI3から、テストセンターやペーパーテストと同様に、大学生対象（SPI-U）、一般企業人対象（SPI-G）、高校生対象（SPI-H）の3種類になりました。

・ WEBテスティングで、制限時間が問題ごとになった

　SPI2まで、WEBテスティングは全体の制限時間の中で問題を行き来することができました。SPI3からは、制限時間はテストセンターと同じく問題ごとになりました。

SPIのオプション検査 ①英語検査（ENG）とは

🔍 テストセンターとペーパーテストで実施

英語検査（ENG）は、テストセンターとペーパーテストで実施される可能性のあるオプション検査です。WEBテスティングでは実施されません。

- **テストセンター：実施時間約20分、出題数は受検者により変わります。**
  ※テストセンターではSPI-U、SPI-Gのみが対象です。SPI-Hでは実施されません。
- **ペーパーテスト：実施時間30分、45問が出題されます。**

英語検査（ENG）の実施の有無は、企業により異なります。

🔍 英語検査（ENG）の問題例

英語検査（ENG）は、同意語、反意語などの語彙力を問う問題、文法や用法の問題、長文読解などで構成され、リスニングの問題はありません。

文法や用法の問題のうち、「訂正」の問題を1問、紹介します。

英語検査（ENG）の再現問題例

文法上または用法上間違っているものは次のうちどれか。

The commentator $_A$ <u>said</u> that the company president has too much $_B$ <u>confident</u> $_C$ <u>in</u> the potential $_D$ <u>of</u> his company $_E$ <u>to</u> create a new market.

○ A said　　○ B confident　　○ C in　　○ D of　　○ E to

【解説】

　この設問文の意味は、「解説者は、会社が新しい市場を創造する可能性をその社長が過大に信じていると言った」です。意味をつかんだ上で、選択肢から間違っているものを見つけます。

　この問題の**正解は「B confident」**です。設問文の too は副詞、much は形容詞です。much の後ろには修飾対象となる名詞が入るべきですが、confident は「自信のある」という意味の形容詞です。この場合、名詞「confidence」が入るのが適切です。

🔑 英語検査（ENG）の対策は

　英語検査（ENG）の再現問題と解説は、『これが本当のSPI3テストセンターだ！』（講談社）に掲載しています。

SPIのオプション検査 ②構造的把握力検査とは

🔍 SPI-U のテストセンターでのみ実施

　構造的把握力検査は、大学生対象の SPI-U のテストセンターで実施される可能性のあるオプション検査です。実施時間は約 20 分、出題数は受検者により変わります。実施の有無は企業により異なります。

🔍 構造的把握力検査の問題例

　構造的把握力検査では、4〜5 程度の箇条書きの文や問題を、その性質に応じて分類します。非言語系、言語系で構成されます。2 問紹介します。

構造的把握力検査の再現問題例（非言語系）

次のア〜エのうち、問題の構造が似ているものの組み合わせを 1 つ選びなさい。

ア　ある菜園の種まきをするのに、姉は 5m 四方、妹は 2m 四方の広さを担当した。姉が担当する広さは妹が担当する広さの何倍か。

イ　動物園 P に来園した大人と子どもに、来園回数をたずねたところ、35% が「初めて」と答え、大人がその 40% を占めた。動物園 P に初めて来園した大人は全体の何 % か。

ウ　ウォーキング大会の午前の部に参加した人の男女比は、3：4 である。男性は午前の部の参加者全体のうち何割か。

エ　ある洋菓子店の商品構成は 7 割が焼き菓子で、そのうちの 6 割がクッキーである。クッキーは商品全体の何割か。

○アとイ　　○アとウ　　○アとエ　　○イとウ　　○イとエ　　○ウとエ

【解説】

　問題の構造が似ているもの（解いてみたときに、同じような式が立つもの）を選びます。計算して答えを出す必要はありません。

ア　片方（姉）の面積を、もう片方（妹）の面積で割り算して何倍かを求める問題。式にすると「$(5×5)÷(2×2)$」。

イ　全体の一部分（初めて来園）のさらに一部分（大人）が、全体に占める割合を求める問題。式にすると「$0.35×0.4$」。

ウ　片方（男）の比が、比の合計（男女）に占める割合を求める問題。式にすると「$3÷(3+4)$」。

エ　全体の一部分（焼き菓子）のさらに一部分（クッキー）が、全体に占める割合を求める問題。式にすると「$0.7×0.6$」。

　イとエは、どちらも「全体の一部分のさらに一部分が、全体に占める割合を求める」問題です。よって、**正解はイとエです。**

構造的把握力検査の再現問題例（言語系）

ア～オを「説明の方法」でAグループ（2つ）とBグループ（3つ）に分けるとする。このとき、Aグループに分類されるものはどれとどれか。

ア　ソファーは、背もたれがあり、クッションがきいた長いすです。
イ　収納つきベッドは、部屋のスペースを有効に使いたいときに便利です。
ウ　フロアスタンドは、床に置くタイプの照明器具です。
エ　サイドボードは背の低い収納家具で、居間などに置いて使うものです。
オ　シーリングファンを使うと、暖房の効率をよくすることができます。

○アとイ　　○アとウ　　○アとエ　　○アとオ　　○イとウ
○イとエ　　○イとオ　　○ウとエ　　○ウとオ　　○エとオ

【解説】

　ア～オは「その家具が何かを説明する文」（ア、ウ、エ）と、「その家具を使うときの便利な点を説明する文」（イ、オ）に分けることができます。**正解はイとオです。**

　構造的把握力検査の再現問題と解説は、『これが本当のSPI3テストセンターだ！』（講談社）に掲載しています。

SPIの報告書とは？

🔍 受検結果は「報告書」として企業に届く

SPIを受検した結果は、「報告書」として応募企業に届きます。

SPIの報告書（例）

性格検査の診断結果

（SPIノートの会調べ）

※（新）とある項目は、2018年1月のリニューアルで変更があった項目です。
※このほか、「ストレス分析報告書」などもあります。

●基礎能力検査などの得点欄

言語、非言語の基礎能力検査と、オプション検査の得点が表示されます。

● 性格検査の診断結果

　性格検査の結果から、受検者の職務や組織への適応性、どのような性格特徴があるかなどが表示されます。また、この結果をもとに人事担当が面接するときに確認すべきポイントや質問例、受検者とのコミュニケーション上の注意点などが表示されます。

※「応答態度」は、性格検査で矛盾する回答が多かった場合に、その旨が表示される欄です（詳しくは418ページを参照）。

🔍 能力と性格の両方で総合的に評価される

　報告書には言語や非言語の得点が表示されますが、この得点の高低だけで合否が決まるわけではありません。SPIでは性格検査によって、職務や組織への適応性、人物イメージなどさまざまな切り口による診断が行われます。この結果は、その後の面接などの選考過程に大きく影響します。

　企業にとってSPIは、**その後の選考過程で、より詳しく受検者の人物面を確認するための資料づくり**という側面があります。言語や非言語の対策はもちろん大事ですが、応募企業に自分を正しく伝えるためにも、性格検査を理解しておくことが大切です。本書の性格検査の解説（412ページ）には必ず目を通しておきましょう。

報告書のリニューアルについて

　SPIの報告書は、2018年1月にリニューアルされました。リニューアル内容は主にレイアウトや項目名、面接の質問例などに関するものです。なお、今回のリニューアルで、能力検査や性格検査の出題内容に変更はありません。

個別対策に効果的な対策本は?

　筆記試験対策の王道は「なるべく多くの問題をこなすこと」です。SPIも例外ではありません。本書に加えて、さらに多くの問題をこなし、高得点を取りたいとお考えの方には、以下の書籍をおすすめします。

🔑 テストセンター対策のために

『これが本当のSPI3テストセンターだ!』(講談社)
大学生対象の「U」を中心とした、テストセンターの対策問題集です。本書で取り組んだ内容について、より多くの問題に触れておきましょう。テストセンター独自の出題範囲の問題も豊富に掲載しています。
※英語検査(ENG)、構造的把握力検査の再現問題と解説も掲載。

🔑 WEBテスティング対策のために

『これが本当のWebテストだ!③』(講談社)
大学生対象の「U」を中心とした、WEBテスティングの再現問題と解説を掲載しています。
※インハウスCBTでは、WEBテスティングとほぼ同じ問題が出題されます。インハウスCBTの対策にもおすすめします。

🔑 転職志望者のSPI対策のために

『これが本当の転職者用SPI3だ!』（講談社）

一般企業人対象の「G」の対策問題集です。ペーパーテストとテストセンターの両方に対応しています。転職にあたってSPI対策をしたいとお考えの方は、まずはこの書籍をおすすめします。

※ WEBテスティングの「G」対策は、『これが本当のWebテストだ!③』をご参照ください。

※ テストセンターの英語検査（ENG）は、『これが本当のSPI3テストセンターだ!』をご参照ください。

なお、企業によっては、転職者にも大学生対象の「U」を実施することがあります。特に、「第2新卒」と呼ばれる社会人経験の浅い人材を対象とした選考で、その傾向があるようです。万全を期すならば、「G」の対策をした上で、さらに、本書や「U」の各方式の対策本をご活用ください。

公務員の採用でも SPI が使われている！

　地方公共団体では、従来の公務員試験に代えて、SPI などの採用テストを実施するところが増えています。地方公共団体で実施が多い SPI の方式は、テストセンターとペーパーテストですが、2021 年度以降は、新型コロナウイルス感染症の影響で WEB テスティングの実施が増えました。現在では、その数は徐々に減りつつありますが、WEB テスティングを実施するところはまだあります。

　なお、SPI 以外では、SCOA がよく使われているようです。

第2部

これが
SPI 主要 3 方式の
㊙攻略法だ！

「テストセンター」とは？

🔍 専用会場のパソコンで受ける SPI

　テストセンターは、SPI で最も実施されている方式です。**テスト会社が用意した会場に出向いて、パソコンで受けます。**

【テストセンターの基本構成】
● **性格検査**（所要時間：約 30 分）
　テストセンターの受検予約をするときに、自宅のパソコンなどで受検します。
● **基礎能力検査**（所要時間：約 35 分）
　テストセンターの会場に出向いて、会場のパソコンで受けます。基礎能力検査は、同じ時間内に言語と非言語の検査が実施されます。

【テストセンターのオプション検査】
● **英語検査（ENG）**（所要時間：約 20 分）
● **構造的把握力検査**（所要時間：約 20 分）

　いずれも、テストセンターの会場に出向いて、会場のパソコンで受けます。実施の有無は企業により異なります。

　テストセンター方式で実施される SPI は、大学生対象（SPI-U）、一般企業人対象（SPI-G）、高校生対象（SPI-H）のいずれかです。

※テストセンターの受検会場として、テスト会社が用意した会場（専用会場）のほかに、自宅も選べます（2022 年 10 月開始）。

🔍 これがテストセンターの受検画面だ！

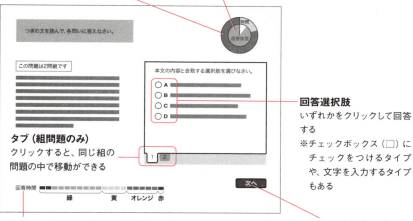

テスト全体の制限時間
時間の経過に従って、時計回りに色が変わる

必要な設問数に対する回答数
回答すると時計回りに色が変わる

回答選択肢
いずれかをクリックして回答する
※チェックボックス（□）にチェックをつけるタイプや、文字を入力するタイプもある

タブ（組問題のみ）
クリックすると、同じ組の問題の中で移動ができる

次の問題（組）に進む
進んだ後は、前の問題へは戻れない

問題ごとの制限時間（組問題の場合は1組ごとの制限時間）
時間の経過に従って、色が緑→黄→オレンジ→赤と変化する
緑：標準的な回答時間
黄：やや遅れ気味の回答時間
オレンジ：遅れ気味の回答時間。まもなく制限時間
赤：制限時間終了。赤の表示になると、未回答でも自動的に次の問題へ進む

🔍 1問1画面、問題はとばせない

　テストセンターの問題は、**1問または1組（2問1組などの「組問題」のとき）ずつ**表示されます。
「次へ」ボタンのクリックで、次の1問または1組の問題に進み、前の問題には後戻りできません。
※同じ「組問題」の中に限り、「タブ」のクリックで自由に行き来できます。

　また、検査全体の制限時間のほかに、**問題ごとの制限時間があり、制限時間を過ぎると未回答でも自動的に次の問題へ進んでしまいます。**未回答による失点を防ぐため、常に制限時間を意識しながら解きましょう。

テストセンターの特徴

🔍 受検者ひとりずつ出題内容が異なる

テストセンターでは、受検者ごとに異なる問題が出題されます。また、回答の状況に応じて、難易度や出題数が変化します。

こうしたしくみに不安を感じるかもしれませんが、落ち着いて1問ずつ取り組みましょう。**大切なのは、正確で素早い回答を常に心がけること**です。

🔍 性格検査以外は予約後にも対策ができる

テストセンターは、志望企業からの指示に従って、受検者自身が受検日や時間を予約します。この時点で、これから受けるテストがテストセンター方式だとわかります。性格検査は予約時に受検しますが、基礎能力検査、オプション検査については、予約完了後、受検当日までの時間を使って対策をすることができます。

🔍 受検結果を他の企業に使い回せる

テストセンターは一度受検してしまえば、次に他の企業から受検を求められたときに、前回の受検結果を使い回すことができます。使い回せる期間は1年間です。使い回しは受検者にとってメリットのあるシステムですが、「得点は受検者に通知されない」「合格ラインは企業ごとに違う」など、注意点があります。これらのしくみを理解した上で、効果的に使い回しをしましょう。

※使い回しは検査ごとにできます。例えば、性格のみ使い回し、基礎能力はもう一度受けることができます。

🔑 使い回すときは「でき具合」を推測する

テストセンターの予約サイトにアクセスすると、いつ、どんな検査を受検したかを見ることができますが、**得点は受検者に知らされません**。問題の難易度も出題数も受検者によって異なるので、何割くらいの得点がとれたかという感覚がつかみにくくなっています。

つまり、**おおよその「でき具合」を推測して、「よくできた」と感じたら使い回すという主観的な判断しかできない**のです。対策としては、**出題された問題を、覚えているうちに記録**しておきましょう。**自己採点することで、でき具合を推測**しやすくなります。また、**記録した問題は、次回までに解けるようにしておきましょう。こうすることで、次回の受検では、より高得点を狙う**ことができます。

なお、同じ結果を送信しても、合否は企業によって違います。受検結果を使い回すかどうかは慎重に判断しましょう。

🔑 テストセンターの出題範囲

テストセンターの出題範囲は、ペーパーテストなど他の方式と共通の分野と、テストセンター独自の分野で構成されています。

本書では非言語、言語の問題種ごとの頻出度を一覧で掲載しています（非言語 36 ページ、言語 334 ページ）。対策前に目を通しておきましょう。

オンライン監視による自宅受検も可能

テストセンターの受検会場として、専用の会場のほかに、自宅も選べます（2022 年 10 月開始）。自宅受検では、オンラインによる監視のもと、基礎能力検査やオプション検査を自宅のパソコンで受けます。

※本書で解説するテストセンターの特徴や出題内容、受検のながれなどの基本的な仕組みは、専用会場で受けるときも自宅受検も同じです。ただし、自宅受検では、用意するものなど、一部に違いがあります（34 ページ参照）。

テストセンター受検のながれ

ここで改めて、テストセンター受検までのながれを確認しましょう。

🔍 受検予約はパソコンかスマートフォンで

テストセンターの受検予約は、受検者自身が行います。

志望企業からの受検案内のメールが届く。テストセンターの予約サイトのURL（リンク）が記されている。

受検者は、パソコン、またはスマートフォンを使って予約サイトにアクセスする。都合の良い日時と会場を選んで予約する。
※専用会場で受検するときは「リアル会場」、自宅受検は「オンライン会場」を選ぶ
※前回の受検結果の使い回しも、このサイトから行える
※オプション検査がある場合、ここでわかる

続いて、性格検査を受検する。
※性格検査は後から受けることもできる。ただし予約操作した日の27時（翌日の午前3時）までに受検を済ませることが必要
※前回の性格検査の結果を使い回すときは、受検しない

性格検査の受検が終わると、受検予約が完了する。
受検予約の完了確認画面か、受検予約完了のメールを印刷したものが、「受検票」となる。
※何らかの事情で印刷できないときは、受検予約完了の画面、またはメールをメモ書きしたものでも可。詳しくは画面またはメールをよく読むこと
※自宅受検では、受検票は不要

性格検査の受検が終わった時点で予約が完了する

　テストセンターを受検するときは、会場と日時の予約に続いて、性格検査の受検をします。受検が終了すると、予約が完了します。

　2回目以降にテストセンターを受検する場合で、性格検査の結果を使い回すときは、予約時の性格検査の受検はありません。

※受検予約のときに性格検査の受検をせず、後から受検することもできます。ただし、予約操作した日の27時（翌日の午前3時）までに受検を済ませないと、テストセンターの予約は無効になります。

予約変更したいとき

　受検の日時や会場は、テストセンターの予約サイトから変更や取り消しができます。予約を取り消して、前回の受検結果を使い回すように変更するといったことも可能です。

　ただし、変更や取り消しができるのは、当日の受検開始時間の1時間前までです。それ以降は、予約の変更や取り消しができません。

　安全策をとって、予約の変更や取り消しは、できれば前日までに済ませておくと安心でしょう。

※予約を取り消して前回の受検結果を使い回す場合、性格検査は予約時に受検した結果が送られます。また、同じ企業で改めて予約し直した場合、性格検査を再度受検する必要はありません。

受検当日に用意するもの

　当日に用意するものは、本人確認のための身分証明書（顔写真つきの学生証、運転免許証、パスポートなど）と、受検票（専用会場のみ）です。

※自宅受検では、受検票は不要です。

🔑 服装は自由、持ち込みには制限がある

　テストセンター受検時の服装は自由です。スーツでも私服でもかまいません。テストセンターを運営しているのはテスト会社であり、応募企業の担当者は、会場にはいません。

　専用会場では、持参した筆記用具などは使えません。代わりに、会場でメモ用紙と筆記用具が貸し出されます。

※自宅受検では、パソコンや Web カメラなどの準備が必要です。メモ用紙と筆記用具も自分で用意します。電卓は使用できません（詳しくは 34 ページ参照）。

　万一、当日にトラブルなどが発生して受検できなくなったときは、テストセンターの予約サイトで、予約の変更や取り消しをしましょう。専用会場で受検する場合、受検開始時間の 1 時間前を過ぎてから受検できなくなったときは、会場に直接連絡します。連絡先は、受検予約完了の画面か、確認のメールに記載されています。

🔑 受検した後は、合否連絡を待つだけ

　受検が終了すると、採点された結果が、応募企業に送られます。あとは、企業からの合否連絡を待つだけです。

テストセンターの予約サイトを活用しよう

　テストセンターの予約サイトでは、テストセンターのしくみや受検のながれなどが詳しく説明されています。予約サイトにアクセスしたときには、これらの説明に目を通しておきましょう。

🔍 必勝！ テストセンター対策

テストセンターの一番重要な対策は、手早く正確に解いて、なるべく多くの問題に正解することです。そのための対策を以下にまとめました。

1. メモ用紙を活用する
画面上の問題から、**ポイントとなるキーワードや数値をメモ用紙に抜き出して整理**すると、解きやすくなります。

2. 筆算のスピードを上げる
テストセンターでは電卓が使用できません。 非言語では筆算のスピードが重要です。筆算に慣れるため、本書のテストセンターの問題は、電卓を使わず筆算で解いてください。

3. 選択肢のいずれかをクリックしてから考える
テストセンターでは、問題ごとに制限時間があります。問題を考えている間に制限時間を過ぎてしまい、未回答のまま次の問題へ進んでしまったという事態を避けるため、選択肢のいずれかをクリックしてから、問題を解き始めましょう。

4. わからない問題でも、未回答にはしない
テストセンターでは、誤謬率は測定されません。 自信がない問題でも、**必ず答えを選ぶ**ようにしましょう。

5. 制限時間を意識しながら解く
回答時間の表示を見ながら、上手に時間配分して問題を解きましょう。

6. わからない問題に時間を使いすぎない
テストセンターでは回答速度が重要です。わからない問題に時間を使いすぎることは避け、あたりをつけて答えを選び、次に進みましょう。

WEBテスティングとは？

自宅で受検するSPI

　WEBテスティングは、**自宅などのパソコンで受けるSPI**です。テストセンターがテスト会社の用意した会場に出向いて受けるのに対して、WEBテスティングは、自分の都合のよい場所で受検ができます。

　WEBテスティングで実施されるSPIは、大学生対象（SPI-U）、一般企業人対象（SPI-G）、高校生対象（SPI-H）のいずれかです。

WEBテスティングの画面

「非言語」の例題

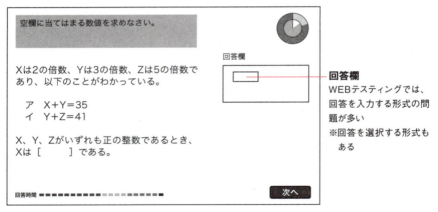

回答欄
WEBテスティングでは、回答を入力する形式の問題が多い
※回答を選択する形式もある

　WEBテスティングの画面は、テストセンターによく似ています。検査全体の制限時間のほかに、問題ごとに制限時間があり、時間を過ぎると未回答でも次に進んでしまうしくみも、テストセンターと同じです。

🔍 テストセンターとの違い

● 電卓の使用が前提

テストセンターは筆算前提ですが、WEB テスティングでは電卓の使用が前提です。 電卓を使いこなすことが求められます。

● 出題範囲

テストセンターと WEB テスティングは出題範囲に違いがあります。問題種ごとの頻出度の一覧（非言語 36 ページ、言語 334 ページ）に目を通しておきましょう。

● 入力形式の問題が多い

WEB テスティングでは入力形式の問題が出題されます。特に非言語ではほとんどの問題がこの形式です。 テストセンターでも入力形式の問題が出題されますが、WEB テスティングほど多くはありません。

🔍 インハウス CBT は、WEB テスティングとほぼ同じ

インハウス CBT では、WEB テスティングとほぼ同じ問題が出題されることが報告されています。WEB テスティングの対策は、インハウス CBT の対策にもなります。

インターンシップでは WEB テスティングの実施が多い

SPI の各方式のうち、本選考で最も多く実施されるのはテストセンターですが、インターンシップでは WEB テスティングが最も多く実施されます。大学 3 年生の多くが参加する夏のインターンシップは、4 〜 6 月頃には募集が始まります。早いうちから対策を始めましょう。

WEBテスティングとは？

ペーパーテストとは？

マークシートと冊子で受ける SPI

ペーパーテストは、**マークシートと冊子で受ける SPI** です。応募企業などに出向いて受検します。

ペーパーテストでは、SPI の全種類が実施されます。SPI の種類について詳しくは、6 ページを参照してください。

テストセンターとの違い

● **開始時に全部の問題を見ることができる**

ペーパーテストはテスト開始時に全体を確認できます。**全体を見て、だいたいの時間配分を考えてから問題に取り組みましょう。**

● **出題範囲（非言語 36 ページ／言語 334 ページ）**

テストセンターとペーパーテストの出題範囲は似通っていますが、違いがあります。共通の出題範囲を押さえた上で、ペーパーテスト独自の分野にも取り組んでおきましょう。

ペーパーテストで SPI かどうかを見分けるには

❶ SPI の問題冊子は B5 判（縦 257 ミリ、横 182 ミリ）の大きさです。

❷ 裏表紙には、「回答用紙への『名前・年齢等』の記入法」などと書かれており、ローマ字の対照表なども載っています。

❸ 裏表紙の左下には、テストの種類が省略表記されています。

     SP3U   → SPI3-U の省略表記

     GU   → GAT-U の省略表記（基礎能力検査のみ）

❹別紙のマークシートの一番上または一番下の端にもテスト名が載っていることがあります。

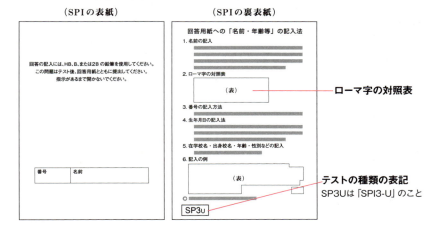

※問題冊子に「SP3R」「SP3N」と表記されていたら、「SPI3-R」「SPI3-N」です。（基礎能力検査のみの場合は「RCA」「NCA」）。誤謬率を意識した回答をしましょう。

SPI以外の採用テストにもテストセンターがある！

各社から「テストセンター方式」が登場

SPI以外の採用テストでも、テストセンターが登場しています。**「テストセンターといえば、必ずSPI」ではありません。注意してください。**

SPI以外の代表的なテストセンター

C-GAB　玉手箱のテストセンター

「玉手箱」は、自宅受検型のWebテストでシェアNo.1の採用テストです。「C-GAB（シーギャブ）」は、その玉手箱の一部の科目をテストセンターに出向いて受けるテストです。2013年8月に登場しました。

※対策は→『これが本当のWebテストだ！①』（講談社）

ヒューマネージ社のテストセンター　TG-WEBのテストセンター

「TG-WEB（ティージーウェブ）」は、有名・人気企業などで実施が急増している自宅受検型のWebテストです。そのTG-WEBをテストセンターに出向いて受けるテストが、ヒューマネージ社のテストセンターです。2013年7月に登場しました。

※対策は→『これが本当のWebテストだ！②』（講談社）

SCOAのテストセンター

「SCOA（スコア）」は、ペーパーで20年以上の実績のある有力テストです。テストセンターでは、国数理社英の5教科から出題される「SCOA-A」などが実施されます。2015年1月から本格稼動しています。

※SCOAのテストセンターの情報は『これが本当のSCOAだ！』（講談社）に掲載

SPI以外のテストセンターの画面例：C-GAB

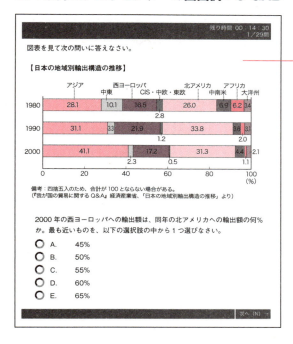

🔑 別の種類のテストセンターの結果は使い回せない

　SPI以外のテストセンターで、SPIと同様に結果の使い回しができるものもあります。ただし、**あるテストセンターの結果を、別の種類のテストセンターに使い回すことはできません。**

　例えば、SPIのテストセンターを受けた後、別の企業でC-GABの受検を求められたとします。そのとき、受検済みのSPIの結果をC-GABに使い回すことはできません。逆も同じです。

オンライン監視による自宅受検では、以下のことに注意しよう

●受検予約に関すること

・ **予約サイトで受検予約するとき、会場は「オンライン会場」を選びます。**

・ 自宅受検では、受検票は使用しません。受検予約の完了画面や、予約完了のメールを印刷する必要はありません。

・ 予約変更や取り消しは、当日の受検開始の1時間前まで可能です。

●受検にあたって用意するもの

・ **オンライン受検のためのインターネット環境やパソコン、Web カメラなど**
 自宅受検に必要な機器や通信環境などについて、事前に予約サイトの説明を読んで用意しましょう。なお、自宅受検ではスマートフォンは使用できません。

・ **身分証明書（顔写真付きの学生証や運転免許証、パスポートなど）**
 本人確認ができない場合は、原則として受検はできません。必ず用意しましょう。

・ **筆記用具とメモ用紙**
 筆記用具は鉛筆またはシャープペンシルのみ、メモ用紙は A4 サイズの白紙を2枚まで使用可能です。**電卓は使用できません。**

※身分証明書、筆記用具、メモ用紙は、受検前に監督者が Web カメラを通じてチェックします。

●その他

・ テストセンター受検時の服装は自由です。スーツでも私服でもかまいません。

・ **受検中は、監督者が Web カメラを通じて受検状況を監視します。**

・ 自宅受検の結果は、専用会場で受検したときと同等に扱われます。結果の使い回しもできます。

第3部

「非言語」完全攻略

SPI の「非言語」の概要と対策

SPI　基礎能力検査（非言語）の問題種ごとの頻出度

		テストセンター	ペーパーテスト	WEBテスティング	掲載ページ
全方式の共通分野	推論	★	★	★	p.44
	図表の読み取り	★	★	◎	p.98
	集合	◎	○	◎	p.128
	順列・組み合わせ	○	○	◎	p.142
	確率	◎	◎	○	p.166
	料金の割引	○	○	○	p.184
	損益算	○	○	◎	p.194
	分割払い・仕事算	○	◎	○	p.206
	速さ	○	◎	○	p.222
	割合・比	○	○	◎	p.236
	代金の精算	○	○	○	p.248
独自分野	資料の読み取り	○	×	×	p.258
	長文読み取り計算	○	×	×	p.264
	整数の推測	×	×	◎	p.272
	グラフの領域	×	◎	×	p.280
	物の流れと比率	×	○	×	p.304
	装置と回路	×	○	×	p.318

★：極めて高い頻度で出題される　◎：高い頻度で出題される　○：出題されることがある　×：出題されない
※上表のデータは、SPIノートの会の独自調査によるものです。無断転載を禁じます。
©SPIノートの会

🔍 非言語は頻出度が対策のカギ

　前ページの表は、大学生が受検する機会が多い SPI の出題分野表です。

　表からわかるように、**SPI の非言語は、幅広い分野から出題**されます。また、**実施方式によって出題範囲が異なります。**

　自分がどの方式を受検するのかわからない段階では、どの方式でも出題される分野から対策を始めることをおすすめします。

　例えば、「推論」は、すべてのテストで高い頻度で出題されます。こういう分野から、まずは対策を始めましょう。

　反対に、「グラフの領域」などは、SPI-U のペーパーテストでは高い頻度で出題されますが、それ以外のテストでは出題されません。こういう分野は、他の分野の対策が終わった後で取りかかってもよいでしょう。

　本書の「非言語」は、頻出度の高さと、学習効率とを考えた順番で掲載しています。読者の皆さんは、本書の目次順に学習を進めていけば、効率のよい対策ができます。

🔍 SPI-U の非言語の実施時間と出題数

	実 施 時 間	非言語全体の出題数
テストセンター	言語・非言語あわせて約35分 ※言語と非言語は、同じ時間内に実施される	回答状況によって出題数が変わる
ペーパーテスト	40分 ※言語と非言語は別々に実施される	30問
WEBテスティング	言語・非言語あわせて約35分 ※言語と非言語は、同じ時間内に実施される	回答状況によって出題数が変わる

テストセンター、ペーパーの非言語の要は「組問題」対策

テストセンターとペーパーテストの非言語は、**同じ設定で2〜4問程度が続く「組問題」**です。いずれも「組問題で、設定を理解するのに時間がかかる」「1問あたりにかけられる時間が短い」のが特徴です。これらが原因で問題が難しく見えるのです。

テストセンターとペーパーテストの非言語では「組問題」を意識した対策が必要です。具体的には、以下のことがあげられます。

① **同じ組の中の設定や、計算に使った数値を、上手に使い回す**ことが大切です。使い回しのために、ペーパーテストでは問題冊子にどんどん書き込みをしましょう。テストセンターではメモ用紙を活用しましょう。

② **1問目から取りかかりましょう。** 同じ組の中では、1問目のほうが易しいことが多いためです。また、1問目の答えを2問目に利用できるタイプの問題が出題されることもあります。

③ **本書を使って、組問題に慣れておきましょう。** ある程度数をこなすと、①で紹介した「使い回し」の勘どころもわかるようになってきます。

🔍 組問題の例

ペーパーテストの場合

> 数色のカードの束がある。このカードの束について、次のような3通りの発言があった。
>
> P　カードの中には赤色のカードと青色のカードが入っている
> Q　カードの中には赤色のカードが2枚と青色のカードは3枚入っている
> R　カードの中には少なくとも2色のカードが入っている
>
> 以上の発言は、必ずしもすべてが信頼できるとはいえない。そこで、種々の場合を想定して推論がなされた。
>
> (1) 次の推論ア、イ、ウのうち、正しいものはどれか。AからHまでの中から1つ選びなさい。
>
> ア　Pが正しければQも必ず正しい
> イ　Qが正しければRも必ず正しい
> ウ　Rが正しければPも必ず正しい
>
> A　アだけ　　　　E　アとウの両方
> B　イだけ　　　　F　イとウの両方
> C　ウだけ　　　　G　アとイとウのすべて
> D　アとイの両方　H　正しい推論はない
>
> (2) 次の推論カ、キ、クのうち、正しいものはどれか。AからHまでの中から1つ選びなさい。

（同じ設定で　2〜4問程度の問題が続けて出題される）

テストセンターの場合

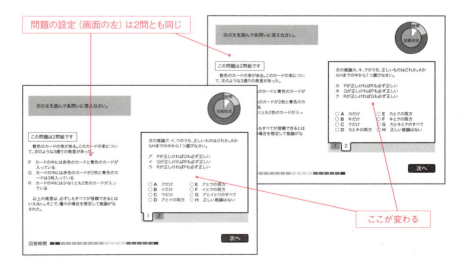

問題の設定（画面の左）は2問とも同じ

ここが変わる

WEB テスティングの 非言語の要は「入力問題」対策

　WEBテスティングの非言語では、答えの数値を入力する形式（入力形式）の問題がほとんどです。選択肢から回答を選ぶ形式（選択形式）は、推論や図表の読み取りなど一部の問題でしか出題されません。入力形式の問題に慣れておくことが大切です。

① **入力形式の問題では、ヤマカンで答えを選ぶことはできません。** 選択肢による手がかりなしで、正確に答えを求める必要があります。

② **計算ミスを減らすためにも、電卓は必ず用意しましょう。** 1問あたりにかけられる時間は短いので、素早く正確に計算するために電卓は欠かせません。

　※同じSPIでも、テストセンターやペーパーテストでは電卓の使用は認められていません。実際に再現問題に取り組めばわかるように、電卓が使えるからといって、WEBテスティングが簡単ということは決してありません。むしろ電卓は必須で、その上でさらに早く解くことを心がけないと、制限時間内に答えることができないのがWEBテスティングです。

③ **分数を計算する問題では、答えは約分してから入力するものがほとんどです。** 約分を忘れないようにしましょう。

　※約分とは、分母と分子を同じ数で割り算して、できるだけ小さな数の分数にすることです。例えば、$\frac{2}{10}$ は約分すると $\frac{1}{5}$ になります。

入力問題の例

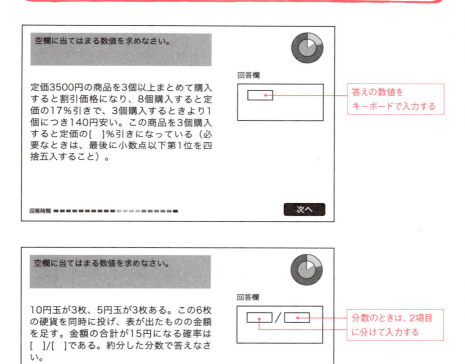

再現テストについて

　本書では、実際に受検した複数の受検者の情報から、採用テスト（能力・性格テスト）を再現しています。ただし、採用テストの作成会社、および、その他の関係者の知的財産権等が成立している可能性を考慮して、入手した情報をそのまま再現することは避けています。

　本書に掲載している問題は、「SPIノートの会」が情報を分析して、採用テストの「意図」を盛り込んで新たに作成したものです。また、採用テストの尺度、測定内容、採点方法などにつきましては、公開されているもの以外は、「SPIノートの会」の長年にわたる研究により、推定・類推したものです。この点をご了承ください。

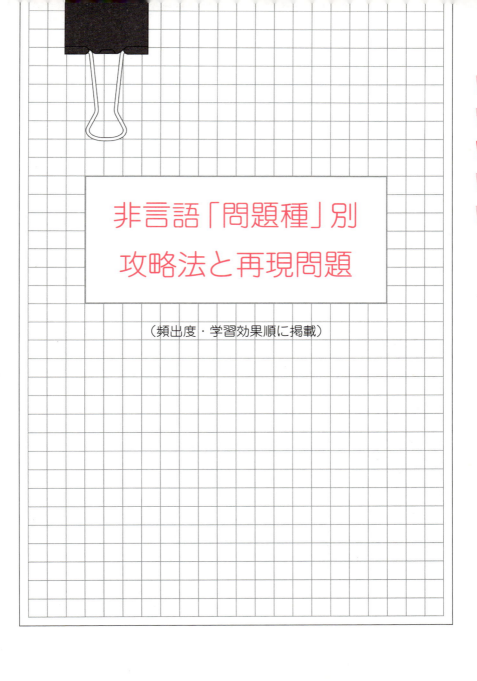

よくでる

テストセンターとペーパーテスト
- 1 順番を考える問題
- 2 内訳を考える問題
- 3 発言の正誤を判断する問題
- 4 平均から個々の値を求める問題
- 5 人口密度の問題

テストセンター
- 6 当てはまるものをすべて選ぶ問題

WEBテスティング
- 7 どちらの条件で答えが決まるかを考える問題
- 8 条件を使って数値を算出する問題

> 与えられた条件から、順番や内訳などを推論する問題です。わかったことから書き出していくのが一番です。

必要な数学の知識

平均＝合計÷個数
人口密度＝人口÷面積　　人口＝人口密度×面積
方程式の立て方

ここがPoint

文章を記号化、図化する！
すべての場合を書き出す！
あわてず、きちんと考える！

「複雑な論理を駆使できるか」を問う問題ではなく、「単純な論理をきちんと積み重ねることができるか」が問われます。スピードを出すためのコツは記号化、図化。そしてミスをしないためには「すべての場合を書き出す」ことにくれぐれも注意。

1 順番を考える問題　パターン1

P、Q、R、Sの4人が1冊の本を順番に読んだ。4人の読んだ順番について、次のことがわかっている。

　Ⅰ）Sの次にPが読んだ
　Ⅱ）最初に読んだのはRではない

(1) 次の推論**ア、イ、ウ**のうち、必ずしも誤りとはいえないものはどれか。**A**から**H**までの中から1つ選びなさい。

　ア　Qが2番目に読んだ
　イ　Rが3番目に読んだ
　ウ　Sが4番目に読んだ

A	アだけ	**E**	アとウの両方
B	イだけ	**F**	イとウの両方
C	ウだけ	**G**	アとイとウのすべて
D	アとイの両方	**H**	ア、イ、ウのいずれも誤り

この順番を考える問題は、簡単なものもありますが、ちょっと手ごわいものもあります。まずは、簡単なほうから。

あり得る順番をすべて書き出すことがポイント

頭だけで考えようとするとミスをしやすいので、あり得る順番をすべて書き出すことがポイントです。

どんどん書き出そう

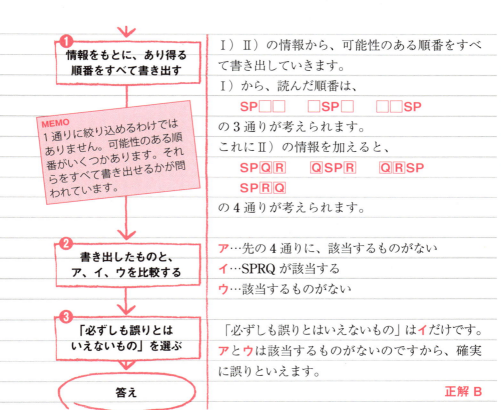

速解法　選択肢から考えていくのも有効な方法です。

Ⅰ）から3通りの順番を考えた後、すぐに**ア**、**イ**、**ウ**が成り立つか考えてもかまいません。その際に、Ⅱ）も成り立つかを考えましょう。

ア…2番目がQの可能性があるのは、□□SPです。でもその場合、1番目がRになるので、Ⅱ）を満たすことができません。

イ…3番目がRの可能性があるのは、SP□□です。Ⅱ）も満たすことができます。

ウ…3通りの候補とも、Sは1〜3番目のいずれかです。4番目にはなりません。

以上より、推論**イ**だけが必ずしも誤りとはいえません。

1 順番を考える問題　パターン1の続き

　P、Q、R、Sの4人が1冊の本を順番に読んだ。4人の読んだ順番について、次のことがわかっている。

Ⅰ）　Sの次にPが読んだ
Ⅱ）　最初に読んだのはRではない

(2)　最も少ない情報で4人の読んだ順番がすべてわかるためには、Ⅰ）とⅡ）の情報のほかに、次の**カ、キ、ク**のうちどれが加わればよいか。**A**から**H**までの中から1つ選びなさい。

カ　Qより先にPが読んだ
キ　Qより先にRが読んだ
ク　Rより先にSが読んだ

A	カだけ	**E**	カとクの両方
B	キだけ	**F**	キとクの両方
C	クだけ	**G**	カとキとクのすべて
D	カとキの両方	**H**	カ、キ、クのすべてが加わってもわからない

あり得る順番が1つだけになる条件を探す

↓

①　情報をもとに、あり得る順番をすべて書き出す

先の問題の続きです。
「4人の読んだ順番がすべてわかる」というのは、つまり可能性のある順番が1つだけに絞り込まれるということです。

すでに（1）で、可能性のある順番は次の4通りとわかっています。

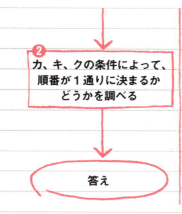

| a SPQR | b SPRQ | c QSPR |
| d QRSP | | |

カ…左からP、Qの順に並んでいるのは、aとb
キ…左からR、Qの順に並んでいるのは、bだけ
ク…左からS、Rの順に並んでいるのは、aとbとc

キの情報が加われば、1通りに絞り込まれます。

正解 B

1 順番を考える問題　パターン２

P、Q、R、Sの4人が英単語と漢字の2つのテストを受けた。このうち、4人の英単語のテストの得点について、次のことがわかっている。

　Ⅰ）　4人の中に同点の人はいない
　Ⅱ）　Pの得点はRよりも高い
　Ⅲ）　Qの得点は、PとSの得点の平均に等しい

(1)　Ⅰ）からⅢ）までの情報から判断して、4人を英単語のテストの得点の高い順に並べたとき、Pの順位として考えられるものをすべてあげているのはどれか。AからHまでの中から1つ選びなさい。

A　1位だけ	**E**　1位か3位
B　2位だけ	**F**　2位か3位
C　3位だけ	**G**　1位か2位か3位
D　1位か2位	**H**　AからGのいずれでもない

あり得る順番をすべて書き出すことがポイント

❶ **情報をもとに、あり得る順番をすべて書き出す**

同じく【1 順番を考える問題】ですが、今度はちょっと手ごわい問題です。

今までと同じように考えていきましょう。

得点の大小は、＞や＝で表すことにします。

Ⅱ）より　**P ＞ R**

また、Ⅰ）から、4人の得点は異なるので、Ⅲ）より

　　P ＞ Q ＞ S　または　**S ＞ Q ＞ P**

であることがわかります。

平均が順位を
決めることに注意

P＞Q＞Sの場合、QとR、SとRの得点の大小がわかりませんから、

P＞Q＞S＞R　　P＞Q＞R＞S
P＞R＞Q＞S

の3つの場合が考えられます。

S＞Q＞Pの場合、Ⅱ）からRはPより小さいので、考えられるのは、

S＞Q＞P＞R

だけです。

> これを正確に出せるかがすべて

以上より、4つの場合が考えられます。

❷ 書き出したものと設問内容を照らし合わせる

この4つの場合のPの順位を見てみると、1位か3位です。
よって、Pの順位は1位か3位です。

答え

正解 E

MEMO
最初の情報の中に「平均」が出てきて戸惑うかもしれませんが、このパターンの問題では、情報はすべて順位を決めるためにあります。ですから、「平均」が出てきても、「これでどういうふうに順位が決まるかな」と考えればいいのです。そうすれば、2つの異なる数の平均は、必ずその2つの数の間の数になりますから（8と4の平均は6になるように）、そういう順位を示しているんだなと気づけます。

1 順番を考える問題　パターン２の続き

　P、Q、R、Sの４人が英単語と漢字の２つのテストを受けた。このうち、４人の英単語のテストの得点について、次のことがわかっている。

　　Ⅰ）　４人の中に同点の人はいない
　　Ⅱ）　Pの得点はRよりも高い
　　Ⅲ）　Qの得点は、PとSの得点の平均に等しい

　英単語のテストについて、Ⅰ）からⅢ）までの情報に加えて、次のことがわかった。

　　Ⅳ）　Sの得点はRよりも高い

(2)　Ⅰ）からⅣ）までの情報から判断するとき、次の**ア、イ、ウ**のうち、英単語のテストの得点について必ず正しいといえるものはどれか。**A**から**H**までの中から１つ選びなさい。

　　ア　Pの得点はSよりも高い
　　イ　Qの得点はRよりも高い
　　ウ　Qの得点はSよりも低い

A	アだけ	**E**	アとウの両方
B	イだけ	**F**	イとウの両方
C	ウだけ	**G**	アとイとウのすべて
D	アとイの両方	**H**	ア、イ、ウのいずれも必ず正しいとはいえない

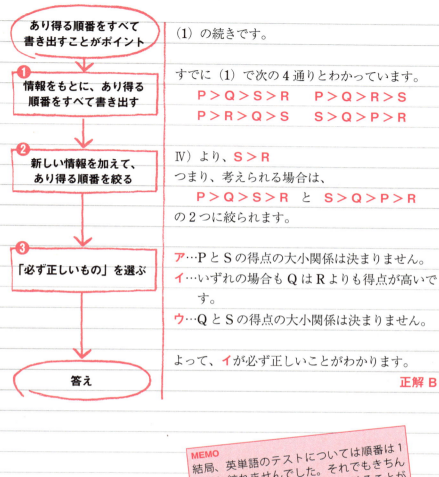

1 順番を考える問題　パターン2の続き

　P、Q、R、Sの4人が英単語と漢字の2つのテストを受けた。このうち、4人の英単語のテストの得点について、次のことがわかっている。

　　Ⅰ）　4人の中に同点の人はいない
　　Ⅱ）　Pの得点はRよりも高い
　　Ⅲ）　Qの得点は、PとSの得点の平均に等しい

　英単語のテストについて、Ⅰ）からⅢ）までの情報に加えて、次のことがわかった。

　　Ⅳ）　Sの得点はRよりも高い

　Ⅰ）からⅣ）までの情報のほかに、次のことがわかった。

　　Ⅴ）　漢字テストの得点は、Pが最も高く、Rが2番目に高い

(3)　英単語テストと漢字テストの合計点は、Qが最も高かった。このとき、Sの英単語テストと漢字テストのそれぞれの順位の組み合わせとして正しいものは、次のうちどれか。**A**から**I**までの中から1つ選びなさい。

	英単語	漢字			英単語	漢字
A	1位	3位		**F**	3位	4位
B	1位	4位		**G**	4位	3位
C	2位	3位		**H**	4位	4位
D	2位	4位		**I**	**A**から**H**のいずれでもない
E	3位	3位				

すべての情報を使って、
順番を決定する

続きの問題です。

❶ 今までの情報を整理する

英単語は（2）で次の2通りに絞られています。
　英 P＞Q＞S＞R　または　S＞Q＞P＞R

**❷ 新しい情報を加えて、
考えられる場合を絞る**

Ｖ）より漢字は、
　漢 P＞R＞Q＞S　または　P＞R＞S＞Q

問題文の「2つの合計点は、Qが最も高かった」
ことから順番を絞り込みます。これは、**P、R、S
は、英単語と漢字の少なくとも1つ（どちらか、あ
るいは両方）はQよりも得点が低い**ということです。
Ｖ）により漢字はPが1位と決まっていますから、
Pの英単語の得点はQよりも低くなります。英
単語の順位は、
　英 S＞Q＞P＞R　（Sは1位）
に決定できます。英単語で1位のSは、漢字で
はQよりも得点が低くなります。漢字の順位は、
　漢 P＞R＞Q＞S　（Sは4位）
に決定できます。

MEMO
もしも2つともQより得点が
高い人がいれば、合計点が最
も高いのは、その人になって
しまいます。

❸ 必ず正しいものを選ぶ

Sの順位は英単語が1位、漢字が4位です。

答え

正解 B

MEMO
3つの大小関係（英単語テスト、漢字テスト、合計点）
を考えなければならないので、今までの問題よりは、
難易度は高いといえます。しかし、考える手順は同
じです。それぞれの場合について、正しいか間違っ
ているか、つじつまは合っているか、矛盾はないか
としっかり吟味していけばいいわけです。

問題種1　推論

55

2 内訳を考える問題　パターン1

　リンゴ、キウイ、モモの3種類のゼリーを合わせて9個買った。3種類のゼリーの数について、次のことがわかっている。

　　Ⅰ）　3種類とも少なくとも1個は買った
　　Ⅱ）　キウイゼリーの数はリンゴゼリーより少ない

(1)　次の推論**ア、イ、ウ**のうち、<u>必ず正しいといえるもの</u>はどれか。**A**から**H**までの中から1つ選びなさい。

ア　モモゼリーが2個ならば、キウイゼリーは3個である
イ　モモゼリーが4個ならば、キウイゼリーは2個である
ウ　モモゼリーが5個ならば、キウイゼリーは1個である

A	アだけ	**E**	アとウの両方
B	イだけ	**F**	イとウの両方
C	ウだけ	**G**	アとイとウのすべて
D	アとイの両方	**H**	ア、イ、ウのいずれも必ず正しいとはいえない

「反例」を見つけるのがポイント	今度は「順番」ではなく「**内訳（何が何個で、何が何個か）**」を考える問題です。
❶ Ⅰ）Ⅱ）の条件の言い換え、簡略化	Ⅰ）の「**少なくとも1個は買った**」というのは、数学の問題の決まり文句で、要は「何個買ったかは不明だが、**0個ではない**」ということです。
	Ⅰ）の横に「**最低1**」と書いておきましょう。
	Ⅱ）の文も「**リンゴ＞キウイ**」という式に。

このゼリー問題では条件はⅠ）Ⅱ）だけではありません。**ア～ウの前半も「～ならば」という条件になっています。**これが大きな特徴です。

---

②　アの「反例」を探す

ア　モモゼリーが2個ならば、キウイゼリーは3個である

まず、これが正しいかどうか確認しましょう。次のような簡単な表を書くといいでしょう。

（モモの数が確定しているので、まず「モ」。次に「リンゴ＞キウイ」の＞の向きを変えないほうがミスをしにくいので、「リ」「キ」の順に並べます。）

$$モ　リ＞キ$$
$$2　4　3$$

総数は9個ですからリンゴは4個。4＞3で、条件Ⅱ）を満たしています。Ⅰ）も問題ありません。つまり推論**ア**は正しいことになります。

ここで終わりではありません。「正しい」だけではダメなのです。「**必ず正しい**」ことを確認しなければなりません。「必ず正しい」というのは、「他のパターンが成り立たない」ということです。その「他のパターン」を「**反例**」といいます。

MEMO

「**反例**」は、あまり一般的な言葉ではないので、説明しておきます。

例えば「静香という名前ならば、女性である」という推論に対して、「政治家の亀井静香のように、静香という名前で男性の場合もある」という例を1つでも見つければ、「**必ず正しいとはいえない**」ことが証明されます。このような例が「**反例**」です。

「**AならばB**」という推論に対して、「**AなのにBではない**」という例が「**反例**」です。これを1つでも見つければ、「必ず正しいとはいえない」ことが証明されます。

そして、反例がなければ、「必ず正しいといえる」ということです。

「**必ず正しい**」ことを確認するために、「**反例**」を探しましょう。

ここがポイント！

このアでは、「モモゼリーが2個」のときに、「キウイゼリーが3個」以外の場合でも成り立てば、それが「反例」になります。

モモが2個のときの、リンゴとキウイの組み合わせを考えてみましょう。リンゴとキウイの合計は 9 － 2 ＝ **7個**です。それで「リンゴ＞キウイ」で、最低1個は買うとすると、4・3以外にも、次の組み合わせがあり得ます。

モ	リ＞キ	
2	5	2
2	6	1

つまり、「モモゼリーが2個」でも、「キウイゼリーが3個」とは限らない、他の場合もあり得る、ということです。従って、**アは「必ず正しい」とはいえません。**

なお、5・2、6・1のどちらか一方に気づけば、もうそこで「反例」探しは終えてかまいません。**「反例」は1つだけ見つかれば、それで充分**だからです。

---

❸ **イの「反例」を探す**

イ　モモゼリーが4個ならば、キウイゼリーは2個である

アと同じことです。「反例」を探しましょう。

モモが4個のときの、リンゴとキウイの組み合わせを考えましょう。リンゴとキウイの合計は**5個**。それで「リンゴ＞キウイ」で、最低1個は買うとすると、次の組み合わせがあります。

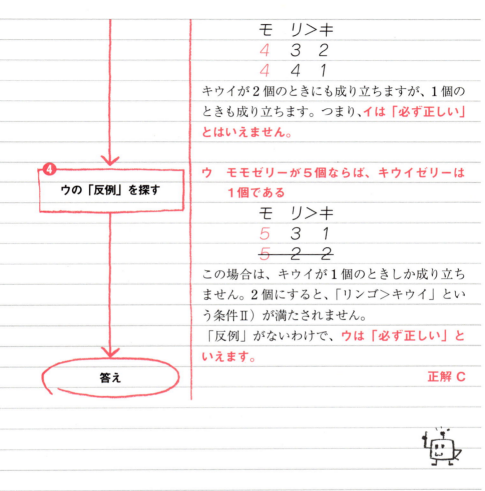

2 内訳を考える問題　パターン1の続き

リンゴ、キウイ、モモの3種類のゼリーを合わせて9個買った。
3種類のゼリーの数について、次のことがわかっている。

Ⅰ）　3種類とも少なくとも1個は買った
Ⅱ）　キウイゼリーの数はリンゴゼリーより少ない

(2)　次の推論カ、キ、クのうち、必ず正しいといえるものはどれか。
AからHまでの中から1つ選びなさい。

カ　キウイゼリーとモモゼリーの数が同じならば、リンゴゼリー
　　は5個である。
キ　リンゴゼリーとモモゼリーの数が同じならば、キウイゼリー
　　は1個である。
ク　モモゼリーの数がリンゴゼリーより2個以上多いならば、キ
　　ウイゼリーは1個である。

A　カだけ　　　　　　　E　カとクの両方
B　キだけ　　　　　　　F　キとクの両方
C　クだけ　　　　　　　G　カとキとクのすべて
D　カとキの両方　　　　H　カ、キ、クのいずれも必ず正しい
　　　　　　　　　　　　　とはいえない

「反例」を見つけるのが
ポイント

↓

❶
カの「反例」を探す

(1) の続きです。同じように「反例」を探して
いきましょう。

カ　キウイゼリーとモモゼリーの数が同じなら
　　ば、リンゴゼリーは5個である。

$$リ>キ=モ$$
$$5\quad 2\quad 2$$

たしかに成り立ちますが、ほかにもあります。

$$リ>キ=モ$$
$$7\quad 1\quad 1$$

これも成り立ちます。「リンゴゼリーは5個」とは限らず、**カ**は**「必ず正しい」**とはいえません。

②　キの「反例」を探す

キ　リンゴゼリーとモモゼリーの数が同じならば、キウイゼリーは1個である。

$$モ=リ>キ$$
$$\cancel{5}\quad\cancel{5}$$
$$4\quad 4\quad 1$$
$$\cancel{3}\quad\cancel{3}\quad\cancel{3}$$

キウイが1個のときしか成り立ちません。モモとリンゴが5個ずつだとそれだけで10個ですし、3個ずつだとキウイも3個で、「リンゴ>キウイ」を満たしません。**キ**は**「必ず正しい」**といえます。

③　クの「反例」を探す

ク　モモゼリーの数がリンゴゼリーより2個以上多いならば、キウイゼリーは1個である。

$$モ\overset{2}{>}リ>キ$$
$$6\quad 2\quad 1$$
$$5\quad 3\quad 1$$
$$\cancel{5}\quad\cancel{3}\quad\cancel{2}$$

成り立つ組み合わせは2つありますが、どちらもキウイは1個です。キウイを2個にすると、総数が10個以上ないと条件を満たすことができません。**ク**は**「必ず正しい」**といえます。

答え

正解　F

2 内訳を考える問題　パターン2

P、Q、R、Sの4人が柔道で1回ずつの総あたり戦を行った。すべての対戦終了後の結果について、次のことがわかっている。ただし、引き分けはなかったものとする。

Ⅰ）　PはQに負けた
Ⅱ）　RはSに勝った
Ⅲ）　SはPに負けた
Ⅳ）　Qは1勝2敗だった

(1) Ⅰ）からⅣ）までの情報だけで、対戦結果がすべてわかるのは、4人のうちだれか。

A　Pだけ　　　　　　　E　PとSの両方
B　Qだけ　　　　　　　F　QとRの両方
C　PとQの両方　　　　G　QとSの両方
D　PとRの両方　　　　H　AからGのいずれでもない

リーグ表を作り勝敗を書き入れる

今度は、総あたり戦での「勝敗」を考える問題です。総あたり戦の表（リーグ表）を作り、Ⅰ）～Ⅳ）からわかる勝ち負けを、書き入れます。

❶ **Ⅰ）～Ⅲ）の勝敗を書き入れる**

対戦した相手と勝敗が明らかなのは、Ⅰ）～Ⅲ）です。まずは、この3つの対戦結果を書き入れます。

MEMO
1つの対戦結果につき、2つマスが埋まります。例えば、「PはQに負けた」なら、
Pは「Qに負けた（×）」
Qは「Pに勝った（○）」

❷ Ⅳ）を加えると
Qの残りの対戦結果が
わかる

答え

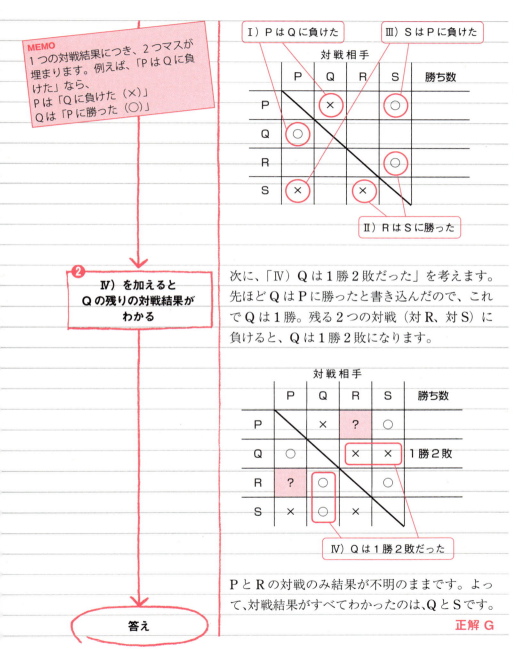

次に、「Ⅳ）Qは1勝2敗だった」を考えます。先ほどQはPに勝ったと書き込んだので、これでQは1勝。残る2つの対戦（対R、対S）に負けると、Qは1勝2敗になります。

PとRの対戦のみ結果が不明のままです。よって、対戦結果がすべてわかったのは、QとSです。

正解 G

2 内訳を考える問題　パターン2の続き

　P、Q、R、Sの4人が柔道で1回ずつの総あたり戦を行った。すべての対戦終了後の結果について、次のことがわかっている。ただし、引き分けはなかったものとする。

Ⅰ）　PはQに負けた
Ⅱ）　RはSに勝った
Ⅲ）　SはPに負けた
Ⅳ）　Qは1勝2敗だった

(2)　Ⅰ）からⅣ）までの情報のほかに、次の**ア、イ、ウ**のうち<u>少なくともどの情報が加われば</u>、4人の対戦結果がすべてわかるか。**A**から**H**までの中から1つ選びなさい。

ア　3戦全敗の人はいなかった
イ　3戦全勝の人がいた
ウ　RはQに勝った

A	アだけ	**E**	アとウの両方
B	イだけ	**F**	イとウの両方
C	ウだけ	**G**	アとイとウのすべて
D	アとイの両方	**H**	ア、イ、ウのすべてが加わってもわからない

PとRの対戦結果がわかる条件を探す

すでに（1）で、「PとRの対戦」以外は、結果がわかっています。

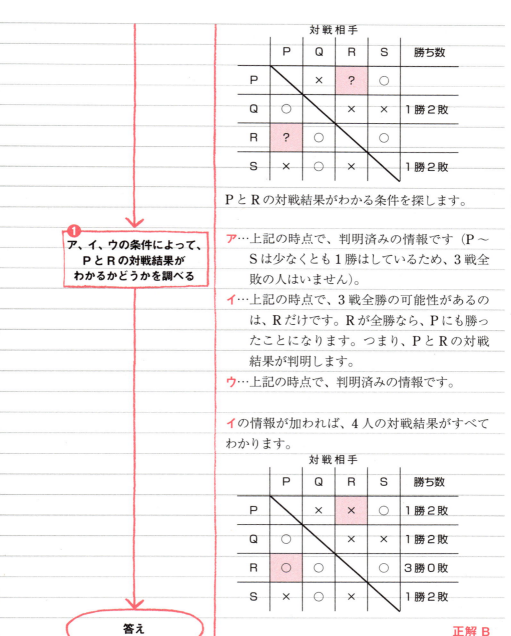

	対戦相手 P	Q	R	S	勝ち数
P		×	?	○	
Q	○		×	×	1勝2敗
R	?	○		○	
S	×	○	×		1勝2敗

PとRの対戦結果がわかる条件を探します。

ア…上記の時点で、判明済みの情報です（P～Sは少なくとも1勝はしているため、3戦全敗の人はいません）。

イ…上記の時点で、3戦全勝の可能性があるのは、Rだけです。Rが全勝なら、Pにも勝ったことになります。つまり、PとRの対戦結果が判明します。

ウ…上記の時点で、判明済みの情報です。

イの情報が加われば、4人の対戦結果がすべてわかります。

	対戦相手 P	Q	R	S	勝ち数
P		×	×	○	1勝2敗
Q	○		×	×	1勝2敗
R	○	○		○	3勝0敗
S	×	○	×		1勝2敗

ア、イ、ウの条件によって、PとRの対戦結果がわかるかどうかを調べる → **答え**

正解 **B**

3 発言の正誤を判断する問題

　LとMの2人が2回ずつハンドボール投げをした。このとき2人の飛距離について、P、Q、Rの3通りの報告がある。

> **P**　1回目と2回目の飛距離の合計はMのほうが長かった
> **Q**　1回目も2回目もMの飛距離のほうが長かった
> **R**　少なくともどちらか1回はMの飛距離のほうが長かった

　以上の報告は、必ずしもすべてが信用できるとはいえない。そこで、種々の場合を想定して推論がなされた。

(1)　次の推論**ア**、**イ**、**ウ**のうち、正しいものはどれか。**A**から**H**までの中から1つ選びなさい。

> **ア**　Pが正しければQも必ず正しい
> **イ**　Qが正しければRも必ず正しい
> **ウ**　Rが正しければPも必ず正しい

A	アだけ	**E**	アとウの両方
B	イだけ	**F**	イとウの両方
C	ウだけ	**G**	アとイとウのすべて
D	アとイの両方	**H**	正しい推論はない

P、Q、Rの正誤関係を
先に考えると速い

選択肢問題では、選択肢を利用したほうが速く解けることが多いものです。しかし、このパターンの問題の場合は逆。**先にP、Q、Rの発言の正誤関係を考えるのが速く解くコツです。**
（1）と（2）とで結局、すべての正誤を答えることになるからです。

❶ PとQの正誤関係を考える

まず、Pが正しいときのQの正誤、Qが正しいときのPの正誤を考えます。

P → Q…Pが正しくても、2回ともMが長いとは限りません。例えば、片方のみ極端に長く、もう一方はやや短い場合も考えられます。Qは**正しいか誤りかわかりません**。

Q → P…Qが正しければ、合計もMが長いので、Pは**必ず正しいといえます**。

MEMO
結果を記号化して、○、×をメモしておきましょう。
「必ず正しい」は「○」
それ以外は「×」

```
P 1回目と2回目の飛距離の合計はMのほうが長かった
  ×合計が長くても、2回とも    ○2回とも長いなら、
    長いとは限らない              合計も長い
Q 1回目も2回目もMの飛距離のほうが長かった
```

❷ 残りの正誤関係を考える

ほかも同様に考えていきます。結局、P、Q、Rの正誤関係は次のようになります。

```
P 1回目と2回目の飛距離の合計はMのほうが長かった
 ア ×合計が長くても、2回とも    ○2回とも長いなら、       ウ
      長いとは限らない              合計も長い            ×1回長くても合
Q 1回目も2回目もMの飛距離のほうが長かった              計が長いとは限
 イ ○2回とも長いなら、少なく   ×1回は長いが、もう       らない(例えば、
      とも1回は長い              1回の長さは不明         もう1回が極端
R 少なくともどちらか1回はMの飛距離のほうが長かった    に短いなど)
```
○合計が長いなら、少なくとも1回は長い

答え

正しい推論は、**イ**だけです。

正解 B

3 発言の正誤を判断する問題の続き

　LとMの2人が2回ずつハンドボール投げをした。このとき2人の飛距離について、P、Q、Rの3通りの報告がある。

　P　1回目と2回目の飛距離の合計はMのほうが長かった
　Q　1回目も2回目もMの飛距離のほうが長かった
　R　少なくともどちらか1回はMの飛距離のほうが長かった

　以上の報告は、必ずしもすべてが信用できるとはいえない。そこで、種々の場合を想定して推論がなされた。

(2) 次の推論**カ**、**キ**、**ク**のうち、正しいものはどれか。**A**から**H**までの中から1つ選びなさい。

　カ　Pが正しければRも必ず正しい
　キ　Qが正しければPも必ず正しい
　ク　Rが正しければQも必ず正しい

A	カだけ	**E**	カとクの両方
B	キだけ	**F**	キとクの両方
C	クだけ	**G**	カとキとクのすべて
D	カとキの両方	**H**	正しい推論はない

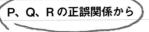

P、Q、Rの正誤関係から	(1)の続きの問題です。すでにP、Q、Rの正誤関係はわかっています。
❶ カ、キ、クの正誤を判断する	カ、キ、クの正誤は次の通りです。

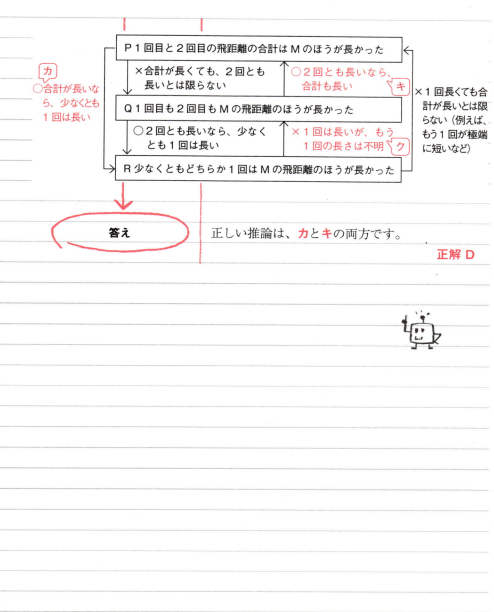

答え　正しい推論は、**カ**と**キ**の両方です。

正解 D

4 平均から個々の値を求める問題

　3種類のギフトセット P、Q、R の値段について次のことがわかった。

　　Ⅰ）　P、Q の値段の平均は 4700 円である
　　Ⅱ）　P、Q、R の値段の平均は 5800 円である

(1)　上記のⅠ）、Ⅱ）から確実に正しいといえることは、次の**ア、イ、ウ**のうちどれか。

　ア　P と R の値段の差は 900 円より大きい
　イ　3 つの中で最も高いのは R である
　ウ　3 つの中で最も安いのは R である

A　アだけ　　　　　　　**E**　アとウの両方
B　イだけ　　　　　　　**F**　イとウの両方
C　ウだけ　　　　　　　**G**　アとイとウのすべて
D　アとイの両方　　　　**H**　確実に正しいといえるものはない

**平均から個々の値段を
推測する**

MEMO
推論ではない通常の平均の問題は 248 ページを参照してください。

❶
ここがポイント！
平均から合計金額を考える

「推論」の要素の入った、「平均」の問題です。「平均額がわかっていて→個々の値を出す」という平均の問題なのですが、どこが「推論」かというと、個々の値のすべてがわかるわけではない、というところです。ある程度の範囲でしか値がわからなかったりします。その状態で正解を選び出すところが「推論」なのです。

Ⅰ）より、
　　P + Q = 4700 × 2 = **9400**

70

Ⅱ）より、

$$P + Q + R = 5800 \times 3 = 17400$$

②
**個々の値段が
求められるときは求める**

P ＋ Q が 9400 で、P ＋ Q ＋ R が 17400 なのですから、

$$17400 － 9400 = 8000$$

で、**R ＝ 8000** とわかります。

P、Q については、

$$P + Q = 9400$$

という以上のことはわかりません。

③
**ア、イ、ウが
正しいかどうかを調べる**

ア…P はいくらかわかりませんが、例えば P ＝ 200、Q ＝ 9200 のように、P と R の値段の差が 900 円より大きいこともあるでしょう。でも、例えば P ＝ 8200、Q ＝ 1200 のように、P と R の値段の差が 900 円より小さいこともあり得ます。つまり、R との値段の差が必ず 900 円より大きいとはいえません。

イ…例えば P ＝ 9000 と Q ＝ 400 の場合には、P が一番高くなります。R が最も高いとはいえません。

ウ…もし R ＝ 8000 が一番安かったら、P、Q、R の平均は 8000 円より大きくなるはずです。P、Q、R の値段の平均は 5800 円なのですから、矛盾します。

> **MEMO**
> 平均のもつ意味を少しイメージすると、問題が解きやすくなります。例えば「平均身長が 165cm のグループに、170cm の人が入ると、平均身長は高くなる」とか、「平均身長が 170cm のグループには、170cm 以上の人が少なくとも 1 人はいる」といったことです。また、極端な場合を考えることも有効な場合があります。

以上より、確実に正しいといえるものはないことがわかります。

正解 H

答え

4 平均から個々の値を求める問題の続き

3種類のギフトセットP、Q、Rの値段について次のことがわかった。

Ⅰ) P、Qの値段の平均は4700円である
Ⅱ) P、Q、Rの値段の平均は5800円である

上記のⅠ)、Ⅱ)に加えて、

Ⅲ) PとRの値段の平均は6500円である

ということがわかった。

(2) Qの値段はいくらか。

A	2600円	F	5600円
B	3000円	G	6400円
C	3800円	H	7000円
D	4400円	I	9600円
E	5000円	J	AからIのいずれでもない

個々の値段がいくらになるかを求める

情報が増えてくると、個々の値段を求めることができます。
もう「推論」の問題というより、ただの「平均」の問題です。

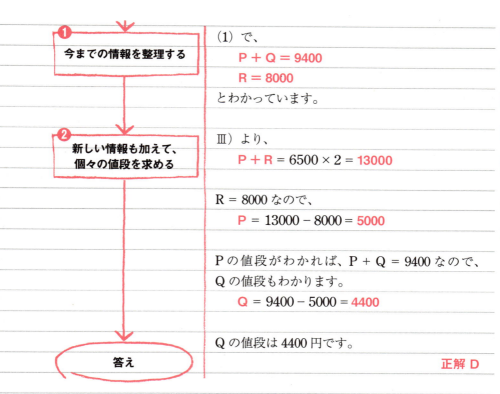

(1) で、
P + Q = 9400
R = 8000
とわかっています。

Ⅲ) より、
P + R = 6500 × 2 = 13000

R = 8000 なので、
P = 13000 − 8000 = 5000

Pの値段がわかれば、P + Q = 9400 なので、
Qの値段もわかります。
Q = 9400 − 5000 = 4400

Qの値段は4400円です。

正解 D

4 平均から個々の値を求める問題の続き

3種類のギフトセット P、Q、R の値段について次のことがわかった。

    Ⅰ）　P、Q の値段の平均は 4700 円である

    Ⅱ）　P、Q、R の値段の平均は 5800 円である

上記のⅠ）、Ⅱ）に加えて、

    Ⅲ）　P と R の値段の平均は 6500 円である

ということがわかった。

(3) 先に述べたⅠ）、Ⅱ）、Ⅲ）のほかに、S、T のギフトセットの値段の平均が 9500 円であることがわかった。これらのことから確実に正しいといえることは、次の**カ**、**キ**、**ク**のうちどれか。

    カ　5つの中で最も安いのは Q である

    キ　5つの中で最も高いのは S か T のいずれか、または両方である

    ク　R の値段より P、S、T の値段の平均のほうが高い

A	カだけ	**E**	カとクの両方
B	キだけ	**F**	キとクの両方
C	クだけ	**G**	カとキとクのすべて
D	カとキの両方	**H**	確実に正しいといえるものはない

式の状態のまま考えるのがポイント

❶ SとTの関係式を作り、計算できるものは計算して値を求める

❷ カ、キ、クが正しいかどうかを調べる

> **MEMO**
> SとTの両方が9500円より安ければ、平均も9500円より安くなります。平均が9500円ということは、SかTは9500円より高いのです。

答え

また「推論」の要素が戻ってきました。値段が確定しない式の状態のままで考えることが要求されます。

$$S + T = 9500 \times 2 = 19000$$

S、Tについてはこれ以上情報がないので、個々の値段を求めることはできません。また、(2) より、$P = 5000$、$Q = 4400$、$R = 8000$ です。

カ…極端な場合を考えれば、Sは100円かもしれないわけで、Qであるとはいいきれません。

キ…SとTの平均が9500円ですから、両方が9500円より安いことはあり得ません。P、Q、Rの中では、Rの8000円が一番高いので、SかTのいずれか、または両方が最も高くなります。確実に正しいといえます。

ク…S、Tがそれぞれいくらかはわかりませんが、$P = 5000$、$S + T = 19000$ ですから、P、S、Tの平均は計算できます。

$$(P + S + T) \div 3$$
$$= (5000 + 19000) \div 3$$
$$= 24000 \div 3$$
$$= 8000 \text{円}$$

これは、Rの値段と一致します。ですから、「Rの値段よりP、S、Tの値段の平均のほうが高い」とはいえません。文末が「…平均と同じ」なら正しいですが、「…平均のほうが高い」なので、正しくありません。

確実に正しいのはキだけです。

正解 B

問題種1 推論

5 人口密度の問題

P市、Q市、R市の人口密度（1km²あたりの人口）を下表に示してある。P市とR市の面積は等しく、Q市の面積はP市の2倍である。

市	人口密度
P	390
Q	270
R	465

(1) 次の推論**ア**、**イ**の正誤を考え、**A**から**I**までの中から正しいものを1つ選びなさい。

ア Q市とR市を合わせた地域の人口密度は300である
イ Q市の人口はR市の人口より多い

A アもイも正しい
B アは正しいが、イはどちらとも決まらない
C アは正しいが、イは誤り
D アはどちらとも決まらないが、イは正しい
E アはどちらとも決まらないが、イは誤り
F アは誤りだが、イは正しい
G アは誤りだが、イはどちらとも決まらない
H アもイもどちらとも決まらない
I アもイも誤り

仮の面積を決めて、人口を算出してしまうのがポイント

単なる「人口密度」の問題ともいえますが、各市の面積がわからないままに考えなければならないところに「推論」の要素があります。

各市の面積がすべて同じなら、人口密度を人口

のように考えて、大小や平均を考えてもいいのですが、面積が違うので、そのまま比べることができません。そこで、各市の面積の関係を考慮して、仮の面積を設定しましょう。

① P市、Q市、R市の面積の関係を考慮して、仮の面積を決める

「P市とR市の面積は等しく、Q市の面積はP市の2倍」ということなので、**仮にP市とR市の面積を1km², Q市の面積を2km²** と考えます。

ここが重要！

② 各市の人口や新たな地域の人口密度を計算する

ア…Q市の人口は　270 × 2 = 540人
　　R市の人口は　465 × 1 = 465人
　　2つの市を合わせた地域の面積は3km²なので、人口密度は、
　　(540 + 465) ÷ 3 = 335
　　になります。300ではありません。

イ…Q市の人口は540人、R市は465人なので、Q市のほうが多いです。正しいといえます。

答え

推論アは誤りですが、推論イは正しいです。

正解 F

MEMO
仮の面積を設定すれば、具体的に計算できるので、正誤を判断するのが簡単になります。

5 人口密度の問題の続き

　P市、Q市、R市の人口密度（1km²あたりの人口）を下表に示してある。P市とR市の面積は等しく、Q市の面積はP市の2倍である。

市	人口密度
P	390
Q	270
R	465

(2) 次の推論**カ**、**キ**の正誤を考え、**A**から**I**までの中から正しいものを1つ選びなさい。

カ　R市の人口密度はP市とQ市を合わせた地域の人口密度に等しい

キ　P市の人口とQ市の人口の和は、R市の人口の2倍である

A　カもキも正しい

B　カは正しいが、キはどちらとも決まらない

C　カは正しいが、キは誤り

D　カはどちらとも決まらないが、キは正しい

E　カはどちらとも決まらないが、キは誤り

F　カは誤りだが、キは正しい

G　カは誤りだが、キはどちらとも決まらない

H　カもキもどちらとも決まらない

I　カもキも誤り

仮の面積を決めて、人口を算出してしまうのがポイント	（1）と同様に計算していきましょう。
❶ P市、Q市、R市の面積の関係を考慮して、仮の面積を決める	（1）と同じく、**仮にP市とR市の面積を1km²、Q市の面積を2km²と考えます。**
❷ 各市の人口や新たな地域の人口密度を計算する	**カ**…P市の人口は　390 × 1 = 390 人 　　Q市の人口は　270 × 2 = 540 人 　　2つの市を合わせた地域の面積は3km²なので、人口密度は、 　　(390 + 540) ÷ 3 = 310 　　になります。 　　R市の人口密度の465とは異なります。 **キ**…P市の人口は390人、Q市は540人なので、人口の和は 　　390 + 540 = 930 　　R市は465人なので、2倍すると 　　465 × 2 = 930 　　P市とQ市の人口の和がR市の人口の2倍となり、正しいといえます。
答え	**推論カは誤りですが、推論キは正しいです。** 　　　　　　　　　　　　　　　　　**正解 F**

6 当てはまるものをすべて選ぶ問題

　赤組は白札を 5 枚、白組は赤札を 5 枚持っている。それぞれの手持ちの札から何枚かを相手に渡す。その後に、その時点で手元にある札の合計得点を、以下のルールに従って求める。

得点ルール
　　Ⅰ）　赤組の得点は、赤札 1 枚につき 2 点、白札 1 枚につき 1 点とする
　　Ⅱ）　白組の得点は、赤札 1 枚につき 1 点、白札 1 枚につき 2 点とする

(1)　白組からは 3 枚、赤組からは 3 枚以上の手持ちの札を相手に渡したとき、白組の合計得点としてあり得るのはどれか。当てはまるものをすべて選びなさい。

A	5 点	**F**	10 点
B	6 点	**G**	11 点
C	7 点	**H**	12 点
D	8 点	**I**	13 点
E	9 点	**J**	14 点

白組の合計得点としてあり得るものをすべて考える

今度は、合計得点としてあり得るものを、すべて選ぶ問題です。問われているのは白組の合計得点なので、白組に絞って考えましょう。

❶ 白組の赤札の得点を考える

赤札の得点から考えます。白組は、赤札を 5 枚持っていて、そのうち 3 枚を赤組に渡すので、残るのは 2 枚です。白組は、赤札を 1 枚 1 点で計算するので、2 枚で 2 点です。

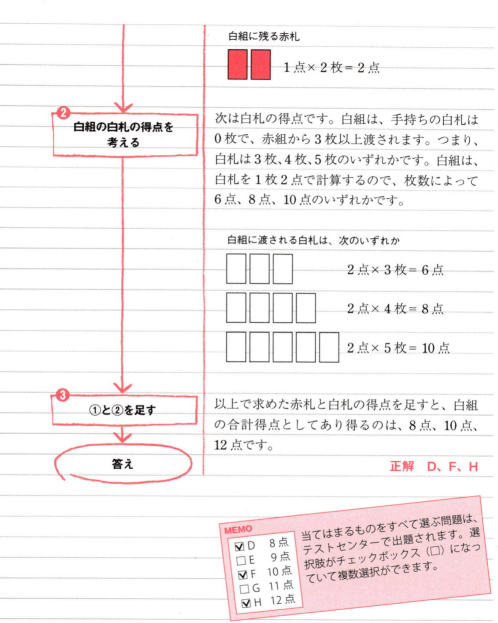

正解　D、F、H

6 当てはまるものをすべて選ぶ問題の続き

赤組は白札を5枚、白組は赤札を5枚持っている。それぞれの手持ちの札から何枚かを相手に渡す。その後に、その時点で手元にある札の合計得点を、以下のルールに従って求める。

得点ルール
- Ⅰ） 赤組の得点は、赤札1枚につき2点、白札1枚につき1点とする
- Ⅱ） 白組の得点は、赤札1枚につき1点、白札1枚につき2点とする

(2) どちらの組からも、相手に1枚以上の札を渡した結果、白組の合計得点が7点になった。このとき、赤組の合計得点としてあり得るものはどれか。当てはまるものをすべて選びなさい。

A	2点	**F**	7点
B	3点	**G**	8点
C	4点	**H**	9点
D	5点	**I**	10点
E	6点	**J**	11点

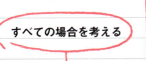
すべての場合を考える

(1) の続きです。白組の合計得点が7点になる場合をすべて考えるところから始めましょう。

❶ 白組の7点の内訳を考える

白組の7点のうち、白札は1枚2点なので、最多で3枚です。白札が3枚、2枚、1枚のときに赤札が何枚あれば7点になるかを考えます。

ただし、赤札の上限は4枚であることに気をつけましょう（少なくとも1枚は、赤組に渡すので）。

白札2点×3枚＝6点
赤札1点×1枚＝1点　計7点

白札2点×2枚＝4点
赤札1点×3枚＝3点　計7点

赤札が5枚はあり得ない
（少なくとも1枚は赤組に渡す）

白組の札は「白札3枚、赤札1枚」あるいは、「白札2枚、赤札3枚」です。

❷ それぞれの場合の赤組の札を考える

白札の合計5枚、赤札の合計5枚から、白組の分を引くと、残りが赤組の札です。赤組の札は、次のいずれかとなります。

白組　　　　　　　　　赤組

❸ 赤組の合計得点を求める

赤組は、赤札を1枚2点、白札を1枚1点で計算するので、合計得点は次のいずれかです。

赤札2点×4枚＝8点
白札1点×2枚＝2点　計10点

赤札2点×2枚＝4点
白札1点×3枚＝3点　計7点

赤組の合計得点としてあり得るのは、7点、10点です。

答え

正解　F、I

問題種1　推論

83

7 どちらの条件で答えが決まるかを考える問題　パターン1

　以下について、**ア**、**イ**の情報のうち、どれがあれば［問い］の答えがわかるかを考え、**A**から**E**までの中から正しいものを1つ選びなさい。

［問い］　1から5までの数字が1つずつ書かれた5枚のカードの中から3枚を選ぶ。選んだカードに書かれた3つの数字は何か。

　　　　ア　3枚のカードの数字の和は8である
　　　　イ　3枚のカードの数字の積は24である

> **A**　アだけでわかるが、イだけではわからない
> **B**　イだけでわかるが、アだけではわからない
> **C**　アとイの両方でわかるが、片方だけではわからない
> **D**　アだけでも、イだけでもわかる
> **E**　アとイの両方があってもわからない

**カードの数字が
決まる条件を探す**

1から5までの数字が書かれた5枚のカードから3枚を選んだときの、カードに書かれている数字が決まる条件を考える問題です。

| 1 | 2 | 3 | 4 | 5 |

「**ア**と**イ**を使ってカードの数字を考える」のではありません。**「アとイのうち、どちらの条件を使えば、カードの数字が決まるのかを考える」のです。**ここを間違えないようにしましょう。

まず、**ア**か**イ**か片方の条件だけで数字が決まるかを考えます。決まらないときだけ、**ア**と**イ**の両方の組み合わせも考えます。

① 条件アだけで3つの数字が決まるか考える

ア　3枚のカードの数字の和は8である

3枚で和（足し算の答え）が8になるカードの組み合わせを考えると、例えば

| 1 | 2 | 5 |

があります。ほかにも

| 1 | 3 | 4 |

もあります。候補が複数あるので、カードに書かれた3つの数字は、**アだけではわかりません。**

② 条件イだけで3つの数字が決まるか考える

イ　3枚のカードの数字の積は24である

3枚で積（かけ算の答え）が24になる組み合わせを考えます。

数字のうち5は、入れると積の末尾が0か5になるため不適切です。残り4つの数字で、積が24になるものを探すと

| 2 | 3 | 4 |

これ以外には、積が24になる組み合わせは作れません。つまり、**イだけでわかる**のです。

ここから、**「イだけでわかるが、アだけではわからない」**といえます。

正解 B

MEMO
あるいは素因数分解（2や3などの素数で割り算していく）して

```
2 ) 24
2 ) 12
2 )  6
3 )  3
     1
2×2×2×3
```

これを3つの数字にまとめると

$$\underline{2×2×2×2}×3$$
$$4$$

なので、「4、2、3」

答え

7 どちらの条件で答えが決まるかを考える問題　パターン2

　以下について、**ア**、**イ**の情報のうち、どれがあれば［**問い**］の答えがわかるかを考え、**A**から**E**までの中から正しいものを1つ選びなさい。

［**問い**］　PとQの所持金の差は25000円である。Pの所持金はいくらか。

　　　　ア　PとQの所持金を足すと85000円である
　　　　イ　PがQに12500円貸すと2人の所持金は等しくなる

> **A**　アだけでわかるが、イだけではわからない
> **B**　イだけでわかるが、アだけではわからない
> **C**　アとイの両方でわかるが、片方だけではわからない
> **D**　アだけでも、イだけでもわかる
> **E**　アとイの両方があってもわからない

Pの所持金が決まる条件を探す

今度は、2人（PとQ）の所持金の差や合計などから、Pの所持金が決まる条件を考える問題です。

まず、**ア**か**イ**か片方の条件だけでPの所持金が決まるかを考えます。決まらないときだけ、**ア**と**イ**の両方の組み合わせも考えます。

❶ 条件アだけでPの所持金が決まるか考える

ア　PとQの所持金を足すと85000円である
これに設問の「PとQの所持金の差は25000円」を加えると、

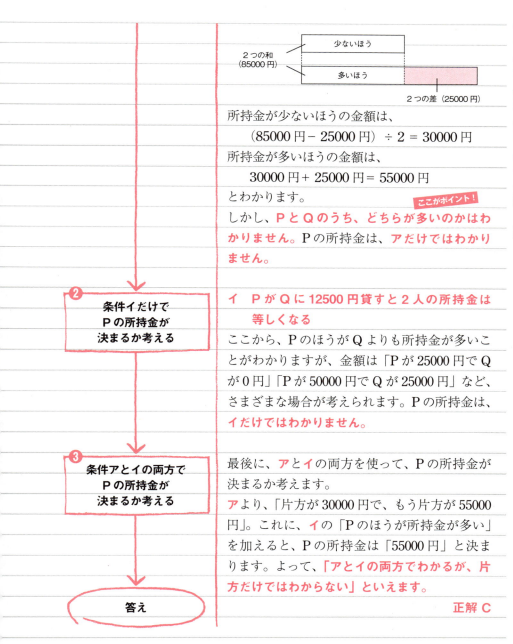

所持金が少ないほうの金額は、
　　（85000 円 − 25000 円）÷ 2 = 30000 円
所持金が多いほうの金額は、
　　30000 円 + 25000 円 = 55000 円
とわかります。

ここがポイント！

しかし、**P と Q のうち、どちらが多いのかはわかりません。P の所持金は、アだけではわかりません。**

② **条件イだけで P の所持金が決まるか考える**

イ　P が Q に 12500 円貸すと 2 人の所持金は等しくなる

ここから、P のほうが Q よりも所持金が多いことがわかりますが、金額は「P が 25000 円で Q が 0 円」「P が 50000 円で Q が 25000 円」など、さまざまな場合が考えられます。P の所持金は、**イだけではわかりません。**

③ **条件アとイの両方で P の所持金が決まるか考える**

最後に、**ア**と**イ**の両方を使って、P の所持金が決まるか考えます。
アより、「片方が 30000 円で、もう片方が 55000 円」。これに、**イ**の「P のほうが所持金が多い」を加えると、P の所持金は「55000 円」と決まります。よって、**「アとイの両方でわかるが、片方だけではわからない」**といえます。

正解 C

答え

7 どちらの条件で答えが決まるかを考える問題　パターン3

　以下について、**ア**、**イ**の情報のうち、どれがあれば [問い] の答えがわかるかを考え、**A**から**E**までの中から正しいものを1つ選びなさい。

[**問い**]　ある人が一昨日、昨日、今日と同じ時刻に室温を測ったところ、3日間とも20度以上で、その平均は24度だった。3日間の中で最も室温が高かったのはいつか。

　　ア　昨日は今日より4度高かった
　　イ　20度の日があった

> **A**　アだけでわかるが、イだけではわからない
> **B**　イだけでわかるが、アだけではわからない
> **C**　アとイの両方でわかるが、片方だけではわからない
> **D**　アだけでも、イだけでもわかる
> **E**　アとイの両方があってもわからない

最も室温が高かった日が決まる条件を探す

今度は、室温の平均や差から、最も室温が高かった日が決まる条件を考える問題です。

まず、**ア**か**イ**か片方の条件だけで最も室温が高かった日が決まるかを考えます。決まらないときだけ、**ア**と**イ**の両方の組み合わせも考えます。

❶ 条件アだけで最も室温が高かった日が決まるか考える

ア　昨日は今日より4度高かった

ここから、昨日のほうが、今日より室温が高かったことはわかりますが、昨日と一昨日のどちら

が最も室温が高かったのかはわかりません。**ア だけではわかりません。**

❷ 条件イだけで最も室温が高かった日が決まるか考える

イ　20度の日があった

20度の日が、最も室温が高かった日ではなかったことはわかりますが、最も室温が高かった日がどの日なのかはわかりません。**イだけではわかりません。**

❸ 条件アとイの両方で最も室温が高かった日が決まるか考える

最後に、**アとイ**の両方を使って、最も室温が高かった日が決まるか考えます。
アより、最も室温が高かった可能性があるのは「昨日か一昨日」。仮に今日が、**イ**の20度だとすると、昨日は4度高い24度、一昨日は、昨日と今日の差4度を足した28度（平均24度なので）。

ここで、終わりではありません。 昨日が最も高い場合も考えます。先ほど考えた温度の日付を入れかえて「昨日28度、今日24度、一昨日20度」とすると、これも成り立ちます。

最も室温が高いのは、昨日と一昨日どちらも考えられるので、**「アとイの両方があってもわからない」**といえます。

答え

正解 E

8 条件を使って数値を算出する問題　パターン１

空欄に当てはまる数値を求めなさい。

[問い]　P、Q、Rの３人の平均年齢は12歳で、P、Q、Rの順に年長である。３人の年齢について以下のことがわかっている。

　　ア　PとRの年齢差はQの年齢に等しい
　　イ　QとRの年齢差は4歳である

このとき、Rは[　　]歳である。

平均と差から、個々の年齢を求めます。推論というより、方程式の問題です。

３人の年齢をP、Q、Rとして式にします。
「P、Q、Rの３人の平均年齢は12歳」より、
P＋Q＋R＝12×3＝36

３人の年齢は、問題文に「P、Q、Rの順に年長」とあります。ここから、PとRとでは、Pのほうが年長なので、**ア**は
P－R＝Q
QとRとでは、Qのほうが年長なので、**イ**は
Q－R＝4
わかる情報は、ここまでです。

３つの式を組み合わせて解きます。求めるのはRなので、PとQを、それぞれRで表すことを考えましょう。文字の種類が少ない式から始め

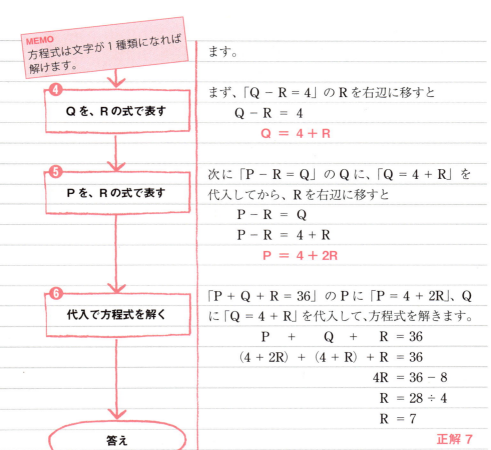

別解 仮の年齢を当てはめていく方法もあります。

P	Q	R	合計36歳か
20	12	8	× 40
18	11	7	○ 36

仮の年齢を当てはめていき、合計が36歳になるものを見つける方法もあります。年齢が真ん中のQを、仮に平均年齢の12歳とすると、**イ**よりRは4歳年下なので12 − 4 = 8歳。**ア**より「PからRを引くとQ」で、これは「QにRを足すとP」と同じなので、Pは12 + 8 = 20歳。3人の合計は40歳で大きすぎるので、次はQを1歳下にして同様に計算します。すると、表のように合計36歳となるので、この組み合わせが正解でRは7歳です。

8 条件を使って数値を算出する問題　パターン2

空欄に当てはまる数値を求めなさい。

[問い]　P、Q、R、S、T、Uはある小学校の各学年の代表者である。
それぞれの学年について、次のことがわかっている。

　ア　PはQより2学年上である
　イ　RはSより3学年上である
　ウ　TはUより2学年上である

このとき、Rは [　] 年生である。

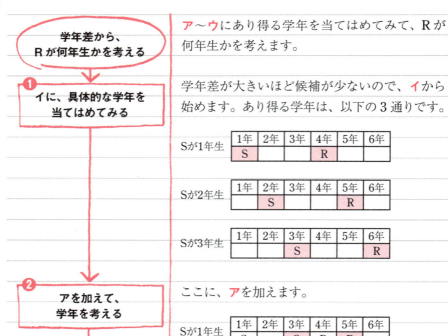

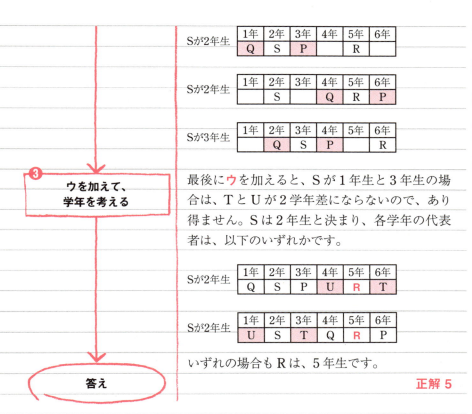

	1年	2年	3年	4年	5年	6年
Sが2年生	Q	S	P		R	

	1年	2年	3年	4年	5年	6年
Sが2年生		S		Q	R	P

	1年	2年	3年	4年	5年	6年
Sが3年生		Q	S	P		R

③ ウを加えて、学年を考える

最後にウを加えると、Sが1年生と3年生の場合は、TとUが2学年差にならないので、あり得ません。Sは2年生と決まり、各学年の代表者は、以下のいずれかです。

	1年	2年	3年	4年	5年	6年
Sが2年生	Q	S	P	U	R	T

	1年	2年	3年	4年	5年	6年
Sが2年生	U	S	T	Q	R	P

いずれの場合もRは、5年生です。

答え

正解 5

速解法　ブロックのように組み合わせて考える方法もあります。

ア〜ウからわかる学年の順を、小さい順に書き出すと
　ア　[Q][？][P]　　イ　[S][？][？][R]　　ウ　[U][？][T]
[？]の部分を、P〜Uのいずれかと重ねて、ひとつながりにする方法を考えます。すると、考えられるのは、以下の2通りです。
　[Q][S][P][U][R][T]　または　[U][S][T][Q][R][P]
Rはいずれも右から2番目です。小さい順に並べているのでRは5年生です。

8 条件を使って数値を算出する問題　パターン3

空欄に当てはまる数値を求めなさい。

[問い] ある商品について3つの商店P、Q、Rの販売価格を比較したところ、高いほうからP、Q、Rの順であり、以下のことがわかった。

ア　3つの商店の販売価格の平均は374円だった
イ　商店Rの販売価格は340円だった

このとき、商店Pの販売価格は<u>最も安くて</u>［　　］円である。

確実に決まることから考えていく

商店Pの販売価格が最も安い場合にいくらなのかを考える問題です。確実に決まることから考えていきましょう。

① 平均から合計を求める

まず、平均から、3つの商店の販売価格の合計を求めます。**ア**から「平均は374円」なので、合計は

374円 × 3 = **1122円**
　平均　　　　　合計

② 合計から商店Rを引く

商店Rの販売価格は、**イ**から「340円」。合計から引くと

1122円 − 340円 = **782円**
　合計　　　R　　　PQの和

③ 商店Pが、Qより1円高くなるよう販売価格を考える

商店PとQの販売価格の和は、782円とわかりました。「高いほうからP、Q、Rの順」なので、PとQでは、Pのほうが高いわけです。答えるのは、商店Pの販売価格が最も安い場合なので、

PはQより1円だけ高いと考えましょう。

782円÷2 = 391円 → 1円高いので 392円
（PQの和）　　（PQ同額の場合）

商店Pの販売価格が最も安いのは392円の場合です。

※このとき商店Qは390円です。

正解 392

答え

MEMO
これが「商店Pの販売価格は最も高くて[　]円」ならば、2番目に高い商店Qが、最も安い商店Rより1円だけ高くなります。つまり、R = 340円、Q = 340 + 1 = 341円。残りが商店Pなので、374 × 3 −（340 + 341）= 441円。このタイプの問題も出るので、あわせて解き方を覚えておきましょう。

8 条件を使って数値を算出する問題　パターン4

空欄に当てはまる数値を求めなさい。

[問い]　ある月について、以下のことがわかっている。

　　　ア　第2月曜日は3の倍数にあたる日である
　　　イ　第3月曜日は奇数日である

　　　このとき、第4月曜日の日付は [　] 日である。

条件に当てはまる日付を考える

第2、第3月曜日の日付に関するヒントから、第4月曜日の日付を考える問題です。**ア**、**イ**の条件のうち、候補が少ない**ア**から考えていくとよいでしょう。**ア**に当てはまる日付を具体的にあげていき、さらに**イ**の条件で絞り込みます。

❶ アに当てはまる日付を考える

アの「第2月曜日は3の倍数にあたる日」の第2月曜日が何日かを考えます。

第1月曜日は「1～7日」、第2月曜日は7日後の「8～14日」のいずれかです。8～14日のうち、3の倍数は、

　　9日、12日

の2日間だけです。

❷ イを使ってアの日付を判明させる

次に、**イ**の「第3月曜日は奇数日」を使って、**ア**の日付を絞り込みます。

9日、12日に7を足して、奇数、偶数を判断してもよいのですが、もう一歩進んで、計算せずに判断をする方法を紹介します。

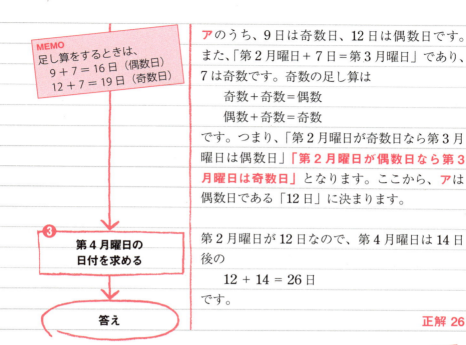

2. 図表の読み取り

よくでる

テストセンターとペーパーテスト
- **1** 数量の表から→数量や割合を求める問題
- **2** 割合（％）の表から→数量や割合を求める問題
- **3** 2つの表から→数量や割合を求める問題
- **4** 得点範囲の表から→平均点や人数を求める問題

WEBテスティング
- **5** 表と一致するグラフはどれか答える問題

図表の数値を読み取って計算する問題です。「図表の意味を理解し、必要な情報を取り出す」こと、「数値がハッキリしないときでも、そこから可能な限りの情報を導き出す」こと、「わかっている情報をもとに、わかっていない情報を明らかにする」ことなどが求められます。

必要な数学の知識

％の知識

％を小数や分数で表す　　100で割る
　　　　　　　　　　　　例：20％＝0.2＝$\frac{1}{5}$

AのB％を求める　　　　　A×（B÷100）
　　　　　　　　　　　　例：80の20％は、80×0.2＝16

CはDの何％かを求める　　C÷D×100
　　　　　　　　　　　　例：20は80の何％か？→20÷80＝0.25＝25％

ここが**Point**

％の計算を活用する！
「最も少なくなる場合」と「最も多くなる場合」を考える！

図表の理解が大切なのはもちろんとして、「割合」の問題では％の計算をきちんとこなすこと、「得点範囲」の問題では最小値と最大値を出すことが、肝心です。

1 数量の表から→数量や割合を求める問題

　下表は、ある年の日本、インド、ロシア、カナダのエネルギー消費量を調べたものである。

エネルギー消費量　　　　　　　　　　　　　　（単位：石油換算　百万t）

	固形	液体	ガス	電力	合計
日本	93	209	61		458
インド	187	71	17	9	284
ロシア	98	105	340	40	583
カナダ	25		80		237

(1)　カナダにおいて「電力」エネルギー消費量は、「液体」エネルギー消費量のちょうど60%にあたる。カナダの「液体」エネルギー消費量はどれだけか（必要なときは、最後に十万tの位を四捨五入すること）。

A　15百万t　　　　　**F**　105百万t

B　48百万t　　　　　**G**　132百万t

C　50百万t　　　　　**H**　142百万t

D　63百万t　　　　　**I**　148百万t

E　83百万t　　　　　**J**　**A**から**I**のいずれでもない

（%の計算がポイント）

「空欄補充」で、%の計算がテーマの問題です。

カナダの「液体」と「電力」はどちらも空欄になっています。「両方空欄ではどうしようもない」と思ってはいけません。**両方ひとまとめにして考えるのです。** この考え方が大切

「液体」と「電力」の合計なら、「合計」から「固形」と「ガス」を引けば、数値が出ます。

$$237 - (25 + 80) = 132 \text{（百万t）}$$
合計　　固形　ガス　　　液体+電力

「『電力』エネルギー消費量は、『液体』エネルギー消費量のちょうど60％にあたる」のですから、「液体」エネルギー消費量を100としたとき、「電力」エネルギー消費量は60ということです。**これに気がつけるかが、この問題のカギです。**

合計すると、160（％）。これが132（百万t）なのです。

ということは、132を160で割って100をかけたものが、「液体」エネルギー消費量です。

$$132 \div 160 \times 100$$
$$= \frac{\overset{33}{132} \times \overset{5}{100}}{\underset{8.2}{160}}$$
$$= \frac{165}{2}$$
$$= \mathbf{82.5}$$

「（必要なときは、最後に十万tの位を四捨五入すること）」なので、四捨五入して、答えは83百万tです。

正解 E

2 割合（%）の表から→数量や割合を求める問題

　4種類の食品に含まれる栄養素の重量百分率は、次の通りである。なお、たんぱく質、脂質、炭水化物における［　］内の数字は、熱量（kcal/g）を表す。

食品成分表

栄養素＼食品	食品P	食品Q	食品R	食品S
水分	56.1 %	87.2 %	42.5 %	75.9 %
たんぱく質　[4.18]	19.4 %	5.6 %	13.8 %	7.2 %
脂質　　　　[9.21]	23.8 %	3.8 %		6.5 %
炭水化物　　[4.07]	0.1 %	2.9 %	0.3 %	9.6 %
灰分	0.6 %	0.5 %	1.1 %	0.8 %
合計	100.0 %	100.0 %	100.0 %	100.0 %

(1)　食品Rの脂質の重量百分率はいくらか（必要なときは、最後に小数点以下第2位を四捨五入すること）。

A　38.3%　　　　F　43.3%

B　39.3%　　　　G　44.3%

C　40.3%　　　　H　45.3%

D　41.3%　　　　I　46.3%

E　42.3%　　　　J　AからIのいずれでもない

合計から引き算すれば脂質の重量百分率がわかる

今度は、食品に含まれる栄養素の表です。こちらも、「空欄補充」ですが、空欄は1つだけで、最も基本的な問題です。

食品Rの重量百分率は、**合計で100.0%**と表に書いてあります。**ここから、食品Rの脂質以外の栄養素の重量百分率を引けばよいのです。**

① **合計から脂質以外の重量百分率を引く**

食品Rの重量百分率の値は、赤のゾーンです。合計から、水分、たんぱく質、炭水化物、灰分の重量百分率を引きます。

栄養素＼食品	食品P	食品Q	食品R	食品S
水分	56.1 %	87.2 %	42.5 %	75.9 %
たんぱく質 [4.18]	19.4 %	5.6 %	13.8 %	7.2 %
脂質 [9.21]	23.8 %	3.8 %		6.5 %
炭水化物 [4.07]	0.1 %	2.9 %	0.3 %	9.6 %
灰分	0.6 %	0.5 %	1.1 %	0.8 %
合計	100.0 %	100.0 %	100.0 %	100.0 %

$$100 - (42.5 + 13.8 + 0.3 + 1.1) = 42.3 (\%)$$
　合計　　水分　たんぱく質　炭水化物　灰分　　　脂質

正解 E

答え

MEMO
百分率とは、全体を100としたときの割合のことで、パーセント（%）を使って表します。重量百分率は、全体の重量を100としたときの、重量の割合（%）のことです。

2 割合（％）の表から→数量や割合を求める問題の続き

4種類の食品に含まれる栄養素の重量百分率は、次の通りである。なお、たんぱく質、脂質、炭水化物における ［　］ 内の数字は、熱量（kcal/g）を表す。

食品成分表

栄養素 ＼ 食品	食品P	食品Q	食品R	食品S
水分	56.1 %	87.2 %	42.5 %	75.9 %
たんぱく質　[4.18]	19.4 %	5.6 %	13.8 %	7.2 %
脂質　[9.21]	23.8 %	3.8 %		6.5 %
炭水化物　[4.07]	0.1 %	2.9 %	0.3 %	9.6 %
灰分	0.6 %	0.5 %	1.1 %	0.8 %
合計	100.0 %	100.0 %	100.0 %	100.0 %

(2) 食品Qから水分を除いた残りの栄養素について、あらためて重量百分率を求めたとすると、炭水化物の重量百分率はいくらか（必要なときは、最後に小数点以下第1位を四捨五入すること）。

A	17%	F	31%
B	20%	G	34%
C	23%	H	37%
D	26%	I	40%
E	29%	J	AからIのいずれでもない

合計が変わるので割合を求め直す

先の問題の続きです。
問題文が少しややこしいので、かみ砕いた言い方にすると「**食品Qから水分を除くと合計の値が変わる。新しい合計の値で、炭水化物の割合を求め直せ**」ということです。

これがわかれば、あとは順番に計算していくだけです。

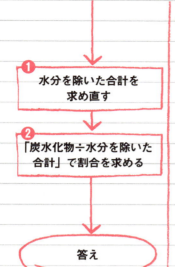

食品Qの水分は87.2%。合計から水分を除くと
$$100 - 87.2 = 12.8（\%）$$
合計　　水分　　　水分を除いた合計

食品Qの炭水化物は2.9%。これが、先ほど求めた12.8%のうち、どれだけの割合にあたるのかを求めます。
$$2.9 \div 12.8 = 0.226\cdots$$
炭水化物　　水分を除いた合計　　水分を除いた合計に対する炭水化物の割合

四捨五入して、答えは23%です。

正解 C

2 割合（％）の表から→数量や割合を求める問題の続き

4種類の食品に含まれる栄養素の重量百分率は、次の通りである。なお、たんぱく質、脂質、炭水化物における［　］内の数字は、熱量（kcal/g）を表す。

食品成分表

栄養素＼食品	食品P	食品Q	食品R	食品S
水分	56.1 %	87.2 %	42.5 %	75.9 %
たんぱく質　[4.18]	19.4 %	5.6 %	13.8 %	7.2 %
脂質　[9.21]	23.8 %	3.8 %		6.5 %
炭水化物　[4.07]	0.1 %	2.9 %	0.3 %	9.6 %
灰分	0.6 %	0.5 %	1.1 %	0.8 %
合計	100.0 %	100.0 %	100.0 %	100.0 %

(3) 食品Sの300g中の脂質の熱量はいくらか（必要なときは、最後に小数点以下第1位を四捨五入すること）。

A	6 kcal	**F**	180 kcal
B	9 kcal	**G**	240 kcal
C	20 kcal	**H**	1800 kcal
D	105 kcal	**I**	2463 kcal
E	159 kcal	**J**	**A**から**I**のいずれでもない

脂質の重さに
熱量をかけ算する

（2）の続きです。

熱量について、問題には「たんぱく質、脂質、炭水化物における［　］内の数字は熱量（kcal/g）を表す」と書かれています。そして、表を見ると脂質の熱量は9.21kcal/gです。

栄養素＼食品	食品P	食品Q	食品R	食品S
水分	56.1 %	87.2 %	42.5 %	75.9 %
たんぱく質　[4.18]	19.4 %	5.6 %	13.8 %	7.2 %
脂質　　　[9.21]	23.8 %	3.8 %		6.5 %
炭水化物　[4.07]	0.1 %	2.9 %	0.3 %	9.6 %
灰分	0.6 %	0.5 %	1.1 %	0.8 %
合計	100.0 %	100.0 %	100.0 %	100.0 %

9.21kcal/g は、「1g あたり 9.21kcal」ということです。**脂質が何 g かわかれば、「脂質の重量 × 9.21kcal」で、熱量が求められます。** ここがポイント

① 食品 S の 300g 中の脂質の重量を求める

脂質が何 g かを、まず求めましょう。

食品 S に含まれる脂質は、表から 6.5%。

食品 S は 300g で、そのうち 6.5%が脂質なので

$$300 \times 0.065 = 19.5 \ (g)$$

② これに 1g あたりの熱量をかけ算する

脂質は 19.5g とわかったので、1g あたりの熱量の「9.21kcal」をかけ算します。

$$\underset{\text{脂質の重量}}{19.5} \times \underset{\text{1gあたりのkcal}}{9.21} = \underset{\text{脂質の熱量}}{179.595} \ (kcal)$$

四捨五入して、答えは 180kcal です。

正解 F

答え

3 2つの表から→数量や割合を求める問題　パターン1

　あるイベント会社が、会場P、Q、R、Sで調査を行い、主として利用した交通手段を1つだけあげてもらった。表1は回答結果にもとづいて、会場ごとに利用した交通手段の割合を示したものである。また表2は、会場ごとの回答者数が回答者数全体に占める割合を示している。

〈表1〉

交通手段＼会場	P	Q	R	S	4つの合計
電車	15%	20%	25%	40%	
バス	20%	30%		10%	36%
乗用車	60%	35%	10%	30%	32%
その他	5%	15%		20%	
合計	100%	100%	100%	100%	100%

〈表2〉

会場	P	Q	R	S	4つの合計
回答者数の割合	25%	30%	35%	10%	100%

(1)　会場Pで「乗用車」と答えた人は、4つの会場での回答者数全体の何％か（必要なときは、最後に小数点以下第1位を四捨五入すること）。

A	5%	F	30%
B	10%	G	35%
C	15%	H	40%
D	20%	I	45%
E	25%	J	AからIのいずれでもない

2つの表の両方に目を向けることが大切

このように表が2つ出てくる問題もあります。1つの場合に比べて、やや難しくなります。乗用車が載っている〈表1〉だけ見ても答えはわかりません。**2つ表があるということは、当然、もう1つの表も使って解くということです。**

❶ 会場Pが全体の何%かを調べて、そこに会場Pの乗用車の割合をかけ算する

〈表2〉から、「会場Pの回答者数」は全体の25%。〈表1〉から、会場Pのうち「乗用車」は60%。この2つをかけ算します。

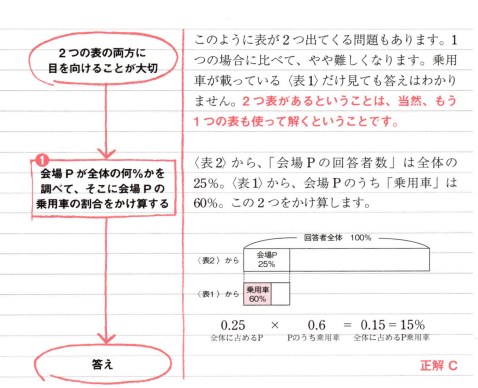

正解 C

答え

別解　仮の人数を当てはめてもかまいません。

割合だけだと計算しづらい人は、仮の人数を当てはめてもかまいません。例えば、回答者数全体を100人と仮定すると次のようになります。

回答者数全体のうち、会場Pの回答者数の割合は25%なので
　　100人 × 0.25 = 25人
会場Pのうち、乗用車は60%なので
　　25人 × 0.6 = 15人
会場Pの乗用車15人が、全回答者数100人に占める割合は
　　15人 ÷ 100人 = 0.15 = 15%

3 2つの表から→数量や割合を求める問題　パターン1の続き

　あるイベント会社が、会場P、Q、R、Sで調査を行い、主として利用した交通手段を1つだけあげてもらった。表1は回答結果にもとづいて、会場ごとに利用した交通手段の割合を示したものである。また表2は、会場ごとの回答者数が回答者数全体に占める割合を示している。

〈表1〉

交通手段＼会場	P	Q	R	S	4つの合計
電車	15%	20%	25%	40%	
バス	20%	30%		10%	36%
乗用車	60%	35%	10%	30%	32%
その他	5%	15%		20%	
合計	100%	100%	100%	100%	100%

〈表2〉

会場	P	Q	R	S	4つの合計
回答者数の割合	25%	30%	35%	10%	100%

(2)　会場Qで「電車」と答えた人は、会場Sで「電車」と答えた人の何倍か（必要なときは、最後に小数点以下第2位を四捨五入すること）。

A	0.6倍	F	2.2倍
B	0.8倍	G	2.3倍
C	1.2倍	H	2.5倍
D	1.5倍	I	2.7倍
E	1.8倍	J	AからIのいずれでもない

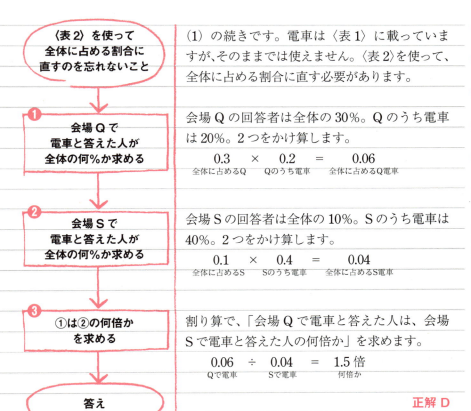

3 2つの表から→数量や割合を求める問題　パターン1の続き

　あるイベント会社が、会場P、Q、R、Sで調査を行い、主として利用した交通手段を1つだけあげてもらった。表1は回答結果にもとづいて、会場ごとに利用した交通手段の割合を示したものである。また表2は、会場ごとの回答者数が回答者数全体に占める割合を示している。

〈表1〉

交通手段 ＼ 会場	P	Q	R	S	4つの合計
電車	15%	20%	25%	40%	
バス	20%	30%		10%	36%
乗用車	60%	35%	10%	30%	32%
その他	5%	15%		20%	
合計	100%	100%	100%	100%	100%

〈表2〉

会場	P	Q	R	S	4つの合計
回答者数の割合	25%	30%	35%	10%	100%

(3)　会場Qで「その他」と答えた人は144人だった。4つの会場での回答者数の合計は何人か。

A	1440人	**F**	3200人
B	1800人	**G**	3600人
C	2000人	**H**	4800人
D	2400人	**I**	5760人
E	2880人	**J**	AからIのいずれでもない

```
┌─────────────────────┐
│  会場 Q のその他の    │
│  割合と人数を使う     │
└─────────────────────┘
```

(2) の続きです。会場 Q でその他と答えた人の割合と人数を使って、回答者数の合計（全体の人数）を求めます。

❶
```
┌─────────────────────┐
│  会場 Q で            │
│  その他と答えた人が    │
│  全体の何％か求める    │
└─────────────────────┘
```

会場 Q の回答者は全体の30％。Q のうちその他は15％。2つをかけ算します。

$$0.3 \quad \times \quad 0.15 \quad = \quad 0.045$$
全体に占めるQ　　Qのうちその他　　全体に占めるQその他

❷
```
┌─────────────────────┐
│  会場 Q でその他と答えた │
│  「人数÷割合」で、     │
│  全体の人数を求める    │
└─────────────────────┘
```

会場 Q でその他と答えた人は144人で、全体の0.045（4.5％）なので「全体の人数 × 0.045 ＝ 144人」の式が成り立ちます。これを変形して「144人 ÷ 0.045 ＝全体の人数」を求めます。

$$144 人 \quad \div \quad 0.045 \quad = \quad 3200 人$$
Qその他の人数　　全体に占める　　　全体の人数
　　　　　　　　Qその他の割合

MEMO
÷ 0.045 を、÷（0.09÷2）にかえて「144×2÷0.09」とすると暗算できます。

```
  ╭─────────────╮
  │    答え      │
  ╰─────────────╯
```

正解 F

別解 〜 **先に会場 Q の合計人数を求めてもかまいません。**

会場 Q でその他と答えた人は、会場 Q のうち15％で144人です。「人数÷割合」で会場 Q の合計人数を求めます。

$$144 人 \quad \div \quad 0.15 \quad = 960 人$$
Qその他の人数　　Q合計に占める　　Q合計人数
　　　　　　　　Qその他の割合

4つの会場のうち、会場 Q は30％で960人。「人数÷割合」で4つの会場の合計人数を求めます。

$$960 人 \quad \div \quad 0.3 \quad = 3200 人$$
Q合計人数　　全体に占める　　全体の人数
　　　　　　Q合計の割合

③ 2つの表から→数量や割合を求める問題　パターン1の続き

あるイベント会社が、会場 P、Q、R、S で調査を行い、主として利用した交通手段を1つだけあげてもらった。表1は回答結果にもとづいて、会場ごとに利用した交通手段の割合を示したものである。また表2は、会場ごとの回答者数が回答者数全体に占める割合を示している。

〈表1〉

交通手段＼会場	P	Q	R	S	4つの合計
電車	15%	20%	25%	40%	
バス	20%	30%		10%	36%
乗用車	60%	35%	10%	30%	32%
その他	5%	15%		20%	
合計	100%	100%	100%	100%	100%

〈表2〉

会場	P	Q	R	S	4つの合計
回答者数の割合	25%	30%	35%	10%	100%

(4) 会場 R で「バス」と答えた人は、会場 R での何%か（必要なときは、最後に小数点以下第1位を四捨五入すること）。

A	12%	**F**	45%
B	15%	**G**	50%
C	18%	**H**	55%
D	21%	**I**	60%
E	30%	**J**	A から I のいずれでもない

$\boxed{\text{表を横方向に使う}}$

（3）の続きです。バスの「4つの合計」から、会場 P、Q、S のバスを引きます。

① **会場 P、Q、S で バスと回答した人が 全体の何%かを それぞれ求める**

バスと回答した人が全体の何%か求めます。

会場 P のバス　$0.25 × 0.2 = 0.05$

会場 Q のバス　$0.3 × 0.3 = 0.09$

会場 S のバス　$0.1 × 0.1 = 0.01$

② **バスの合計から、 会場 P、Q、S の バスを引く**

この 3 つを、バスの合計 36% から引き算します。

$$\underset{\text{バスの4つの合計}}{0.36} - (\underset{\text{Pバス}}{0.05} + \underset{\text{Qバス}}{0.09} + \underset{\text{Sバス}}{0.01}) = \underset{\text{Rバス}}{0.21}$$

③ **〈表2〉を使って 会場 R に対する割合に 直す**

0.21 は全体に対する割合なので、会場 R に対する割合に直します。求める値を x とします。

$$\underset{\text{全体に占めるR}}{0.35} × \underset{\text{Rのうちバス}}{x} = \underset{\text{全体に占めるRバス}}{0.21}$$

$$x = 0.21 ÷ 0.35$$
$$x = 0.6$$

$\boxed{\text{答え}}$

正解 1

別解 **上記が難しいと感じた人は、仮の人数を当てはめる方法で。**

回答者数全体を 100 人と仮定すると、バスと答えた人数の合計は

　　$100 人 × 0.36 = 36 人$

会場 P、Q、S でバスと答えた人数は

　　$P：25 人 × 0.2 = 5 人$　$Q：30 人 × 0.3 = 9 人$　$S：10 人 × 0.1 = 1 人$

バスの合計から会場 P、Q、S のバスの人数を引くと、会場 R のバスは

　　$36 人 − (5 人 + 9 人 + 1 人) = 21 人$

会場 R は全体の 35% なので 35 人。そのうち 21 人がバスなので割合は

　　$21 人 ÷ 35 人 = 0.6 = 60\%$

3 2つの表から→数量や割合を求める問題　パターン2

　下表は、山形、静岡、高松、長崎の4都市について、ある年の1月、5月、9月の降水量と、年間降水量の様子を示したものである。表1は実際の降水量を、表2は各都市について、年間降水量を100%として月ごとの降水量の割合を表したものである。

〈表1〉各都市の降水量

	1月	5月	9月	年間
山形		119mm	86mm	1337mm
静岡				2283mm
高松		145mm		ウ
長崎	ア	321mm		1618mm

〈表2〉年間降水量に対する月ごとの降水量の割合

	1月	5月	9月	年間
山形	8.4%		イ	100%
静岡	1.2%	11.3%	12.7%	100%
高松	0.5%	9.0%	12.1%	100%
長崎	2.5%		16.9%	100%

(1)　静岡について、5月の降水量は1月の降水量の何倍か（必要なときは、最後に小数点以下第2位を四捨五入すること）。

A	1.0倍	**F**	9.4倍
B	1.4倍	**G**	10.1倍
C	2.3倍	**H**	11.5倍
D	2.9倍	**I**	12.5倍
E	7.9倍	**J**	**A**から**I**のいずれでもない

〈表1〉の静岡の5月と1月の降水量は両方空欄になっています。でも、どちらの%も〈表2〉にのっているので、「年間降水量×降水量の割合」

で、5月と1月の降水量を出すことができます。

しかし、実はそのようなことをする必要はありません。

「5月の降水量は1月の降水量の何倍か」
ということは、
「5月の降水量の割合は1月の降水量の割合の何倍か」
ということと同じだからです。

つまり、「11.3％は1.2％の何倍か？」を計算すればいいのです。

$$11.3 \div 1.2 = 9.41\cdots（倍）$$

四捨五入して、答えは **9.4倍** です。

正解 F

%のまま計算すると速い

① 5月の%と1月の%を比較する

答え

MEMO
%どうしを比較できるのは、同じ「静岡」の%だからです。別々の県の%を単純に比較することはできません。もとの量がちがうからです。注意してください。

3 2つの表から→数量や割合を求める問題　パターン2の続き

　下表は、山形、静岡、高松、長崎の4都市について、ある年の1月、5月、9月の降水量と、年間降水量の様子を示したものである。表1は実際の降水量を、表2は各都市について、年間降水量を100%として月ごとの降水量の割合を表したものである。

〈表1〉各都市の降水量

	1月	5月	9月	年間
山形		119mm	86mm	1337mm
静岡				2283mm
高松		145mm		ウ
長崎	ア	321mm		1618mm

〈表2〉年間降水量に対する月ごとの降水量の割合

	1月	5月	9月	年間
山形	8.4%		イ	100%
静岡	1.2%	11.3%	12.7%	100%
高松	0.5%	9.0%	12.1%	100%
長崎	2.5%		16.9%	100%

(2)　高松の年間降水量　ウ　は何mmか（必要なときは、最後に小数点以下第1位を四捨五入すること）。

A　585mm　　　F　2002mm

B　671mm　　　G　2564mm

C　1305mm　　 H　3132mm

D　1611mm　　 I　5238mm

E　1755mm　　 J　AからIのいずれでもない

1%の量がわかれば100%の量もわかる

「年間降水量」は「降水量の割合」でいうと100%ということ。

〈表1〉と〈表2〉から、高松の5月の「降水量」と「降水量の割合」の数値がわかるので、そこから1%あたりの量が出せます。それに100をかければいいのです。

① 高松の5月の「降水量」と「降水量の割合」から1%の値を求める

高松の5月の「降水量」は〈表1〉より145mm。「降水量の割合」は〈表2〉より9.0%です。

$$145 \div 9 = 16.111\cdots$$
　降水量　　％　　　1%あたりの値

② 100をかけて、「年間降水量」を出す

100をかけて、1611.1…（mm）。
これが「年間降水量」ということです。
四捨五入して、答えは1611mm。

答え　　　　　　　　　　　　　　　　**正解 D**

4 得点範囲の表から→平均点や人数を求める問題

　下表は、あるクラスの生徒55人に実施した英語と国語のテストの成績を、得点の組み合わせにわけて人数を示したものである。

国語＼英語	0~9点	10~19点	20~29点	30~39点	40~49点	50~59点	60~69点	70~79点	80~89点	90~100点
0~9点										
10~19点										
20~29点		1	2	3						
30~39点			1	2						
40~49点					1	2				
50~59点					2	7	2	1		
60~69点					1	2	4		2	
70~79点							2	3	4	
80~89点							3	1	2	2
90~100点									2	3

(1) 国語で40点未満だった生徒たちの英語の平均点としてあり得るのは、次のどの組み合わせか（必要なときは、最後に小数点以下第2位を四捨五入すること）。

ア　23.0点

イ　25.0点

ウ　27.0点

エ　30.0点

A	アだけ	**F**	イとウ
B	イだけ	**G**	ウとエ
C	ウだけ	**H**	アとイとウ
D	エだけ	**I**	イとウとエ
E	アとイ	**J**	アとイとウとエのすべて

「国語で40点未満だった生徒たち」というのは、次の表の赤のゾーンの生徒たちです。

国語＼英語	0～9点	10～19点	20～29点	30～39点	40～49点	50～59点	60～69点	70～79点	80～89点	90～100点
0～9点										
10～19点										
20～29点		1	2	3						
30～39点			1	2						
40～49点					1	2				
50～59点					2	7	2	1		
60～69点					1	2	4		2	
70～79点							2	3	4	
80～89点							3	1	2	2
90～100点									2	3

最低点と最高点を求めるのがポイント

この生徒たちの英語の点数は、表より、
　10～19点　1人
　20～29点　2＋1＝3人
　30～39点　3＋2＝5人

さて、この問いで難しいのは、これらの生徒の点数がハッキリわからないことです。「10～19点」の生徒は、10点かもしれませんし、15点かもしれませんし、19点かもしれません。「20～29点」「30～39点」の生徒たちについても同じことです。
点数がハッキリしないのに、どうやって平均点を出すのか？
それができるかどうかをこの問題は試しているのです。

どうすればいいかというと、**点数の範囲はわかっているわけで、平均点も「○点～○点」というふうに範囲で出せばいいのです。**
つまり、**一番低い場合の平均点と、一番高い場**

合の平均点を出せばいいのです。実際の平均点は必ずその範囲内にあるはずです。

❶ 平均点として考えられる 最低点を求める

まず平均点が一番低い場合を考えてみましょう。一番低くなるのは、「10 〜 19 点」「20 〜 29 点」「30 〜 39 点」という範囲内ですべての生徒が最低点をとっている場合です。

つまり、

10 点　1 人

20 点　3 人

30 点　5 人

ということになります。

このときの平均点は、

$$(10 \times 1 + 20 \times 3 + 30 \times 5) \div 9 \fallingdotseq 24.4 \text{ 点}$$

点数の合計　　　　　　　人数　　平均点

❷ 平均点として考えられる 最高点を求める

次に、平均点が一番高い場合を考えてみましょう。一番高くなるのは、「10 〜 19 点」「20 〜 29 点」「30 〜 39 点」という範囲内ですべての生徒が最高点をとっている場合です。

つまり、

19 点　1 人

29 点　3 人

39 点　5 人

ということになります。

このときの平均点は、

$$(19 \times 1 + 29 \times 3 + 39 \times 5) \div 9 \fallingdotseq 33.4 \text{ 点}$$

点数の合計　　　　　　　人数　　平均点

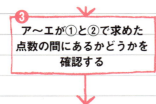

平均点は「**24.4 ～ 33.4 点**」と考えられます。
これに該当するのは、**イ、ウ、エ**です。

答え

正解 I

4 得点範囲の表から→平均点や人数を求める問題の続き

下表は、あるクラスの生徒 55 人に実施した英語と国語のテストの成績を、得点の組み合わせにわけて人数を示したものである。

国語＼英語	0~9点	10~19点	20~29点	30~39点	40~49点	50~59点	60~69点	70~79点	80~89点	90~100点
0~9点										
10~19点										
20~29点		1	2	3						
30~39点			1	2						
40~49点					1	2				
50~59点					2	7	2	1		
60~69点					1	2	4		2	
70~79点							2	3	4	
80~89点							3	1	2	2
90~100点									2	3

(2) 英語の得点と国語の得点の平均点が 50 点未満の生徒は何人から何人の間と考えられるか。

A　0 人から 9 人　　　　　F　10 人から 15 人

B　9 人のみ　　　　　　　G　14 人か 15 人

C　9 人か 10 人　　　　　H　14 人のみ

D　10 人のみ　　　　　　 I　15 人のみ

E　10 人から 14 人　　　　J　A から I のいずれでもない

最少の人数と最多の人数を求めるのがポイント

今度は「人数」です。でも基本的な解き方は同じです。「最も少ない人数になる場合」と「最も多い人数になる場合」を考えます。

❶ 最少の人数になる場合を考える

「英語と国語の平均点が 50 点未満の生徒」が最も少なくなるのは、みんなが得点範囲内で最も高い得点をとっている場合です。

表の「0 ~ 9 点」「10 ~ 19 点」…という得点範

囲をすべて「9点」「19点」…と考えます。
そうすると、「英語と国語の平均点が50点未満」になるのは、**英語と国語の合計点が100点未満**のときなので、次の表の赤のゾーンです。

1 + 2 + 3 + 1 + 2 + 1 = **10人**

国語＼英語	0〜9点	10〜19点	20〜29点	30〜39点	40〜49点	50〜59点	60〜69点	70〜79点	80〜89点	90〜100点
0〜9点										
10〜19点										
20〜29点		1	2	3						
30〜39点			1	2						
40〜49点					1	2				
50〜59点					2	7	2	1		
60〜69点					1	2	4		2	
70〜79点							2	3	4	
80〜89点							3	1	2	2
90〜100点									2	3

❷ **最多の人数になる場合を考える**

「英語と国語の平均点が50点未満の生徒」が最も多くなるのは、みんなが得点範囲内で最も低い得点をとっている場合です。

表の「0〜9点」「10〜19点」…という得点範囲をすべて「0点」「10点」…と考えます。そうすると、「英語と国語の平均点が50点未満」（**合計100点未満**）は、次の表の赤のゾーンです。ゾーン内の人数は、先ほどよりも、2 + 2 = 4人ほど増えていますから、**14人**です。

国語＼英語	0〜9点	10〜19点	20〜29点	30〜39点	40〜49点	50〜59点	60〜69点	70〜79点	80〜89点	90〜100点
0〜9点										
10〜19点										
20〜29点		1	2	3						
30〜39点			1	2						
40〜49点					1	2				
50〜59点					2	7	2	1		
60〜69点					1	2	4		2	
70〜79点							2	3	4	
80〜89点							3	1	2	2
90〜100点									2	3

答え

つまり、**人数の範囲は「10人から14人」**です。

正解 E

5 表と一致するグラフはどれか答える問題

次の表は、4つの店舗P、Q、R、Sの食品、衣料品、日用品の合計売り場面積とその割合を示したものである。

	P	Q	R	S
合計売り場面積	802㎡	1186㎡	1032㎡	928㎡
食品	35.7%	25.4%	51.2%	52.4%
衣料品	22.9%	48.5%	12.8%	26.7%
日用品	41.4%	26.1%	36.0%	20.9%
計	100.0%	100.0%	100.0%	100.0%

(1) 各店舗の日用品の売り場面積を表したグラフは、次のAからFのうちどれに最も近いか。なお、グラフの横軸は、左からP、Q、R、Sの順に並んでいる。

WEBテスティングの図表の読み取りは、2問1組で出題されますが、ここでは1問だけを再現します。

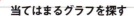

当てはまるグラフを探す

日用品の売り場面積は「合計売り場面積×日用品の割合」で求められます。各店舗の日用品の売り場面積を計算して、当てはまるグラフを探します。

❶ 日用品の売り場面積を求める

各店舗の日用品の売り場面積を求めます。

	合計面積		日用品の割合		日用品の面積	
P	802	×	0.414	=	332.028	
Q	1186	×	0.261	=	309.546	
R	1032	×	0.36	=	371.52	…最大
S	928	×	0.209	=	193.952	…最小

MEMO
テストセンターやペーパーテストと違い、WEBテスティングは電卓が使えます。こんな計算も電卓ならすぐです。

❷ 最小の値と最大の値に注目して、当てはまるグラフを探す

グラフは、最小の値と、最大の値に注目すると探しやすいでしょう。

まず、最小の値を見てみると、Sが最小のグラフはDとEです。そのうち、最大がRのグラフはDのみです。

答え

正解 D

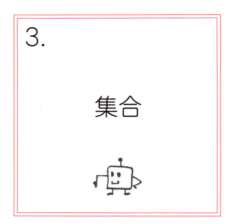

3. 集合

> **よくでる**

テストセンターとペーパーテスト
　1 2つのうち1つの項目だけに当てはまる人数の問題
　2 3つのうち1つの項目だけに当てはまる人数の問題
　3 2つまたは3つの項目に当てはまる人数の問題
　4 2つの項目に当てはまらない男女の合計人数の問題

WEBテスティング
　5 全体の人数の問題
　6 少なくとも何人が当てはまるかの問題

調査の集計結果から、1つの項目だけに当てはまる人数や、2つの項目に当てはまる人数などを答える問題です。図をかくのが一番確実な方法です。

必要な数学の知識

集合の図（ベン図）のかき方

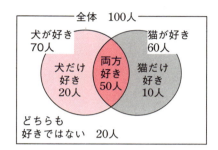

2つの項目について、当てはまる人数と、当てはまらない人数を考えるとき、上のような視覚的な図（ベン図といいます）をかくと、状況がすっきり整理できます。ベン図のかき方は、以下の解説で具体的に説明します。

ここがPoint

ベン図をかけば解ける！

ベン図がかければ、あとは簡単な四則演算（足し算、引き算、かけ算、割り算）だけで答えが出る問題がほとんどです。ベン図が苦手という人は、カルノー表（131ページ参照）で解いてみてもよいでしょう。ただし、カルノー表が向くのは2つの項目について考える問題です。3つの項目について考える問題では、ベン図のほうが向いています。

1 2つのうち1つの項目だけに当てはまる人数の問題

　ある出版社が購読者100人を対象に、雑誌P、Q、Rの購読状況を調査した。

　　　　雑誌Pを購読している人　　54人
　　　　雑誌Qを購読している人　　48人
　　　　雑誌Rを購読している人　　18人

　なお、雑誌P、Q、Rのいずれも購読していない人は1人もいなかった。

(1)　雑誌Pを購読している人のうち、雑誌Qも購読している人は8人だった。雑誌Qは購読しているが、雑誌Pは購読していない人は何人いるか。

A	34人	F	44人
B	36人	G	46人
C	38人	H	48人
D	40人	I	56人
E	42人	J	AからIのいずれでもない

とにかくベン図をかく

まずは問題文の内容を、ベン図で表してみましょう。

❶ 問題文の内容をベン図で表す

「雑誌Pを購読している人のうち、雑誌Qも購読している人は8人」ということは、**雑誌Pを購読している54人と、雑誌Qを購読している48人のうち、8人は重なっている**ということです。これをベン図にしてみましょう。

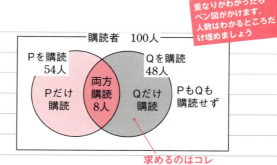

> 重なりがわかったらベン図がかけます。人数はわかるところだけ埋めましょう

求めるのはコレ

❷ ベン図の、必要な部分の数値を計算する

求めるのは灰色の部分です。Qを購読している48人から、両方購読している8人を引けば求められます。

48人　−　8人　＝　**40人**
Q購読　　PQの両方購読　　Qだけ購読

正解 D

答え

MEMO
参考までに、すべての項目の人数を埋めると、右のようになります。Pだけ購読は「54−8＝46人」。PもQも購読せずは「46＋8＋40＝94人」を100人から引き算して6人です。

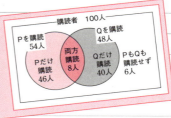

別解　　**ベン図が苦手な人は「カルノー表」で解くこともできます。**

		Q		
		購読	購読せず	計
P	購読	8人	②	54人
	購読せず	①	③	⑤
	計	48人	④	100人

わかっていることを表にまとめ、縦方向か横方向の引き算で空欄の値を求めます。求めたいのは①です。縦方向に引き算をして「48−8＝40人」。

※参考までに②〜⑤の求め方も紹介します。②は横方向に「54−8＝46人」、④は横方向に「100−48＝52人」、⑤は縦方向に「100−54＝46人」。③は他で求めた人数を使います。②と④を使って縦方向に「52−46＝6人」、または、①と⑤を使って横方向に「46−40＝6人」。

2 3つのうち1つの項目だけに当てはまる人数の問題

ある出版社が購読者100人を対象に、雑誌P、Q、Rの購読状況を調査した。

雑誌Pを購読している人　　54人
雑誌Qを購読している人　　48人
雑誌Rを購読している人　　18人

なお、雑誌P、Q、Rのいずれも購読していない人は1人もいなかった。

(2) 雑誌Pを購読している人のうち、雑誌Qも購読している人は8人だった。雑誌Rだけを購読している人は何人いるか。

A 2人　　　F 7人
B 3人　　　G 8人
C 4人　　　H 9人
D 5人　　　I 10人
E 6人　　　J AからIのいずれでもない

とにかくベン図をかく

① 問題文の内容をベン図で表す

雑誌PとQを両方購読している人は、(1)と同じ8人です。ここにRが加わります。

(1)のベン図に、Rを足します。求めるのは「雑誌Rだけを購読している人」なので、あえて、Rのベン図は重ねずに、次のようにかきます。

132

> **MEMO**
> 「PとQのうちQだけ購読」している40人は、(1)で求めた人数です。
> また、「雑誌P、Q、Rのいずれも購読していない人は1人もいなかった」というのは0人ということです。

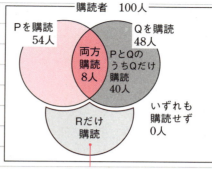

求めるのはコレ

② ベン図から、雑誌Rだけ購読している人数の求め方を考える

購読者100人から、「雑誌PとQのうち、少なくとも一方は購読している人」を引けば、残りが「雑誌Rだけを購読している人」だとわかります。

③ 雑誌PとQのうち、少なくとも一方は購読している人数を求める

まず、「雑誌PとQのうち、少なくとも一方は購読している人」を求めます。
Pを購読している54人に、PとQのうちQだけ購読している40人を足します。

54人 + 40人 = **94人**
P購読　　PQのうちQだけ購読　　PQの少なくとも一方は購読

> **MEMO**
> 求めるのはこの部分です。

④ 購読者全体から、③を引く

これを購読者100人から引くと、Rだけ購読している人数が求められます。

100人 − 94人 = **6人**
購読者　　PQの少なくとも一方は購読　　Rだけ購読

答え

正解 E

3 2つまたは3つの項目に当てはまる人数の問題

　ある出版社が購読者100人を対象に、雑誌P、Q、Rの購読状況を調査した。

　　　雑誌Pを購読している人　　54人
　　　雑誌Qを購読している人　　48人
　　　雑誌Rを購読している人　　18人

　なお、雑誌P、Q、Rのいずれも購読していない人は1人もいなかった。

(3)　3つの雑誌をすべて購読している人は5人だけだった。2つ以上の雑誌を購読している人は何人いるか。

A	5人	**F**	15人
B	8人	**G**	17人
C	10人	**H**	18人
D	11人	**I**	20人
E	13人	**J**	AからIのいずれでもない

「2つ以上」が
何を指すのか考える

手強い問題です。**2つ以上の雑誌を購読している人には「2つの雑誌を購読している人」と「3つの雑誌を購読している人」がいることに気をつけましょう。**

❶ 問題文の内容を
ベン図で表す

問題文より、3つの雑誌について、こういうベン図がかけます。

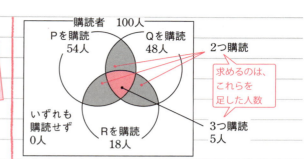

> **MEMO**
> 灰色の部分は2つの項目が重なっていて、赤色の部分は3つの項目が重なっています。

② 延べ人数にしたときに、合計人数より何人多いかを求める

P、Q、Rを購読している延べ人数（重なりを考えずに、P、Q、Rを単純に合計した人数）は

54人 + 48人 + 18人 = **120人**
　P購読　　Q購読　　R購読　　購読の延べ人数

> **MEMO**
> もしも20人全員が灰色（2つ購読）ならば、そのまま20人が答えになります。しかし赤色（3つ購読）に5人います。

「いずれも購読していない人」は1人もいないので、120人のうち、**全体の100人を超える分の20人**が、灰色か赤色に当てはまります。うち赤色は5人です。

③ 赤色の部分の余分な重なりを除く

②ですでに1つ重なりを除いていますが、赤色はさらにもう1つ重なりがあるので、5人分を除きます。

20人 − 5人 = **15人**

2つ以上の雑誌を購読している人は15人（2つ購読が10人、3つ購読が5人）です。

正解 F

答え

> **MEMO**
> 2つの雑誌を購読している人は10人ですが、具体的にどの雑誌を購読しているのかは、わかりません。右図の例1、例2など、さまざまな場合が考えられます。

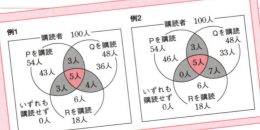

4 2つの項目に当てはまらない男女の合計人数の問題

夏の行楽について男女各60人を対象に、調査を行った。下表は、調査項目と集計結果の一部である。女性で海と山の両方とも行くと答えた人が18人いた。

調査項目	回答	男性	女性
海に行きますか	はい	41人	34人
	いいえ	19人	26人
山に行きますか	はい	32人	27人
	いいえ	28人	33人

(1) 男性で、海には行くが山には行かないと答えた人が17人いた。海と山の両方とも行かないと答えた人は、男女合わせて何人か。

A	6人		**F**	26人
B	9人		**G**	28人
C	11人		**H**	30人
D	17人		**I**	32人
E	20人		**J**	**A**から**I**のいずれでもない

男性と女性とでベン図を2つかく

求めるのは男女を合わせた数です。こういうときは、どうしたらいいかというと、男性と女性とでベン図を2つかけばよいのです。**ベン図は無理に1つにする必要はありません。必要なだけ、かきましょう。**

① **問題文の内容をベン図で表す**

問題文と表より、男女それぞれについて、こういうベン図がかけます。

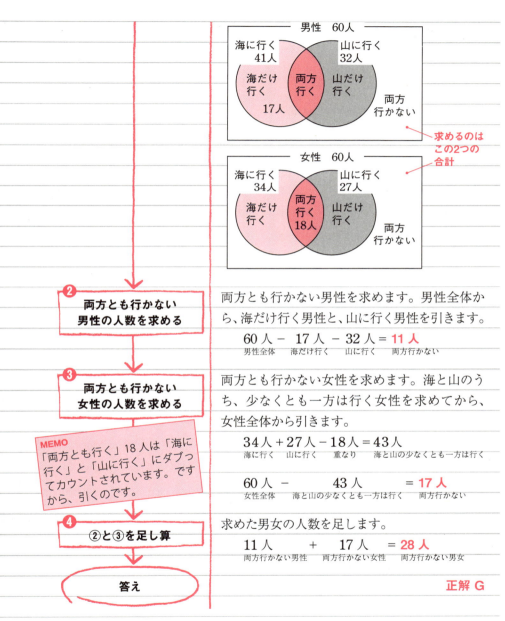

求めるのは
この2つの
合計

② 両方とも行かない男性の人数を求める

両方とも行かない男性を求めます。男性全体から、海だけ行く男性と、山に行く男性を引きます。

60人 − 17人 − 32人 = 11人
男性全体　海だけ行く　山に行く　両方行かない

③ 両方とも行かない女性の人数を求める

両方とも行かない女性を求めます。海と山のうち、少なくとも一方は行く女性を求めてから、女性全体から引きます。

34人 + 27人 − 18人 = 43人
海に行く　山に行く　重なり　海と山の少なくとも一方は行く

60人 − 43人 = 17人
女性全体　海と山の少なくとも一方は行く　両方行かない

MEMO
「両方とも行く」18人は「海に行く」と「山に行く」にダブってカウントされています。ですから、引くのです。

④ ②と③を足し算

求めた男女の人数を足します。

11人 + 17人 = 28人
両方行かない男性　両方行かない女性　両方行かない男女

答え

正解 G

問題種3　集合

5 全体の人数の問題

空欄に当てはまる数値を求めなさい。

[問い] あるイベントの来場者のうち、会場内で買い物をした人は56％、食事をした人は36％で、どちらもしなかった人は24％だった。両方ともした人が20人だったとき、イベントの来場者は[　　]人である。

まずは、％のまま考える

求めるのはイベントの来場者数です。問題で人数がわかるのは、買い物と食事を「両方ともした人が20人」。あとは割合しかわかりません。まずは、「両方ともした人が来場者全体の何％か」を求めましょう。そうすれば、それを使って、来場者数を出すことができます。

❶ 問題文の内容をベン図で表す

問題文より、買い物をした人と食事をした人とについて、こういうベン図がかけます。

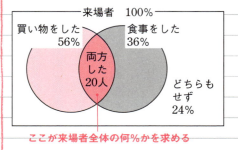

ここが来場者全体の何％かを求める

❷ 両方ともした人が全体の何％かを求める

来場者は、「買い物をした」「食事をした」「どちらもせず」のいずれかに当てはまります。**3つを足して、100％を超えた分が、「買い物と食事の両方ともした人」**です。

$$56\% + 36\% + 24\% = 116\%$$
買い物　食事　どちらもせず

超過は「16%」で、これが両方ともした人の割合です。

③「全体の人数×両方とも した人の割合＝両方ともした人数」の式に、数値を当てはめて計算する

来場者全体を x 人とすると、「全体の人数×両方ともした人の割合＝両方ともした人数」の式が成り立ちます。

$$x \times 0.16 = 20 \text{人}$$
$$x = 20 \div 0.16$$
$$x = 125 \text{人}$$

答え

正解 125

MEMO
参考までに、すべての項目の人数を埋めると、右のようになります。割合だけわかっている項目の計算方法は、買い物をした人は「125人×0.56＝70人」、食事をした人は「125人×0.36＝45人」、どちらもせずは「125人×0.24＝30人」です。

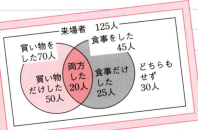

問題種3　集合

139

6 少なくとも何人が当てはまるかの問題

空欄に当てはまる数値を求めなさい。

[問い] ある日の美容室の来店客54人の女性と男性の比率は13：5で、予約して来店した客は合わせて31人だった。予約なしで来店した女性は少なくとも [　　] 人いた。

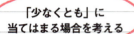
「少なくとも」に当てはまる場合を考える

予約なしで来店した女性が少なくとも何人いたのかを考える問題です。**「少なくとも何人」＝「最も少ない場合で何人」** です。当てはまるのは、女性ができるだけ多く予約して来店した場合です。つまり、**予約して来店した31人がすべて女性の場合**です（女性が31人以上いるならば）。

❶ 女性の人数を求める

まずは、女性の人数を求めましょう。
女性と男性の比率は「13：5」。足すと「13 + 5 = 18」なので、全体の「$\frac{13}{18}$」が女性です。

> **MEMO**
> WEBテスティングは電卓が使えます。「×分数」は、「×分子÷分母」と整数の式にすれば電卓で計算できます。

$$54人 \times \frac{13}{18} = 54 \times 13 \div 18 = \textbf{39人}$$
　来店客　　女性の割合　　　　　　　　　　　　女性の人数

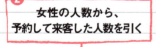
❷ 女性の人数から、予約して来客した人数を引く

設問から、予約して来店した客は31人。この31人が全員女性の場合、予約なしで来店した女性の人数を求めると

$$39人 - 31人 = \textbf{8人}$$
　女性　　予約あり　予約なしの女性

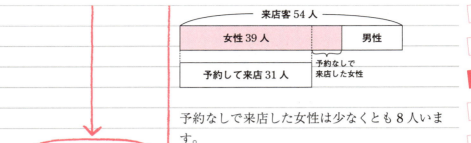

予約なしで来店した女性は少なくとも8人います。

答え

正解 8

MEMO
これが「予約なしで来店した女性は最も多くて [　] 人」ならば、予約なしで来店した人をできるだけ女性にします。予約なしは「54 − 31 = 23 人」。女性は 39 人なので、予約なしの 23 人がすべて女性の場合があり得ます。予約なしで来店した女性は最も多くて 23 人です。

別解 **ベン図にすることもできます。計算過程は同じです。**

予約をした 31 人と、女性をベン図にすると、以下のようになります。このベン図の重なりの部分の人数が、最も多くなる場合を考えます。

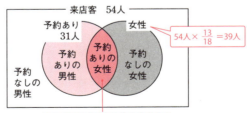

女性の人数は、女性と男性の比率「13：5」を使って、「54 人 × $\frac{13}{18}$ = 39 人」。「予約あり 31 人」と「女性 39 人」なので、重なりの部分の人数は、最も多くて 31 人です。そのときに、予約なしの女性は「39 − 31 = 8 人」です。

4. 順列・組み合わせ

よくでる

テストセンターとペーパーテスト
1. 「積の法則」の問題
2. 「積の法則」と「和の法則」の問題
3. 「組み合わせ」と「積の法則」の問題
4. 「余事象（よじしょう）」の問題
5. 「順列」の問題

WEBテスティング
6. 「最後に当てはまらない場合を引く」問題
7. 「同じものを含む順列」の問題

出題パターンと解法パターンをセットで覚えておけば簡単です。苦手意識の強い人も、ぜひあきらめることなく、解けるようにしておいてください。

必要な数学の知識

組み合わせの公式　例：5個から3個を選ぶ組み合わせ

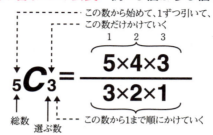

組み合わせ条件が2つのときは

[AもBも両方]
- ●AかつB　➡　Aが何通り×Bが何通り（積の法則）
- ●AまたはB　➡　Aが何通り＋Bが何通り（和の法則）

[AかBか片方だけ]

余事象　階乗　順列

「余事象」については、以下の解説で具体的に説明します。「階乗」「順列」については163、162ページをご参照ください。

ここがPoint

積の法則を活用する！　いくつかの場合に分ける！
組み合わせの公式を活用する！　余事象を利用する！

樹形図を使って解く方法もあるのですが、時間がかかるので、スピードの要求されるSPIでは実際的ではありません。「積の法則」などを使ったほうが、簡単ですし、とても速く解けます。

1 「積の法則」の問題

　1、2、4、7の4つの数字を組み合わせて3けたの数を作る。ただし、同じ数字を何回用いてもよいものとする。

(1) いずれの位にも2が入っていない数は何通り作れるか。

A　6通り
B　9通り
C　12通り
D　24通り
E　27通り
F　36通り
G　48通り
H　54通り
I　64通り
J　AからIのいずれでもない

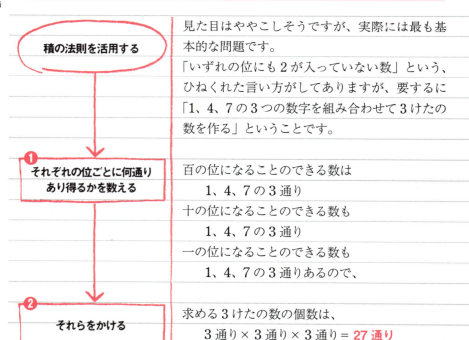

答え　　　　　　　　　　　　　　　　　　　　　　　　　　　　　　正解　E

MEMO
もしも「同じ数字は1回だけ用いる」という条件なら、3×2×1＝6通りです。その選択肢もきちんと用意されています。「順列」の知識があるとやってしまいがちなミスなので、気をつけましょう。「同じ数字を何回用いてもよいものとする」と問題文にあるので、3×3×3になります。

問題種4　順列・組み合わせ

145

2 「積の法則」と「和の法則」の問題

1、2、4、7の4つの数字を組み合わせて3けたの数を作る。ただし、同じ数字を何回用いてもよいものとする。

(2) 440より大きい数は何通り作れるか。

A 2通り　　　　F 32通り
B 8通り　　　　G 36通り
C 12通り　　　H 48通り
D 16通り　　　I 64通り
E 24通り　　　J AからIのいずれでもない

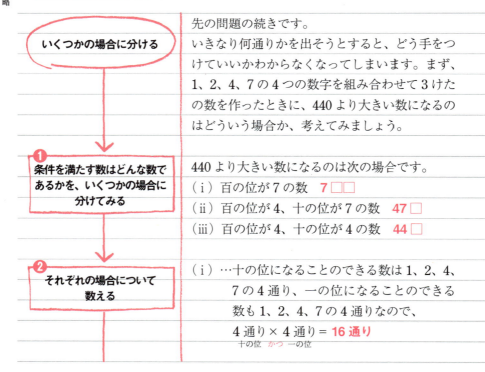

(ⅱ)…一の位になることのできる数は1、2、4、7の **4通り**

(ⅲ)…(ⅱ)と同じなので **4通り**

❸ それぞれの場合の個数を合計する

求める3けたの数の個数は、
16通り ＋ 4通り ＋ 4通り ＝ **24通り**
　(ⅰ)　　または　(ⅱ)　　または　(ⅲ)

答え

正解 E

MEMO
440より大きい数の個数を一度に求めることはできないので、場合分けして求めました。場合分けしたときは、最後にそれらを足し算すればよいわけです（和の法則）。

3 「組み合わせ」と「積の法則」の問題

X組の生徒とY組の生徒が5人ずつ、合わせて10人いる。この中から掃除当番を4人選びたい。

(1) X組の生徒が3人、Y組の生徒が1人となるように選ぶとすると、掃除当番の選び方は何通りあるか。

A 15通り   F 60通り
B 30通り   G 75通り
C 40通り   H 80通り
D 45通り   I 90通り
E 50通り   J AからIのいずれでもない

組み合わせの公式を使う	「X組の生徒が3人」になるよう選べというのは、この3人の順番は関係ないわけですから、「順列」ではなく「組み合わせ」です。 「組み合わせ」を求めるときは、組み合わせの公式が断然便利です。組み合わせの公式は覚えておきましょう。 組み合わせの公式の説明も合わせてしておきます。
❶ X組の生徒3人の選び方を、組み合わせの公式で求める	5人の中から3人を選ぶときには、組み合わせの公式で、このように答えを出します。

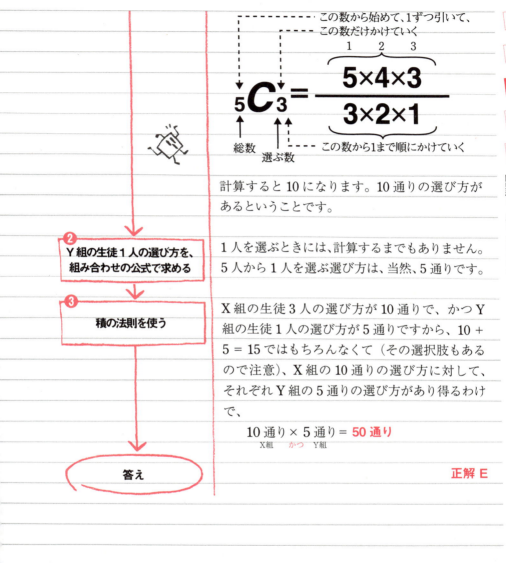

計算すると10になります。10通りの選び方があるということです。

1人を選ぶときには、計算するまでもありません。5人から1人を選ぶ選び方は、当然、5通りです。

X組の生徒3人の選び方が10通りで、かつY組の生徒1人の選び方が5通りですから、10 + 5 = 15ではもちろんなくて（その選択肢もあるので注意）、X組の10通りの選び方に対して、それぞれY組の5通りの選び方があり得るわけで、

　　　　10通り × 5通り = **50通り**
　　　　　X組　　かつ　Y組

正解 E

4 「余事象」の問題

X組の生徒とY組の生徒が5人ずつ、合わせて10人いる。この中から掃除当番を4人選びたい。

(2) X組の生徒が少なくとも1人含まれるように選ぶとすると、掃除当番の選び方は何通りあるか。

A	60通り	F	180通り
B	95通り	G	205通り
C	120通り	H	210通り
D	150通り	I	240通り
E	175通り	J	AからIのいずれでもない

余事象を利用する

先の問題の続きです。
問題文に「少なくとも〜」「○○以上（以下）」とある場合は、「余事象」が有効です。

「余事象」というと、言葉つきは難解でいかめしい感じですが、実際には簡単なことで、「ある事柄に関して、それが起こらない場合のこと」です。

「余事象を利用する」とは、「ある組み合わせの数を計算するのが大変で、余事象のほうが計算が楽なとき、余事象を計算して、それを組み合わせの総数から引く」ということです。式で表すと、次のようになります。

（Aである組み合わせの数）＝
（組み合わせの総数）−（Aでない組み合わせの数）

MEMO
例えば試験で、結果が「合格する」と「合格しない」の2種類しかないとすると、「合格する」ことに対して、「合格しない」ことが余事象です（「合格しない」ことに対しては、「合格する」ことが余事象です）。

と説明されただけではわかりにくいと思うので、実際にこの問題を余事象で解いてみましょう。

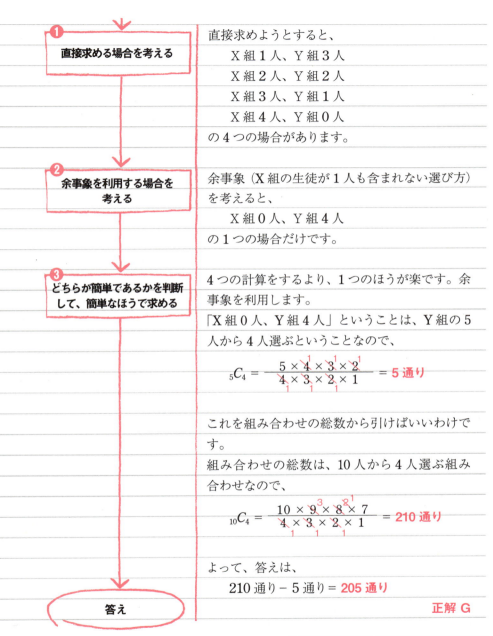

5 「順列」の問題

あるクラスで、J、K、L、M、N の 5 人が席替えをすることにした。

図ア

図イ

(1) 机の配置が図アの場合、[1] の席に J が座り、[2] はあけて
おくことにすると、残りの 4 人の [3] から [6] の席の決め
方は何通りあるか。

A	4 通り	F	24 通り
B	10 通り	G	28 通り
C	12 通り	H	48 通り
D	15 通り	I	60 通り
E	18 通り	J	A から I のいずれでもない

**残りの 4 人の席だけ
考えればよい**

設問から [1] の席は J、[2] は
空席と決まります。「席が決ま
る＝1 通り」なので、この 2 つ
は考える必要がありません。残
りの 4 人の席だけ考えればよい
のです。[3] 〜 [6] まで順番に
考えていきましょう。

J の席はすでに決まったので、席が決まっていないのは K ～ N の 4 人です。[3] の席に座るのは、この 4 人のうち 1 人なので **4 通り**。

[3] で決まった人を除くと、席が決まっていないのは 3 人です。[4] の席に座るのは、この 3 人のうち 1 人なので **3 通り**。

これ以降は、1 人ずつ減らしていくだけです。[5] の席に座るのは、残り 2 人のうち 1 人なので **2 通り**。[6] の席に座るのは、残った 1 人なので **1 通り**。

4 つをかけ算します。

　　4 通り × 3 通り × 2 通り × 1 通り = **24 通り**
　　　[3]　かつ　[4]　かつ　[5]　かつ　[6]

正解 F

> **MEMO**
> ここでは、具体的に何通りあるかを考えましたが、これを公式で表す場合は
> 　$_4P_4 = 4! = 4 × 3 × 2 × 1 = 24$ 通り
> となります。「$_4P_4$」は順列の公式、「4!」は階乗の公式です（詳しくは 162 ページ）。計算方法は同じなので、わざわざ、公式（$_4P_4$ や 4!）を覚えなくても大丈夫ですが、「順番に並べるときには、並べる対象が 1 つずつ減っていく」ことは知っておくとよいでしょう。

5 「順列」の問題の続き

あるクラスで、J、K、L、M、Nの5人が席替えをすることにした。

図ア

```
     [1]
  [2] [3]
  [4] [5]
     [6]
```

図イ

```
  [1] [2]
  [3] [4]
  [5] [6]
```

(2) 机の配置が図イの場合、JとKが必ず向かい合って座るようにすると、5人の席の決め方は何通りあるか。

A	18 通り	**F**	72 通り
B	24 通り	**G**	120 通り
C	36 通り	**H**	144 通り
D	48 通り	**I**	360 通り
E	60 通り	**J**	**A** から **I** のいずれでもない

Jがどこの席に座るかで場合分けする

Jが [1] ～ [6] まで、どこの席に座るかで、場合分けします。Jが [1] に座る場合から考えていきましょう。

---

❶ Jが [1] に座る場合、席の決め方は何通りあるか考える

Jが [1] に座る場合、Kは向かいなので [2]。残り4席が「L、M、N、空席」です。

空席も1人分として、4席に4人が座る場

Jが [1] の場合　Kは [2]

```
  [1] [2]
  [3] [4]
  [5] [6]
```

残る4席は
L、M、N、
空席の
いずれか

合と考えると、前問で求めた答えと同じになります。計算するまでもなく **24通り**。

❷ Jが[2]〜[6]に座る場合、それぞれ、席の決め方は何通りあるか考える

Jが[2]に座る場合は、JとKの席が逆になる以外は同じなので、これも **24通り**。Jが[3]以降もそれぞれ **24通り** ずつです。

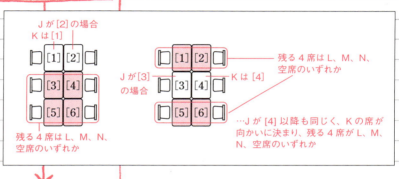

❸ 和の法則を使う

Jが[1]の場合は24通り、[2]の場合も24通り…と[6]の場合まで考えられるので、24通りを6回足し算します。

$$24 + 24 + 24 + 24 + 24 + 24$$
$$= 24 \times 6$$
$$= \mathbf{144通り}$$

答え

正解 H

MEMO
上記では、空席も1人分としましたが、「残り4席のどこに3人が座るか」を考えても答えは同じです。3人のうち1人目が4席のいずれかに座る（4通り）、かつ、2人目が残り3席のいずれかに座る（3通り）、かつ、3人目が残り2席のいずれかに座る（2通り）なので、$4 \times 3 \times 2 = 24$通り。
※順列の公式で表すと $_4P_3 = 4 \times 3 \times 2 = 24$通り

6 「最後に当てはまらない場合を引く」問題

空欄に当てはまる数値を求めなさい。

[問い] 10gのおもりが2つ、50gのおもりが1つ、100gのおもりが2つある。天びんの片側だけにおもりをのせるとき、[　]通りの重さをはかることができる。

おもりの組み合わせと重さの組み合わせは一致する

10g、50g、100gのおもりではかれる重さは、
　10gのおもり2つ
　　0g、10g、20gの3通り
　50gのおもり1つ
　　0g、50gの2通り
　100gのおもり2つ
　　0g、100g、200gの3通り

これを「10gと50gのおもりを1つずつ使って、100gは使わないときは合計60g」という具合に組み合わせていくわけです。
0gを除けば同じ重さはありません。つまり、**おもりの組み合わせの分だけ、重さの組み合わせがあるということです。** ここがポイント！

① おもりの組み合わせを求める

10g、50g、100gのおもりの組み合わせをかけ算で求めます。

　3通り × 2通り × 3通り ＝ **18通り**
　（10gのおもり）かつ（50gのおもり）かつ（100gのおもり）

② 0gの場合を引く

ここで終わりではありません。 18通りには、1つもおもりを使わない（どのおもりも0gの）場

合が含まれています。最後に、この1通りを引きます。

$$18 通り - 1 通り = 17 通り$$

答え

正解 17

> **MEMO**
> はかれる重さは「10g、20g、50g、60g、70g、100g、110g、120g、150g、160g、170g、200g、210g、220g、250g、260g、270g」の17通りです。

7 「同じものを含む順列」の問題

空欄に当てはまる数値を求めなさい。

[問い] ある月に、P社を3回、Q社とR社を1回ずつ訪問した。訪問した順番は [　] 通り考えられる。

1回しか訪問していない会社に注目する

訪問した回数は「P社を3回」「Q社を1回」「R社を1回」の計5回です。どの会社から考えてもよいのですが、1回だけ訪問した会社から考えると計算が簡単です。

① Q社を訪問した順番が何通りあるか考える

まず、Q社から考えると、Q社を訪問した順番は1〜5番目のいずれかです。よって **5通り**。

② ①の5通りそれぞれに対してR社は何通りあるか

次に、R社を訪問した順番は、Q社の順番を除いた **4通り** ずつです。

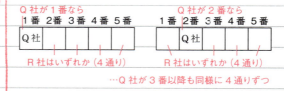

③ ①②のそれぞれに対してP社は何通りあるか

最後に、P社は残った順番に自動的に入るので **1通り** ずつです。

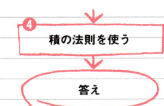

3つをかけ算します。

5通り × 4通り × 1通り = **20通り**
　Q社　かつ　R社　かつ　P社

正解 20

> 別解　**3回訪問したP社から考えるときは、組み合わせの公式を使います。**
>
> 会社を訪問した順番1〜5番目のうち、P社は3つに当てはまります。よって、「5つから3つを選ぶ組み合わせ」と同じです。
>
> $$_5C_3 = \frac{5 \times 4 \times 3}{3 \times 2 \times 1} = 10 \text{通り}$$
>
> 残る順番2つは、Q社とR社が入るので、どちらが先に入るのかによって、順番は2通り。先の10通りとかけ算すると、10 × 2 = 20通り

MEMO
参考までに、公式も紹介します。
aがp個、bがq個、cがr個、合計n個のものを、1列に並べる順列は、$\frac{n!}{p!q!r!}$
公式を、この問題に当てはめると、以下の通りです。

$$\frac{5!}{3!1!1!} = \frac{5 \times 4 \times 3 \times 2 \times 1}{3 \times 2 \times 1 \times 1 \times 1} = 20 \text{通り}$$

※公式を覚えていない人は、新たに覚えなくても、すでに紹介した方法で解けば大丈夫です。

算数のおさらい

順列・組み合わせ

◎樹形図

【例題1】ハンバーグ・ランチのセットは、パンかライスのどちらかを選べ、コーヒーか紅茶のどちらかを選べます。注文の仕方は何通りあるでしょうか？

一番単純な解き方は図にかくことです。

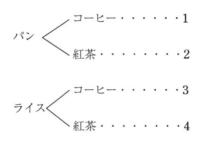

全部で4通りです。
このような何通りあるかを調べるための枝分かれした図形を「樹形図（じゅけいず）」と呼びます。木が枝分かれした様子に似ているからです。

◎積の法則

【例題2】ステーキ・ランチのセットには、パン、デザート、飲み物がつきます。パンは10種類、デザートも10種類で、飲み物も10種類で、それぞれどれか1つを選べます。注文の仕方は何通りあるでしょうか？

このように数が増えると、樹形図をかくのは大変です。もっと楽な方法はないものでしょうか？ 実はあります。それが「積の法則」です。
　例題1の樹形図をもう一度よく見てください。パンかライスかという2通りに対して、それぞれコーヒーか紅茶かという2通りがあります。つまり、2×2という形になっています。この構造は選択肢の数がいくつに増えても同じことです。
　つまり、選択肢の数をかけていけば、答えが出るのです。
　このやり方を使えば、条件が複雑になり、数字が多くなっても、簡単に解けます。この例題2も、10×10×10＝1000で、1000通りと、すぐに答えが出ます。

◎和の法則

【例題3】お昼のメニューにハンバーグ・ランチとオムライス・ランチの2つがあります。ハンバーグ・ランチはパンがトースト、クロワッサン、フランスパンの3つの中からどれかを選べます。オムライス・ランチは飲み物がコーヒー、紅茶、ジュースの3つの中からどれかを選べます。ランチを1人分頼むとき、注文の仕方は何通りあるでしょうか？

ハンバーグ・ランチはパンの種類が3つあるので、3通りです。

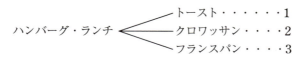

オムライス・ランチは飲み物の種類が3つあるので、3通りです。

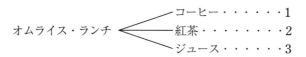

ですから、答えは、3 + 3 = 6 で、6通りです。
　このように足し算で求める方法を「和の法則」と呼びます。**「物事が連続して起こらない場合に、何通りあるかは、足し算で求める」**と覚えてください。

　もしも、大食いで、ハンバーグ・ランチとオムライス・ランチの両方を連続して食べるという場合には、注文の仕方は、先の「積の法則」で、3 × 3 = 9 で、9通りになります。一方のランチの3通りに対して、それぞれもう一方のランチの3通りが続くからです。**「物事が連続して起こる場合に、何通りあるかは、かけ算で求める」**と覚えてください。

◎順列

【例題4】ある企業の新卒採用の面接の1日目と2日目の面接官を、A、B、C、Dの4名のうちから1名ずつ選ぶことになりました。1日目と2日目が同じ人にならないように選ぶとすると、選び方は何通りあるでしょうか？

1日目の面接官からまず考えると、1日目の面接官はA、B、C、Dの4名がすべてなり得ます。

2日目は、1日目に選ばれた1人はもう選べないので、候補者は3人に減ります。

つまり、先の「積の法則」から、選び方は、

$$4 \times (4 - 1) = 4 \times 3 = 12$$

で、12通りです。

このように「ある数の中から、いくつかを選んで並べる」ことを「順列」といいます。最初の数は、選ぶごとに減っていくので、4×3 というように、かける数はだんだん減っていきます。

例えば、先ほどの例題で、3日目の面接官1名まで選ぶとしたら、3日目には1日目の1人と2日目の1人はもう選べないので、候補者は2人となります。ですから、選び方は、

$$4 \times (4 - 1) \times (4 - 2) = 4 \times 3 \times 2 = 24$$

で、24通りです。

つまり、「全部の数」から1つずつ引いた値を「選んで並べる数」の回数だけかけ算すればよいのです。

4	×	(4 − 1)	×	(4 − 2)
↑		↑		↑
全部の数		全部の数から−1		さらに−1

これを一般的な数式にすると以下のようになります。

$$nPr = n \times (n - 1) \times \cdots \cdots \times (n - r + 1)$$

n 個の異なるものの中から、r 個を選んで並べた順列を、nPr と表します。P は Permutation の頭文字で、「順列」を表します。

「とたんに難しくなった！」と感じた人は、先の四角で囲んだ式を使ってください。

◎階乗

「全部の数（n）」と「選んで並べる数（r）」が同じ場合は、n から 1 までをかけ算することになります。

その場合、「n！」と表現します。これを「n の階乗」といいます。

例えば、5 人全員を一列に並べるやり方は何通りあるかという場合、「全部の数（n）」と「選んで並べる数（r）」が同じです。

$$_5P_5 = 5！= 5 \times (5-1) \times (5-2) \times (5-3) \times (5-4) = 5 \times 4 \times 3 \times 2 \times 1 = 120$$

答えは、120 通りです。

◎組み合わせ

異なる n 個のものから、順序を考えないで r 個を取り出す場合の数を「組み合わせ」といいます。

順列は「順番を考えて並べる数」であるのに対し、組み合わせは「順番を考えないで取り出した数」です。

【例題5】ある企業に A、B、C、D の 4 名が所属する部署があります。新卒採用を実施するため、この部署から面接官 2 名を選び出すことになりました。組み合わせは何通りあるでしょうか？

もしも、1 日目の面接官、2 日目の面接官といったように順番をつけて並べる「順列」ならば、$_4P_2 = 4 \times 3 = 12$ で、12 通りであることがわかります。

しかし、「組み合わせ」の場合は、順番が関係ないので、「順列」から重複したものを削る必要があります。

例えば、AとBの2名を選んだとして、1日目の面接官、2日目の面接官といったように順番をつけて並べると、A−BとB−Aの2通りです。
　しかし、「組み合わせ」の場合は順番が関係ないので、A−BとB−Aの区別はしません。ですから、「組み合わせ」の場合は、ABの1通りです。
　「順列」と「組み合わせ」を比較すると、2人を選び出すところまでは同じなのですが、「組み合わせ」の場合は、選んだ2人の並び方（階乗）は区別しないわけです。
　ですから、4人から2人を選ぶ「順列」を、その2人を並べる「階乗」で割れば、4人から2人を選ぶ「組み合わせ」の数が算出できるのです。

順列	組み合わせ
〔1〕　〔2〕	AB
A　−　B	
B　−　A	
2！＝2通り	1通り

$$nCr = \frac{nPr}{r!} = \frac{{}_4P_2}{2!} = \frac{4 \times 3}{2 \times 1} = 6$$

←4人の中から2人選んで並べる数
←選ばれた2人の並び方の数

　同じことを樹形図を使って説明しましょう。
　まず、「順列」の樹形図を作り、「組み合わせ」で重複しているものをチェックしていきましょう。「順列」は12通りあることがわかります。そして、重複しているものが6通りあることがわかります。
　すると、重複しているものを除けば、面接官2名の「組み合わせ」は6通りであることがわかります。

```
      ┌─ B ・・・・・1
A ────┼─ C ・・・・・2
      └─ D ・・・・・3

      ┌─ A ・・・・ A－B と同じ
B ────┼─ C ・・・・・4
      └─ D ・・・・・5

      ┌─ A ・・・・ A－C と同じ
C ────┼─ B ・・・・ B－C と同じ
      └─ D ・・・・・6

      ┌─ A ・・・・ A－D と同じ
D ────┼─ B ・・・・ B－D と同じ
      └─ C ・・・・ C－D と同じ
```

組み合わせの公式の C の意味

$$nCr = \frac{nPr}{r!}$$

C は Combination の頭文字で、「組み合わせ」を意味します。

この公式は順列をまず求め、その後、重複を除いて、組み合わせを算出するということを意味しているのです。

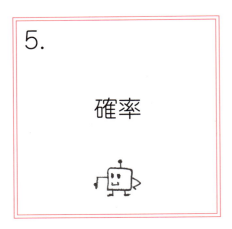

5. 確率

よくでる

テストセンターとペーパーテスト
1. 「積の法則」の問題
2. 「積の法則」と「和の法則」の問題
3. 「余事象」の問題
4. 確率が小数で提示される問題

WEBテスティング
5. 「求める場合の数÷すべての場合の数」の問題

> 基本はくじ引きタイプの問題で、引いたくじを戻すか、戻さないかに注意することが大切です。
> 確率は苦手とする人が多い問題種ですが、解法パターンを覚えておけば、苦手な人でもちゃんと正解することができます。ここで紹介するパターンをよく身につけておいてください。

必要な数学の知識

確率の出し方

確率 = 求める場合の数 / すべての場合の数

2つの確率を組み合わせるときは

（AもBも両方）
- A かつ B ➡ A の確率 × B の確率　（確率の積の法則）
- A または B ➡ A の確率 ＋ B の確率　（確率の和の法則）

（AかBか片方だけ）

余事象

（A が起きる確率）＝ 1 －（A が起きない確率）

組み合わせ

「組み合わせ」については 163 ページをご参照ください。

ここが Point

どのような場合があるかを具体的に考えてみる！

確率の問題で重要なことは、確率を求める前に、「どのような場合があるか」を具体的に考えることです。これをしっかりやれば、間違えることはなくなります。

1 「積の法則」の問題

P、Q を含む 5 人が買い物に出かける。自転車が 2 台あるので、自転車に乗る 2 人をくじで決めることにした。くじは 5 本あり、一度引いたくじはもとに戻さないものとする。くじは 1 番目に P、2 番目に Q が引くことにした。

(1) P、Q がともに自転車に乗れる確率はどれだけか。

A $\dfrac{2}{25}$ 　　　　F $\dfrac{6}{25}$

B $\dfrac{1}{10}$ 　　　　G $\dfrac{9}{25}$

C $\dfrac{3}{25}$ 　　　　H $\dfrac{2}{5}$

D $\dfrac{3}{20}$ 　　　　I $\dfrac{3}{5}$

E $\dfrac{1}{5}$ 　　　　J 　A から I のいずれでもない

確率の変化に注意する

自転車に乗れることを「当たり」と考えましょう。

当たり	当たり	はずれ	はずれ	はずれ

くじは 5 本で、当たりは 2 本

注意すべきことは 2 つです。1 つはくじを戻さないことで、もう 1 つはくじを引く順番が決まっていることです。

これにより、**Pが何を引くかによって、Qが当たりくじを引く確率が変わってきます**。それぞれの状況で、当たりくじが何本残っているかをしっかり確認していきましょう。

① Pが自転車に乗れる確率を求める

5本中当たりくじが2本あるので、$\dfrac{2}{5}$

② Qが自転車に乗れる確率を求める

4本中当たりくじが1本あるので（Pが当たりくじを1本引いた後なので）、$\dfrac{1}{4}$

③ P、Qがともに自転車に乗れる確率を求める

Pが当たりくじを引き、さらにQが当たりくじを引く確率ですから、

$$\underset{\text{P当たり}}{\dfrac{2}{5}} \times \underset{\text{Q当たり}}{\dfrac{1}{4}} = \dfrac{2 \times 1}{5 \times 4} = \dfrac{1}{10}$$

かつ

正解 B

答え

> **MEMO**
> 確率が変化するところがポイントです。変化する分、ややこしいといえますが、焦らなければ正解できます。

169

2 「積の法則」と「和の法則」の問題 パターン1

　P、Qを含む5人が買い物に出かける。自転車が2台あるので、自転車に乗る2人をくじで決めることにした。くじは5本あり、一度引いたくじはもとに戻さないものとする。くじは1番目にP、2番目にQが引くことにした。

(2) PとQのうち、どちらか1人だけが自転車に乗れる確率はどれだけか。

A	$\dfrac{2}{25}$	**F**	$\dfrac{6}{25}$
B	$\dfrac{1}{10}$	**G**	$\dfrac{9}{25}$
C	$\dfrac{3}{25}$	**H**	$\dfrac{2}{5}$
D	$\dfrac{3}{20}$	**I**	$\dfrac{3}{5}$
E	$\dfrac{1}{5}$	**J**	**A**から**I**のいずれでもない

PとQの場合に分けて確率を求めて、足す

先の問題の続きです。
「PとQのうち、どちらか1人だけが自転車に乗れる」というのは、どういう場合なのか考えてみると、「Pだけ乗れる」場合と、「Qだけ乗れる」場合の2通りがあります。
それぞれについて確率を出して、それを足す必要があります。

❶ Pだけが自転車に乗れる確率を求める

5本中当たりくじが2本あるので、$\dfrac{2}{5}$ ですませてしまったら間違いです。**ここがこの問題の落とし穴です。** 要注意！

これでは「Pが乗れる」確率であって、「Pだけ乗れる」確率ではありません。Pが当たった後、Qが当たりを引く可能性があります。ですから、「Pだけ乗れる」確率を出すためには、Qがはずれを引く確率まで考えなければなりません。
Pが当たり、Qがはずれを引けばよいので、

$$\underset{\text{P当たり}}{\dfrac{2}{5}} \underset{\text{かつ}}{\times} \underset{\text{Qはずれ}}{\dfrac{3}{4}} = \dfrac{2\times 3}{5\times 4} = \dfrac{3}{10}$$

❷ Qだけが自転車に乗れる確率を求める

同じことで、Pがはずれ、Qが当たりを引けばよいので、

$$\underset{\text{Pはずれ}}{\dfrac{3}{5}} \underset{\text{かつ}}{\times} \underset{\text{Q当たり}}{\dfrac{2}{4}} = \dfrac{3\times 2}{5\times 4} = \dfrac{3}{10}$$

❸ それぞれ求めた確率の和を求める

求める確率は、

$$\underset{\text{Pだけ当たり}}{\dfrac{3}{10}} \underset{\text{または}}{+} \underset{\text{Qだけ当たり}}{\dfrac{3}{10}} = \dfrac{6}{10} = \dfrac{3}{5}$$

答え

正解 1

MEMO
この問題に限らず、一発で答えを求めようとするのでなく、どんな場合があるかを考える習慣を身につけるとよいでしょう。そうすれば、確実に正解できるようになるはずです。

2 「積の法則」と「和の法則」の問題　パターン2

　　ハートの1から13まで、合計13枚のトランプがある。ここから1枚抜いたとき、4の倍数が出る確率は $\frac{3}{13}$ である。

(1)　まず1枚抜いて確認した後、そのカードをもとに戻してからよく切り、もう一度1枚抜く。この2枚のうち、1枚だけ4の倍数である確率はいくらか。

A　$\frac{2}{13}$　　　　　　F　$\frac{30}{169}$

B　$\frac{5}{26}$　　　　　　G　$\frac{109}{169}$

C　$\frac{3}{13}$　　　　　　H　$\frac{21}{26}$

D　$\frac{60}{169}$　　　　　I　$\frac{139}{169}$

E　$\frac{5}{13}$　　　　　　J　AからIのいずれでもない

どのような場合があるかを
よく考えるのがポイント

13枚のうち、4の倍数は4、8、12の3枚なので、4の倍数を抜く確率はいつも $\frac{3}{13}$ で、4の倍数以外を抜く確率はいつも $\frac{10}{13}$ です（引いたカードはもとに戻すので数はいつも変化しません）。
さて、「2枚のうち、1枚だけ4の倍数」というのは、「1枚が4の倍数で、もう1枚が4の倍数以外」ということです。

求める確率は、$\dfrac{3}{13} \times \dfrac{10}{13}$ としたくなります。

でも、これは間違いです。

「2枚のうち、1枚だけ4の倍数」というのに、どのような場合があるかを、よく考えてみましょう。

① どのような場合があるか を考える

同じ「1枚が4の倍数で、もう1枚が4の倍数以外」でも、2回抜くので、4の倍数が1回目のときと、2回目のときがあります。

ここがポイント！

その両方の場合について考えなければならないのです。

② それぞれの場合の確率 を求める

4の倍数が1回目のとき

$$\dfrac{3}{13} \times \dfrac{10}{13} = \dfrac{30}{169}$$

1回目が　　かつ　2回目が
4の倍数　　　　4の倍数以外

4の倍数が2回目のとき

$$\dfrac{10}{13} \times \dfrac{3}{13} = \dfrac{30}{169}$$

1回目が　　かつ　2回目が
4の倍数以外　　　4の倍数

③ それぞれ求めた確率の和 を求める

求める確率は、

$$\dfrac{30}{169} + \dfrac{30}{169} = \dfrac{30}{169} \times 2 = \dfrac{60}{169}$$

4の倍数が　　または　4の倍数が
1回目のとき　　　　　2回目のとき

答え

正解 D

3 「余事象」の問題

ハートの1から13まで、合計13枚のトランプがある。ここから1枚抜いたとき、4の倍数が出る確率は $\frac{3}{13}$ である。

(2) まず1枚抜いて確認した後、そのカードをもとに戻してからよく切り、もう一度1枚抜く。この2枚のうち、少なくとも1枚は4の倍数以外である確率はいくらか。

A $\frac{9}{169}$ F $\frac{60}{169}$

B $\frac{1}{13}$ G $\frac{7}{13}$

C $\frac{15}{169}$ H $\frac{154}{169}$

D $\frac{30}{169}$ I $\frac{160}{169}$

E $\frac{3}{13}$ J AからIのいずれでもない

余事象を利用する

先の問題の続きです。
「少なくとも1枚は4の倍数以外である」のがどういう場合なのかを考えると、4の倍数以外が1枚のときと、2枚のときがあります。この両方の場合について考えてもいいのですが、手間がかかります。**こういう「少なくとも」という問題では、余事象を用いると速く解けます。**

MEMO

「Aが起きる」ことに対して、「Aが起きない」ことを余事象といいます。「Aが起きる」ことの確率を出すのが大変で、「Aが起きない」こと（余事象）の確率を出すほうが簡単なときには、余事象の確率を出して、それを1から引けばいいのです（「Aが起きる」確率と「Aが起きない」確率を足すと1になります）。

余事象の確率 （Aが起きる確率）＝1－（Aが起きない確率）

---

① 確率を求めたい事柄が起きない場合（余事象）を考える

「少なくとも1枚は4の倍数以外である」（4の倍数以外のものは1枚か2枚）の余事象は、「4の倍数以外のものは0枚」です。つまり、2枚とも4の倍数のときです。

② 余事象の確率を計算する

この問題では、1枚抜いた後、カードをもとに戻すので、4の倍数を抜く確率はいつも $\dfrac{3}{13}$ です。2回続けて4の倍数を抜く確率は、

$$\underset{\substack{1回目が\\4の倍数}}{\dfrac{3}{13}} \times \underset{\substack{2回目が\\4の倍数}}{\dfrac{3}{13}} = \dfrac{9}{169}$$

かつ

③ 求めたい確率を計算する

求める確率＝1－余事象

$$= 1 - \dfrac{9}{169}$$

$$= \dfrac{160}{169}$$

答え

正解Ｉ

4 確率が小数で提示される問題

2つの講演会P、Qの参加者の抽選をした。Pに当選する確率は0.70、Qに当選する確率は0.40であるという。

(1) P、Qの両方に応募した人が、PかQかの<u>いずれか一方だけ</u>に当選する確率はいくらか（必要なときは、最後に小数点以下第3位を四捨五入すること）。

A	0.12	F	0.54
B	0.30	G	0.72
C	0.42	H	0.82
D	0.46	I	0.90
E	0.50	J	AからIのいずれでもない

どのような場合があるかをよく考えるのがポイント

今度は小数を使った確率の問題です。分数が小数に変わっただけで、これまでの問題と考え方は同じです。

「PかQかのいずれか一方に当選する」というのは、どういう場合なのか考えてみると、「Pだけ当選する」場合と、「Qだけ当選する」場合の2通りがあります。

それぞれについて確率を出して、それを足します。

❶ Pだけが当選する確率の求め方を考える

Pだけ当選するのは、「Pが当選」して「Qが落選」する場合です。

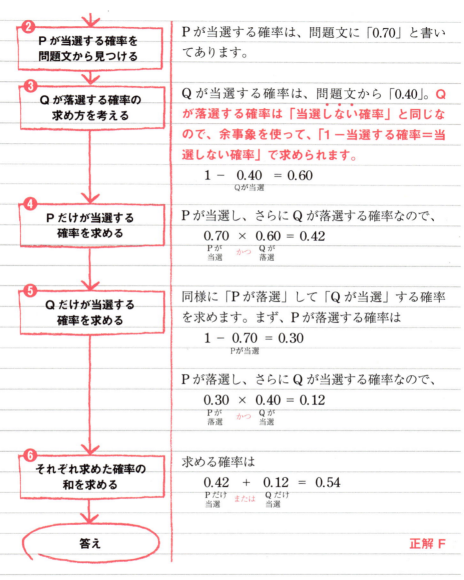

5 「求める場合の数÷すべての場合の数」の問題　パターン1

空欄に当てはまる数値を求めなさい。

[問い]　3本の当たりくじが入った8本のくじがある。5人が順に
くじを引き、一度引いたくじは戻さないものとする。5人
とも当たりくじを引かない確率は［　］／［　］である。
約分した分数で答えなさい。

確率の公式を使う

「3本の当たりくじが入った8本のくじ」には、
はずれは5本入っています。「5人とも当たりく
じを引かない」＝「5人ともはずれくじを引く」。

| 当たり | 当たり | 当たり | はずれ | はずれ | はずれ | はずれ | はずれ |

5人が引くくじ

5人ともはずれの組み合わせを考えて、5人が
引くくじの全組み合わせで割り算すれば解けま
す。

$$確率 = \frac{求める場合の数}{すべての場合の数}$$

$$= \frac{5人ともはずれの組み合わせ}{5人が引くくじの全組み合わせ}$$

❶ 5人ともはずれの組み合わせを求める

「5人ともはずれ」となるのは、はずれ5本をす
べて引く場合だけなので、1通りです。

❷ 5人が引くくじの全組み合わせを求める

5人が引くくじの全組み合わせは、「8本のうち
5本を引く組み合わせ」なので、

$$_8C_5 = \frac{8 \times 7 \times \overset{\scriptscriptstyle 1}{\cancel{6}} \times \overset{\scriptscriptstyle 1}{\cancel{5}} \times \overset{\scriptscriptstyle 1}{\cancel{4}}}{\underset{\scriptscriptstyle 1}{5} \times \underset{\scriptscriptstyle 1}{4} \times \underset{\scriptscriptstyle 1}{3} \times \underset{\scriptscriptstyle 1}{2} \times 1} = 56 \text{ 通り}$$

MEMO
「8本のうち5本を引く」は、「8本のうち3本を引かない」で計算しても、以下のように答えは同じです。
※8本のうち3本を引かない＝残り5本は引く、なので。

$$_8C_3 = \frac{8 \times 7 \times \overset{\scriptscriptstyle 1}{\cancel{6}}}{\underset{\scriptscriptstyle 1}{3} \times \underset{\scriptscriptstyle 1}{2} \times 1} = 56 \text{ 通り}$$

選ぶ数（この問題でいうと、5または3）が小さいほうが、計算は簡単です。小さいほうに置き換えて、計算するとよいでしょう。

❸ 確率の公式に当てはめる

5人ともはずれの組み合わせは1通りで、5人が引くくじの全組み合わせは56通りなので、確率の公式に当てはめて

$$確率 = \frac{求める場合の数}{すべての場合の数} = \frac{1}{56}$$

答え

正解 1/56

別解 🚢 **積の法則を使って求めることもできます。**

この問題の場合、手早いのはすでに紹介した方法ですが、これまでになじんだ「積の法則」を使った方法も紹介しておきます。1人目がくじにはずれる確率から5人目がくじにはずれる確率までをかけ算します。

$$\underset{\substack{1人目\\はずれ}}{\frac{5}{8}} \underset{かつ}{\times} \underset{\substack{2人目\\はずれ}}{\frac{4}{7}} \underset{かつ}{\times} \underset{\substack{3人目\\はずれ}}{\frac{3}{6}} \underset{かつ}{\times} \underset{\substack{4人目\\はずれ}}{\frac{2}{5}} \underset{かつ}{\times} \underset{\substack{5人目\\はずれ}}{\frac{1}{4}} = \frac{5 \times 4 \times 3 \times 2 \times 1}{8 \times 7 \times 6 \times 5 \times 4} = \underset{\substack{5人とも\\はずれ}}{\frac{1}{56}}$$

5 「求める場合の数÷すべての場合の数」の問題　パターン2

空欄に当てはまる数値を求めなさい。

[問い]　10円玉が3枚、5円玉が3枚ある。この6枚の硬貨を同時に投げ、表が出たものの金額を足す。金額の合計が15円になる確率は [　] / [　] である。約分した分数で答えなさい。

確率の公式を使う

15円になる硬貨の組み合わせを考えて、それを6枚の硬貨の全組み合わせで割り算すれば解けます。

$$確率 = \frac{求める場合の数}{すべての場合の数}$$

$$= \frac{15円になる組み合わせ}{6枚の硬貨の全組み合わせ}$$

❶ 合計15円になるのはどういう場合か考える

金額の合計が15円になるのは、「5円玉3枚だけが表」のときと、「10円玉1枚と5円玉1枚だけが表」のときがあります。

❷ 5円玉3枚だけが表となるのは何通りあるかを数える

「5円玉3枚だけが表」となるのは、5円玉が3枚とも表で、10円玉が3枚とも裏のときだけです。よって1通り。

❸ 10円玉1枚と5円玉1枚だけが表となるのは何通りあるかを数える

「10円玉1枚と5円玉1枚だけが表」となるときを考えます。10円玉は3枚あるので、そのうち1枚だけが表になるのは3通り。5円玉も同様に3通り。これをかけ算して

3通り　×　3通り　＝　9通り

10円玉のうち　*かつ*　5円玉のうち
1枚だけ表　　　　　　1枚だけ表

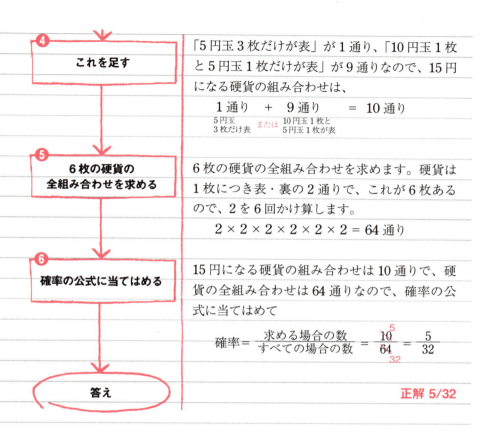

別解　表と裏の確率をかけ算して、解く方法もあります。

1枚の硬貨で表が出る確率は $\frac{1}{2}$、裏が出る確率も $\frac{1}{2}$ です。6枚分で $\left(\frac{1}{2}\right)^6 = \frac{1}{64}$。これが、6枚の硬貨の表・裏の組み合わせ1つが出る確率です。合計が15円になる硬貨の組み合わせは、本文で解いたように10通りあります。10通りそれぞれが $\frac{1}{64}$ ずつの確率なので、$\frac{1}{64} \times 10$ 通り $= \frac{10}{64} = \frac{5}{32}$。このように解いてもかまいません。

算数のおさらい

確率

◎確率の基本

「確率」とは、「一つの出来事が起こり得る可能性の度合い」のことです。通常は「確率 $\frac{1}{2}$」「確率50%」というように分数や%で表します。

コインを投げて表になる確率は「$\frac{1}{2}$」または「50%」です。コインには表と裏の2種類しかなく、どちらが出る可能性も等しいからです。

◎確率の出し方

確率の出し方は、「求める場合の数」÷「すべての場合の数」です。

$$確率 = \frac{求める場合の数}{すべての場合の数}$$

先のコインの例で言うと、「すべての場合の数」は「表」と「裏」の2つです。そして、「求める場合の数」は「表」という1つです。

ですから、コインを投げて表の出る確率は「$\frac{1}{2}$」になるのです。

【例題1】サイコロを投げて、1の目が出る確率は？

サイコロを投げたときの「すべての場合の数」は、サイコロの目は1、2、3、4、5、6の6種類なので、6です。

「求める場合の数」は「1」という1種類なので、1です。

ですから、サイコロを投げて「1」が出る確率は、$\frac{1}{6}$ になるのです。

【例題2】サイコロを投げて、奇数が出る確率はどれだけでしょうか？

「求める場合の数」である「奇数」は1、3、5の3つです。

ですから、$\frac{3}{6}$ の確率です。これを約分すれば、$\frac{1}{2}$ の確率です。

◎確率の積の法則

【例題3】コインを2回投げて、2回とも表になる確率は？

1回目に表が出る確率は $\frac{1}{2}$ です。2回目もまた表が出る確率は、そのさらに $\frac{1}{2}$ ということになります。つまり、$\frac{1}{2} \times \frac{1}{2} = \frac{1}{4}$ で、答えは $\frac{1}{4}$ です。

これを「確率の積の法則」といいます。連続して起こる確率を求める場合や、「生まれてくる子供が女の子で、かつ血液型がO型である確率」というように、複数の条件が重なっている確率を求めるときには、それぞれの確率をかけることで答えが出ます。**「"かつ"のときは、かける」**と覚えておくといいでしょう。例題3も「1回目に表が出て、かつ2回目にも表が出る」と言い換えられます。

◎確率の和の法則

【例題4】 サイコロを投げて、1か5の目が出る確率は？

1が出る確率は $\frac{1}{6}$ 、5が出る確率も $\frac{1}{6}$ です。「1か5」ということは、どちらでもいいわけで、こういう場合には、それぞれの確率を足します。

つまり、$\frac{1}{6} + \frac{1}{6} = \frac{1}{3}$ で、$\frac{1}{3}$ が答えです。

これを「確率の和の法則」といいます。**「"または"のときは、足す」**と覚えておくといいでしょう。「1か5」は「1または5」と言い換えることができます。

◎確率の余事象

「Aが起きる」ことに対して、「Aが起きない」ことを余事象といいます。

例えば、サイコロで1が出る確率は $\frac{1}{6}$ ですが、その余事象は「1が出ない」ことで、確率は $\frac{5}{6}$ です。

【例題5】 サイコロを3回投げたとき、少なくとも1回は1の目が出る確率は？

これを普通に解くなら、1の目が1回出たときと、2回出たときと、3回出たときのことを考えなければなりません。それは面倒です。

「少なくとも1回は1の目が出る」ことの余事象は「1回も1の目が出ない」ことです。その確率を出して、全体の確率から引けばいいのです。

$$1 - \left(\frac{5}{6} \times \frac{5}{6} \times \frac{5}{6} \right) = \frac{91}{216}$$ （全体の確率は1です。$\frac{すべての場合の数}{すべての場合の数}$ なので）

このように、余事象を使うと、計算がずっと楽になる場合があるのです。
「"少なくとも"のときは、余事象」と覚えておくといいでしょう。
余事象の確率 （Aが起きる確率）＝1ー（Aが起きない確率）

183

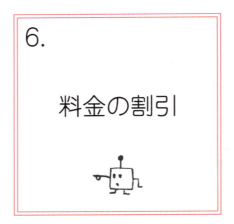

6. 料金の割引

よくでる

テストセンターとペーパーテスト
1. 割引されない人と割引される人がいるときの総額を求める問題
2. 平均額から人数を求める問題
3. 総人数は同じでも割引人数が異なるときの総額の差を求める問題

WEBテスティング
4. 1個あたりの価格差から、まとめ買いでの割引率を求める問題

割引について、いろいろな角度から出題されます。

割引の計算

A割を小数や分数で表す　　　　　　　10で割る
　例：4割＝0.4＝$\frac{2}{5}$

B円のC割引の割引額　　　　　　　B×(C÷10)
　例：80円を2割引するときの割引額は、80×0.2＝16円

B円のC割引の額（割引後の額）　　　B×(1−C÷10)
　例：80円を2割引した額は、80×(1−0.2)＝80×0.8＝64円

D円からE円値引きしたときの割引率　　E÷D
　例：300円から60円引いたときの割引率は、
　　　60÷300＝0.2＝2割引

ここが Point

割引されない人と割引される人を別々に考える！
総額を2つの方向から求める！
総額の差は割引額の差！

問題中では、割引される人とされない人の人数が合わさっていたり、料金が平均額で示されたりします。それを割引される人とされない人に区分することを目指せば、正解にたどりつけます。

1 割引されない人と割引される人がいるときの総額を求める問題

ある会社で希望者を募り、美術館に行くことになった。美術館の入館料は1人あたり600円であるが、30人を超す団体の場合、30人を超えた分については1人あたり400円になる。

(1) 美術館に46人で行く場合、入館料は総額でいくらになるか。

A	11600円	F	24400円
B	14800円	G	27600円
C	18000円	H	30800円
D	18400円	I	34000円
E	21600円	J	AからIのいずれでもない

割引されない人と割引される人を別々に考える

30人を超すと割引になるのですから、46人だと、**割引される人と、割引されない人がいる**ということです。それぞれについて別々に考えるのがポイントです。

❶ 割引されない人と割引される人に人数を分ける

30人までは割引されず1人600円。46人から30人を引いた、残りの16人は、割引されて1人400円です。

❷ 割引されない人の入館料の総額と、割引される人の入館料の総額をそれぞれ出して、足す

割引されない人の入館料の総額
　　30人 × 600円 = **18000円**
割引される人の入館料の総額
　　16人 × 400円 = **6400円**

従って、入館料の総額は、
18000 円 + 6400 円 = **24400 円**

正解 F

2 平均額から人数を求める問題

ある会社で希望者を募り、美術館に行くことになった。美術館の入館料は1人あたり600円であるが、30人を超す団体の場合、30人を超えた分については1人あたり400円になる。

(2) 入館料の総額を美術館に行く人数で割り、各人が同じ金額を支払うようにする場合、1人あたり550円支払うことになるのは何人で行くときか。

A	25人	**F**	50人
B	30人	**G**	55人
C	35人	**H**	60人
D	40人	**I**	65人
E	45人	**J**	**A**から**I**のいずれでもない

人数をx人として、総額を2つの方向から求めるのがポイント

① 割引されない人と割引される人の入館料の合計から、総額を求める

(1)の続きです。

30人までの入館料は1人あたり600円です。

1人あたり550円だったということは、600円より安い入館料の人がいたということです。ここから30人より多い人数で行ったことがわかります。

そこで、x人で行ったとすると、

割引されない人の入館料の総額

30人 × 600円 = 18000円

割引される人の入館料の総額

$(x - 30) \times 400 = 400x - 12000$（円）

となります。

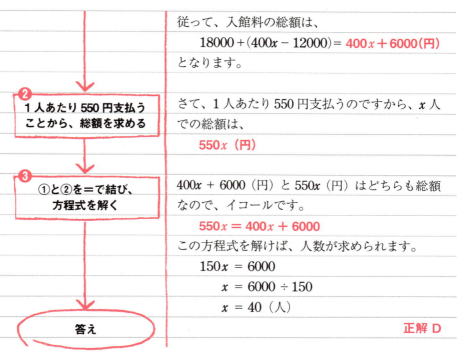

従って、入館料の総額は、
$$18000 + (400x - 12000) = 400x + 6000（円）$$
となります。

さて、1人あたり550円支払うのですから、x 人での総額は、
$$550x（円）$$

$400x + 6000$（円）と $550x$（円）はどちらも総額なので、イコールです。
$$550x = 400x + 6000$$
この方程式を解けば、人数が求められます。
$$150x = 6000$$
$$x = 6000 \div 150$$
$$x = 40（人）$$

正解 D

速解法 ➡ **選択肢からあたりをつけて解くこともできます。**

もし、60人（選択肢H）だったとすると、600円、400円ともに30人ずつになるので1人あたりの金額は500円となります。これでは少ないので（割引される人数が多すぎる）、40人（選択肢D）だったとすると、

　600円が30人、400円が10人

なので、1人あたりの金額は、

　$(600 \times 30 + 400 \times 10) \div 40 = (18000 + 4000) \div 40 = 22000 \div 40 = 550$（円）

となり、正解はDの40人ということがわかります。

3 総人数は同じでも割引人数が異なるときの総額の差を求める問題

> ある動物園の入園料は1人1500円である。この動物園では26人以上の団体に対し、25人を超えた分について入園料を2割引にする団体割引を行っている。
>
> (1) 60人が30人ずつ2回に分かれて入園する場合と、60人で一度に入園する場合とでは、入園料の総額はいくら異なるか。
>
> A　1500円　　　F　7500円
> B　3000円　　　G　9000円
> C　4500円　　　H　10500円
> D　5000円　　　I　12000円
> E　6000円　　　J　AからIのいずれでもない

	2回に分かれて入園する場合と、一度に入園する場合の、それぞれの入園料の総額を求めて、その差額を計算してもいいのですが（この方法は別解で説明）、実はもっと計算量を減らせます。
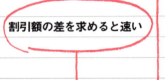	総額の差は、つまり割引される額の差です。割引の有無が異なる人数を求めて、人数分の「割引額」を出せば、それが答えなのです。
❶ 割引される人数の差を求める	まず、2回に分かれて入園する場合と、一度に入園する場合とで、割引される人数の差を考えましょう。割引されるのは、次の赤色の人数です。

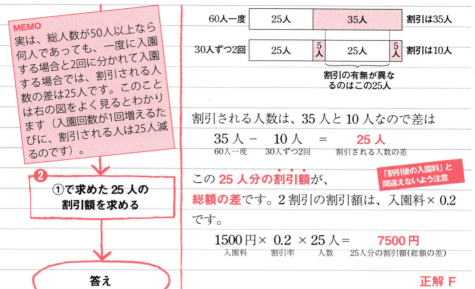

MEMO
実は、総人数が50人以上なら何人であっても、一度に入園する場合と2回に分かれて入園する場合では、割引される人数の差は25人です。このことは右の図をよく見るとわかります（入園回数が1回増えるたびに、割引される人は25人減るのです）。

割引される人数は、35人と10人なので差は

$$35人 - 10人 = 25人$$
　60人一度　30人ずつ2回　割引される人数の差

❷ ①で求めた25人の割引額を求める

この **25人分の割引額** が、**総額の差** です。2割引の割引額は、入園料×0.2 です。

「割引後の入園料」と間違えないよう注意

$$1500円 × 0.2 × 25人 = 7500円$$
　入園料　割引率　人数　25人分の割引額(総額の差)

答え

正解 F

別解　**上記が難しいと感じた人は、それぞれの入園料の総額を求めて、その差額を計算する方法で。**

入園料は、25人までは1人1500円。26人目からは2割引なので、1人あたり「1500円×0.8」円です。それぞれの場合の総額を求めてから引き算します。

「30人ずつ2回」の総額を求めます。30人の総額を求めて2倍します。
　　（1500円×25人）+（1500円×0.8×5人）= 43500円
　　43500円×2回分 = 87000円
「60人で一度」の総額を求めます。
　　（1500円×25人）+（1500円×0.8×35人）= 79500円
総額の差を求めます。
　　87000円 − 79500円 = 7500円

4 1個あたりの価格差から、まとめ買いでの割引率を求める問題

空欄に当てはまる数値を求めなさい。

[問い] 定価3500円の商品を3個以上まとめて購入すると割引価格になり、8個購入すると定価の17%引きで、3個購入するときより1個につき140円安い。この商品を3個購入すると定価の[　]%引きになっている（必要なときは、最後に小数点以下第1位を四捨五入すること）。

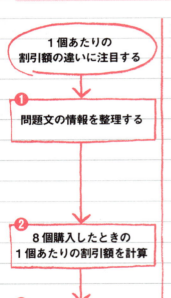

3個購入したときと、8個購入したときとでは、1個あたりの割引額が違います。これを使って、3個購入したときの割引額を求めましょう。

問題文の情報を整理すると
　　定価は3500円
　　8個購入すると定価の17%引き
　　8個購入したときは、3個購入するときより
　　1個につき140円安い

8個購入したときは定価の17%引きなので、1個あたりの割引額は
　　3500円 × 0.17 = 595円
　　　定価　　割引率　　割引額

3個購入したときの1個あたりの割引額は、これよりも140円少ないので、引き算して
　　595円 − 140円 = 455円

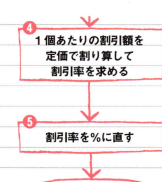

❹ 1個あたりの割引額を定価で割り算して割引率を求める

3個購入したときの1個あたりの割引額は455円とわかりました。これを定価で割り算すると、割引率が求められます。

455円 ÷ 3500円 = **0.13**
割引額　　定価　　割引率

❺ 割引率を%に直す

問われているのは、「何%引き」かなので、計算結果を%に直しましょう。

0.13 × 100 = **13%**

答え

正解 13

速解法 → **割引額の差140円が定価の何%にあたるかを求める。**

1個あたりの割引額の差が定価の何%にあたるかを求めて、割引率の差をとるという方法もあります。割合の計算に慣れている人なら、こちらのほうが速いでしょう。

「8個購入したときは、3個購入するときより1個につき140円安い」。
この140円が定価の何%にあたるかを求めると
　　140円 ÷ 3500円 = 0.04 = 4%

これは3個購入したときは、8個（定価の17%引き）のときよりも、定価の4%分だけ割引が少ないということなので、引き算して
　　17% − 4% = 13%

7. 損益算

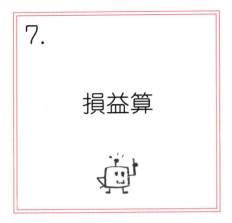

よくでる

テストセンターとペーパーテスト
1. 割引販売での利益から、定価での利益を求める問題
2. 割引率を変えたときの利益差から、定価を求める問題
3. 途中で割引した商品の利益合計から、仕入れ値を求める問題
4. まとめ買い割引があるときの利益合計から、売れた個数を求める問題

WEBテスティング
5. 金額不明のまま割引率を考える問題

> 品物を仕入れて販売したときの損益を計算する問題です。仕入れ値・定価・利益の関係自体はカンタンなのですが、これに割合がからんでくると少しややこしくなります。数値が何を表しているのかをはっきりさせておくことが大切です。

必要な数学の知識

> 売価は、実際に売るときの値段
> ※定価販売なら、定価＝売価

「仕入れ値」「定価」「利益」の関係
　　仕入れ値＋利益＝定価または売価
仕入れ値に、何割か利益をのせて「定価」を決める
　　仕入れ値×（1＋利益の割合）＝定価
定価から何割引かしたときの「売価」の求め方
　　定価×（1－割引率）＝売価

定価（売価）が、仕入れ値に利益を足したものであることは、商売をやったことがなくても、知っているでしょう。この簡単な式が、解くときの基本となります。

ここがPoint

文章題から情報を取り出して整理し、数式にする！

問題文のままだと、わかりづらいので、仕入れ値・定価・売価・利益・販売数・割引率などの数値を取り出し、整理します。それを数式化していけば、答えが出ます。

1 割引販売での利益から、定価での利益を求める問題

　ある店では、定価の3割引で売ると400円の利益が得られるように価格設定をしている。

(1) 仕入れ値が790円の商品を定価で売ったときの利益はいくらか。

A	357円	F	1190円
B	510円	G	1300円
C	680円	H	1547円
D	760円	I	1700円
E	910円	J	AからIのいずれでもない

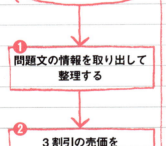

「定価で売ったときの利益」を求める問題ですが、そもそも定価がわからないので、先に定価を求めましょう。

まずは、問題文から情報を取り出しましょう。
　仕入れ値：790円
　利益：定価の3割引のとき400円

「**仕入れ値＋利益＝定価**または**売価**」です。情報から一気に定価はわからないので、まずは、売価を求めましょう。

790円 ＋ 400円 ＝ **1190円**
仕入れ値　3割引の利益　3割引での売価

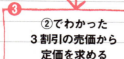

❸ ②でわかった3割引の売価から定価を求める

3割引での売価が1190円とわかったので、ここから定価を求めます。不明な**定価を x 円**として、**売価を求める式「定価×（1－割引率）＝売価」**を作ります。

$$\underset{\text{定価}}{x} \times \underset{\text{3割引}}{(1-0.3)} = \underset{\text{3割引での売価}}{1190 \text{円}}$$

$$0.7x = 1190 \text{円}$$
$$x = 1190 \text{円} \div 0.7$$
$$x = 1700 \text{円}$$

MEMO
②③は、どちらも「3割引での売価」を求める式です。イコールでつないで、1つの方程式にしてもかまいません。
$790 + 400 = x \times (1 - 0.3)$
$0.7x = 1190$
$x = 1700$

❹ 定価で売ったときの利益を求める

定価が1700円、仕入れ値は790円とわかりました。定価から仕入れ値を引くと、定価で売ったときの利益がわかります。

$$\underset{\text{定価}}{1700\text{円}} - \underset{\text{仕入れ値}}{790\text{円}} = \underset{\text{定価での利益}}{910\text{円}}$$

答え

正解 E

速解法　**「売価÷0.7＝定価」で一気に定価を求めることもできます。**

$$\underset{\text{仕入れ値}}{(790\text{円}} + \underset{\text{3割引の利益}}{400\text{円})} \div \underset{\text{7割}}{0.7} = \underset{\text{定価}}{1700\text{円}}$$

$$\underset{\text{定価}}{1700\text{円}} - \underset{\text{仕入れ値}}{790\text{円}} = \underset{\text{定価での利益}}{910\text{円}}$$

問題種7　損益算

197

2 割引率を変えたときの利益差から、定価を求める問題

　ある店では、定価の3割引で売ると400円の利益が得られるように価格設定をしている。

(2)　定価の1割引で売ったときの利益が940円だったとすると、この商品の定価はいくらか。

A	1080円	**F**	2480円
B	1540円	**G**	2700円
C	1800円	**H**	3560円
D	2150円	**I**	4700円
E	2300円	**J**	**A**から**I**のいずれでもない

利益の差額から
定価を求める

今度は、割引率による利益の違いから、定価を求める問題です。
まずは、問題文から情報を取り出しましょう。

❶
問題文の情報を取り出して
整理する

　定価の3割引：400円の利益
　定価の1割引：940円の利益

ここで、利益の差額は何の金額に等しいのか？を考えます。

定価の3割引と1割引とでは、割引率が「定価の2割分」違います。つまり、**上の2つの利益の差額が「定価の2割」に相当する**ということです。

ここがポイント

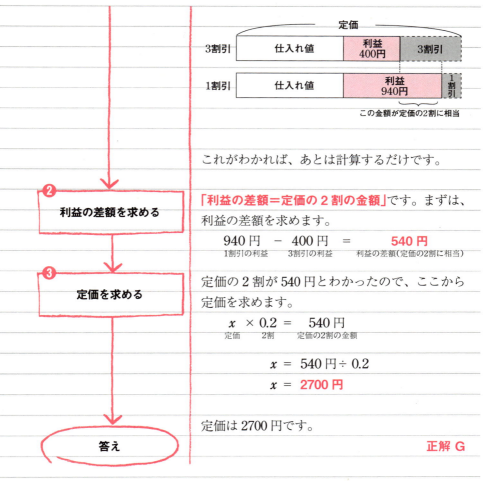

これがわかれば、あとは計算するだけです。

「利益の差額＝定価の2割の金額」です。まずは、利益の差額を求めます。

$$940 \text{円} - 400 \text{円} = 540 \text{円}$$
<small>1割引の利益　　3割引の利益　　利益の差額（定価の2割に相当）</small>

❷ 利益の差額を求める

定価の2割が540円とわかったので、ここから定価を求めます。

$$x \times 0.2 = 540 \text{円}$$
<small>定価　2割　　定価の2割の金額</small>

$$x = 540 \text{円} \div 0.2$$
$$x = 2700 \text{円}$$

❸ 定価を求める

定価は2700円です。

正解 G

答え

3 途中で割引した商品の利益合計から、仕入れ値を求める問題

　ある商店では、商品 P を 40 個、商品 Q を 60 個仕入れ、それぞれ仕入れ値に 40％の利益をのせて定価を設定した。

(1)　この商店で、商品 P を定価で 28 個売った後、残りを定価の 10％引きにしたところ、すべて売り切れて 8592 円の利益が得られた。商品 P の仕入れ値はいくらか。

A	322 円	**F**	600 円
B	369 円	**G**	640 円
C	400 円	**H**	698 円
D	456 円	**I**	725 円
E	524 円	**J**	A から I のいずれでもない

この問題で考えるのは商品 P のことだけ

商品 P と商品 Q が出てきますが、この問題で考えるのは商品 P のことだけです。商品 P に関する情報を取り出しましょう。

❶ 問題文の情報を取り出して整理する

途中で割引しているところがポイントです。割引前と割引後に分けて考える必要があります。情報を取り出すときに、**簡単に出せる数値は、そこで出してしまいましょう。**

商品 P の仕入れは
　　仕入れた個数：40 個
　　仕入れ値：x 円（求める数値）
途中までは、定価で売ります。
　　定価：仕入れ値 x 円に 40％の利益をのせた額なので、$x \times 1.4 = 1.4x$ 円

利益：仕入れ値 x 円の40%なので、**0.4x 円**
定価で売れた個数：**28 個**

売れ残った分は、割引で売価が変わります。
　売れ残った個数：40 − 28 = **12 個**
　売価：定価 1.4x 円の10%引きなので、
　　　　$1.4x \times 0.9 = 1.26x$ 円
　利益：売価 1.26x 円から、仕入れ値 x 円を引いた **0.26x 円**

定価と割引で得た利益は
　40 個分の利益：**8592 円**

❷ **利益の合計の方程式を作る**

ここまでにわかった情報を使って、定価で売った分の利益と、10%引きで売った分の利益の合計の方程式を作ります。

$$(\underset{\substack{定価の\\利益}}{0.4x \times 28}) + (\underset{\substack{10\%引き\\利益}}{\underset{個数}{0.26x} \times \underset{個数}{12}}) = \underset{\substack{利益の\\合計}}{8592}$$

$$11.2x + 3.12x = 8592$$
$$x = 8592 \div 14.32$$
$$x = 600$$

仕入れ値は 600 円です。

答え　　　　　　　　　　　　　　　　　　**正解 F**

4 まとめ買い割引があるときの利益合計から、売れた個数を求める問題

　ある商店では、商品 P を 40 個、商品 Q を 60 個仕入れ、それぞれ仕入れ値に 40%の利益をのせて定価を設定した。

(2)　この商店で、商品 Q を 1 個なら定価通り 630 円、2 個なら1000 円で売ったところ、すべて売り切れて 7420 円の利益が得られた。商品 Q は定価で何個売れたか。

A	22 個	**F**	36 個
B	24 個	**G**	38 個
C	26 個	**H**	40 個
D	32 個	**I**	42 個
E	34 個	**J**	**A** から **I** のいずれでもない

今度は商品 Q のことだけを考える	先の問題の続きです。今度は、商品 Q のことだけを考えます。商品 Q に関する情報を取り出しましょう。
❶ 問題文の情報を取り出して整理する	1 個だと定価、2 個まとめて買うと安くなります。 　　　仕入れた個数：60 個 　　　仕入れ値：不明 　　　定価：630 円（仕入れ値に 40%の利益をのせた額） 　　　2 個での売価：1000 円（1 個あたり 500 円） 　　　60 個分の利益：7420 円
❷ 仕入れ値を求める	まずは、定価から仕入れ値を求めます。仕入れ値を x 円とすると、定価は仕入れ値に 40%の利益をのせるので $1.4x$ 円。定価は 630 円とわかっ

第3部　「非言語」完全攻略

ているので、方程式にすると

$$1.4x = 630$$
$$x = 630 \div 1.4$$
$$x = 450$$

③
定価のときと、2個割引のときの1個あたりの利益を求める

仕入れ値は450円です。1個あたりの利益は

定価 ：630円 － 450円 ＝ **180円**
　　　　定価　　　仕入れ値　　1個あたりの利益

2個割引 ：500円 － 450円 ＝ **50円**
　　　　割引の売価　　仕入れ値　　1個あたりの利益

④
③に売れた個数をかけ算して、それぞれの利益の合計を出す

求める「定価で売れた個数」を y 個とすると、2個割引で売れたのは $60 - y$ 個。それぞれ利益合計は

定価 ：180円×y 個＝ **180y**
2個割引：50円×（60－y 個）＝ **3000 － 50y**

⑤
利益の合計の方程式を作る

問題文より、上記2つの利益を足すと7420円です。以下の方程式が成り立ちます。

$$180y + (3000 - 50y) = 7420$$
定価の利益合計　　2個割引の利益合計　　2つの利益の合計

$$180y - 50y = 7420 - 3000$$
$$130y = 4420$$
$$y = 4420 \div 130$$
$$y = 34$$

定価で売れたのは34個です。

正解 E

答え

5 金額不明のまま割引率を考える問題

空欄に当てはまる数値を求めなさい。

[問い] ある品物に仕入れ値の30%増しの定価をつけたが、セール期間中は割引価格で売ったところ、仕入れ値の4%の利益が得られた。セール期間中は定価の[ ]%引きで売ったことになる（必要なときは、最後に小数点以下第1位を四捨五入すること）。

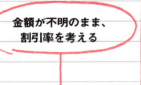

金額が不明のまま、割引率を考える	具体的な金額が不明のまま割引率を考える問題です。「仕入れ値の30%増し」「仕入れ値の4%の利益」を、定価やセール期間中の価格の代わりに使うのがポイントです。
❶ 問題文の情報を取り出して整理する	まずは、問題文から情報を取り出しましょう。 　　定価：仕入れ値の30%増し 　　セール期間中の利益：仕入れ値の4%
❷ 定価が仕入れ値のどれだけにあたるか考える	定価は「仕入れ値の30%増し」なので、「仕入れ値100%＋30%＝**仕入れ値の130%**」です。
❸ セール期間中の価格が仕入れ値のどれだけにあたるか考える	セール期間中の価格は、「仕入れ値＋利益」なので、「仕入れ値100%＋仕入れ値の4%の利益＝**仕入れ値の104%**」です。
❹ 仕入れ値をxとして価格を表す	仕入れ値をxとすると 　　定価：**$1.3x$**　　パーセントは小数に直します 　　セール期間中の価格：**$1.04x$** これを実際の金額の代わりに使います。

❺ 割引率を求める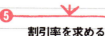

セール期間中に、定価の何割の価格で売ったのかを「セール期間中の価格÷定価」で求めると

$$1.04x \div 1.3x = 1.04 \div 1.3$$
$$= 0.8$$
$$= 80\%$$

セール中の価格　定価
定価の何割で売ったか

MEMO
割り算では、割る数と割られる数に、同じ数を割り算しても答えは同じです。$1.04x$ と $1.3x$ を、それぞれ x で割ると、x が消えて 1.04 と 1.3 になります。

セール期間中に定価の80％で売ったのですから、**割引率は20％**（定価の20％引き）です。

答え

正解 20

別解　　**仕入れ値に、仮の金額を当てはめてもかまいません。**

仕入れ値を x とする代わりに、仮の金額を当てはめる方法もあります。
例えば、仕入れ値を100円と仮定すると、次のように定価、セール期間中の価格、セール期間中の割引率が求められます。

定価は「仕入れ値の30％増し」なので
　　100円×（1＋0.3）＝130円
セール期間中は「仕入れ値の4％の利益」なので、利益は
　　100円×0.04＝4円
これを仕入れ値に足した額が、セール期間中の価格なので
　　100円＋4円＝104円
割引額は、定価からセール期間中の価格を引いた額なので
　　130円－104円＝26円
最後に、「割引額÷定価」で割引率を求めます。
　　26円÷130円＝0.2＝20％

8.

分割払い・仕事算

よくでる

テストセンターとペーパーテスト

1 支払い額が、総額のどれだけにあたるかを求める問題

2 支払い額が、以前の支払い額のどれだけにあたるか求める問題

3 手数料がかかるときの支払い額の問題

4 方程式を使って、ある日の作業量を求める問題

WEB テスティング

5 分数と小数が混じった仕事の分担の問題

全体を1としたときの割合を考える問題です。分割払いでの支払い金額や仕事の分担量を求める問題として出題されます。金額なのか仕事量なのかという見かけの違いだけで、どちらも解き方は同じです。

割合は分数（例えば総額の $\frac{4}{17}$ ）で提示される問題がほとんどですが、WEBテスティングでは分数と小数が混じった問題も出題されます。

必要な数学の知識

割合の出し方
**　　割合＝割合を出したい数値÷基準となる数値**
分数の足し算・引き算・かけ算・割り算

分数の計算を忘れていたり、苦手な人は218ページをご参照ください。

ここがPoint

全体を1と考えれば解ける！
基準となる数値は何かを考える！

全体を1として図にすると、考えるのがラクになります。

1 支払い額が、総額のどれだけにあたるかを求める問題

　ある人が絵画を購入し、代金を数回に分けて支払うことにした。購入と同時に1回目の支払いとして、総額の $\frac{4}{17}$ を支払った。

(1) 2回目に1回目の支払い額の $\frac{2}{3}$ を支払い、3回目に残り全部を支払うものとすると、3回目に支払う金額は、総額のどれだけにあたるか。ただし、利子はかからないものとする。

A　$\frac{5}{51}$

B　$\frac{20}{51}$

C　$\frac{26}{51}$

D　$\frac{10}{17}$

E　$\frac{31}{51}$

F　$\frac{2}{3}$

G　$\frac{13}{17}$

H　$\frac{40}{51}$

I　$\frac{46}{51}$

J　AからIのいずれでもない

総額を1とする

全体（総額）を1としたときの割合を、分数で考える問題です。割合を図にかいてみると、考えやすくなります。もちろん正確にかく必要はなく、おおよそでかまいません。

❶ 問題文の情報を取り出して整理する

支払いは3回で、1回目は総額の $\frac{4}{17}$、2回目は1回目の $\frac{2}{3}$、3回目は残り全部です。総額を1と考えて図にすると、次の通りです。

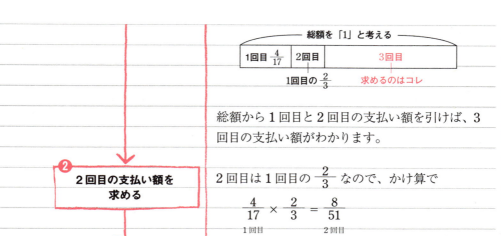

総額から1回目と2回目の支払い額を引けば、3回目の支払い額がわかります。

② 2回目の支払い額を求める

2回目は1回目の $\frac{2}{3}$ なので、かけ算で

$$\underset{1回目}{\frac{4}{17}} \times \underset{2回目}{\frac{2}{3}} = \frac{8}{51}$$

③ 3回目の支払い額を求める

3回目は、1回目と2回目の支払いの残りなので、総額の1から、1回目と2回目を引きます。

$$\underset{総額}{1} - (\underset{1回目}{\frac{4}{17}} + \underset{2回目}{\frac{8}{51}}) = 1 - (\frac{12}{51} + \frac{8}{51}) = \underset{3回目}{\frac{31}{51}}$$

通分で、分母をそろえる

答え　正解 E

速解法

1回目は $\frac{4}{17}$ の1倍、2回目は $\frac{4}{17}$ の $\frac{2}{3}$ 倍と考えると、通分を省けます。

$$\underset{1回目\quad 2回目}{\frac{4}{17} \times (1 + \frac{2}{3})} = \frac{4}{17} \times \underset{1\cdot2回目}{\frac{5}{3}} = \frac{20}{51} \quad \rightarrow \quad 1 - \frac{20}{51} = \underset{3回目}{\frac{31}{51}}$$

2 支払い額が、以前の支払い額のどれだけにあたるか求める問題

　ある人が絵画を購入し、代金を数回に分けて支払うことにした。購入と同時に1回目の支払いとして、総額の $\frac{4}{17}$ を支払った。

(2) 2回目には総額の半分を支払い、3回目に残り全部を支払うとすると、3回目に支払う金額は、<u>1回目の支払い額</u>のどれだけにあたるか。ただし、利子はかからないものとする。

A	$\frac{1}{4}$	F	$\frac{9}{8}$
B	$\frac{9}{34}$	G	$\frac{17}{8}$
C	$\frac{9}{17}$	H	$\frac{25}{8}$
D	$\frac{25}{34}$	I	4倍
E	$\frac{8}{9}$	J	AからIのいずれでもない

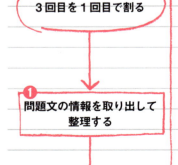

続きの問題です。先ほどは「総額のどれだけ」でしたが、今度は「1回目の支払い額のどれだけ」です。総額に対する3回目の支払い額を求めて、「3回目÷1回目」を計算します。

「1回目のどれだけ」を求めるには、1回目で割る

問題文の情報を図にすると、次の通りです。

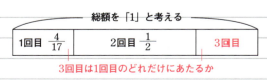

3回目は1回目のどれだけにあたるか

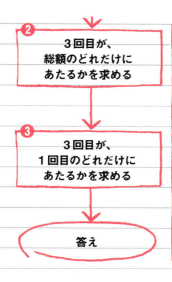

3回目は、1回目と2回目の支払いの残りなので、総額の1から、1回目と2回目を引きます。

$$1-\left(\frac{4}{17}+\frac{1}{2}\right)=1-\left(\frac{8}{34}+\frac{17}{34}\right)=\frac{9}{34}$$

総額　1回目　2回目　　　　　　　　　　　　3回目

3回目が、「1回目の支払い額のどれだけにあたるか」を求めます。

$$\frac{9}{34} \div \frac{4}{17} = \frac{9 \times \overset{1}{17}}{\underset{2}{34} \times 4} = \frac{9}{8}$$

3回目　1回目　　　　　　　　3回目が1回目のどれだけか

正解 F

3 手数料がかかるときの支払い額の問題

　ある人がテレビを分割払いで購入することにした。購入時にいくらか頭金を支払い、購入価格から頭金を引いた残額を5回の分割払いにする。この場合、分割手数料として残額の $\frac{1}{7}$ を加えた額を5等分して支払うことになる。

(1)　頭金として購入価格の $\frac{1}{6}$ を支払うとすると、分割払いの1回の支払い額は購入価格のどれだけにあたるか。

A	$\frac{1}{42}$	**F**	$\frac{4}{21}$
B	$\frac{1}{21}$	**G**	$\frac{1}{5}$
C	$\frac{1}{14}$	**H**	$\frac{3}{14}$
D	$\frac{1}{7}$	**I**	$\frac{12}{35}$
E	$\frac{1}{6}$	**J**	**A**から**I**のいずれでもない

手数料を加える前の購入価格を1とする

今度は、分割払いに手数料がかかるときの支払い額の問題です。購入価格（手数料を加える前の価格）を1と考えます。

❶ 問題文の情報を取り出して整理する

購入価格を1とすると、頭金 $\frac{1}{6}$ を引いた残額は $\frac{5}{6}$。これに分割手数料として残額の $\frac{1}{7}$ を足して、5等分すれば、分割払いの1回の支払い額がわかります。図にすると、次の通りです。

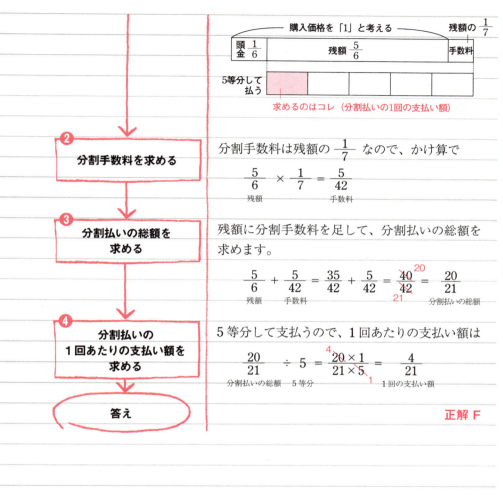

正解 F

4 方程式を使って、ある日の作業量を求める問題

ある人が3日間かけて資料整理をする。1日目は全体の $\frac{1}{6}$ を整理した。

(1) 3日目に、2日目に整理した分の $\frac{3}{7}$ だけ整理して、すべての資料整理を終わらせたい。2日目には全体のどれだけを整理すればよいか。

A $\frac{1}{14}$　　F $\frac{5}{8}$

B $\frac{2}{21}$　　G $\frac{9}{14}$

C $\frac{5}{14}$　　H $\frac{2}{3}$

D $\frac{10}{21}$　　I $\frac{17}{24}$

E $\frac{7}{12}$　　J $\frac{5}{7}$

資料整理の作業量の問題です。全体を1と考えるのは、これまでの問題と同じです。

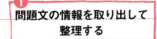

問題文の情報を図にすると、次の通りです。

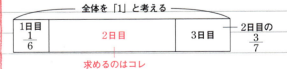

3日目は2日目の $\dfrac{3}{7}$ ですが、2日目は求める値なので、この時点ではわかりません。

そこで、**求める2日目の量を x とすると、3日目はその $\dfrac{3}{7}$ なので、$\dfrac{3}{7}\ x$ と表すことができます。**

ここがポイント

3日間の合計を求める方程式を作ります。

②
2日目を x として、3日間の合計を求める方程式を作る

$$\underset{\text{1日目}}{\dfrac{1}{6}} + \underset{\text{2日目}}{x} + \underset{\text{3日目}}{\dfrac{3}{7}\ x} = \underset{\text{全体}}{1}$$

$$\dfrac{10}{7}\ x = 1 - \dfrac{1}{6}$$

$$x = \dfrac{5}{6} \div \dfrac{10}{7}$$

$$x = \dfrac{5 \times 7}{6 \times 10}$$

$$x = \dfrac{7}{12}$$

答え

正解 E

問題種8　分割払い・仕事算

別解　**2・3日目の比を使って、解く方法もあります。**

3日目は2日目の $\dfrac{3}{7}$。2日目を1として、比で表すと

$$\text{2日目}：\text{3日目} = 1：\dfrac{3}{7} = 7：3 \quad \Rightarrow \quad \text{2・3日目のうち、2日目は}\ \dfrac{7}{10}$$

これを2・3日目の量にかけ算します。

$$\underset{\text{全体}}{\left(1 - \underset{\text{1日目の量}}{\dfrac{1}{6}}\right)} \times \underset{\text{2日目の割合}}{\dfrac{7}{10}} = \dfrac{5 \times 7}{6 \times 10} = \underset{\text{2日目の量}}{\dfrac{7}{12}}$$

215

5 分数と小数が混じった仕事の分担の問題

空欄に当てはまる数値を求めなさい。

[問い]　ある仕事をP、Q、Rの3人で分担した。Pは全体の $\frac{2}{9}$ を、QはPの1.9倍の量を分担した。このとき、Rの仕事量はPの [　] 倍だった（必要なときは、最後に小数点以下第2位を四捨五入すること）。

全体を1とする

今度は、分数と小数が混じっていますが、全体を1とする考え方は同じです。
「最後に小数点以下第2位を四捨五入」と書いてあるので小数で答えます。分数を小数に直して計算したくなりますが、$\frac{2}{9}$ は割り切れません。分数にそろえて計算して最後に小数に直します。

> **MEMO**
> 分数で答えるときは [　]/[　] と空欄が2つになります。ここからも、この問題は分数では答えないことがわかります

❶ Qの仕事量が全体のどれだけにあたるかを求める

Pの仕事量は全体の $\frac{2}{9}$。QはPの1.9倍なので

$$\frac{2}{9} \times 1.9 = \frac{2}{9} \times \frac{19}{10} = \frac{2 \times 19}{9 \times 10} = \frac{19}{45}$$

Pの仕事量　1.9倍　　　　　　　　Qの仕事量

❷ Rの仕事量が全体のどれだけにあたるかを求める

全体を1と考えて、PとQの残りをRが担当するのですから、

$$1 - \left(\frac{2}{9} + \frac{19}{45} \right) = 1 - \left(\frac{10}{45} + \frac{19}{45} \right) = \frac{16}{45}$$

全体　　P　　Q　　　　　　　　　R

❸ RがPの何倍かを求める

RがPの何倍かを求めます。

$$\underset{R}{\frac{16}{45}} \div \underset{P}{\frac{2}{9}} = \frac{16 \times 9}{45 \times 2} = \underset{\text{何倍か}}{\frac{8}{5}}$$

❹ 分数を小数に直す

分数を小数に直すには、分子÷分母を計算します。

$$\frac{8}{5} = 8 \div 5 = 1.6$$

答え

正解 **1.6**

速解法 ▶ 分子が小数のまま計算すると、通分や約分の手間が省けます。

分数の計算では、通分や約分に時間がかかります。これを省くには、分子が小数のまま計算してしまうことです。

Pは「$\frac{2}{9}$ の1倍」、Qは「$\frac{2}{9}$ の1.9倍」と考えると、合わせて「$\frac{2}{9}$ の2.9倍」。

$$\frac{2}{9} \times 2.9 = \frac{5.8}{9}$$

これを1から引いたのが、Rなので

$$1 - \frac{5.8}{9} = \frac{3.2}{9}$$

RがPの何倍かを求めます。

$$\frac{3.2}{9} \div \frac{2}{9} = 3.2 \div 2 = 1.6$$

※割り算では、割る数と割られる数に、同じ数をかけ算しても答えは同じです。ここでは、それぞれに9をかけ算して計算を簡単にしています。

算数のおさらい

分数

◎分数の基本

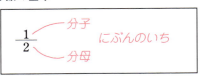

「同じ大きさに分けること」を「等分」といいます。分数の基本は「等分」です。分母は「全体を何等分したのか」、分子は「等分したうちのいくつなのか」を表しています。

例えば、10000円の $\frac{1}{2}$ は、10000円を2等分して、そのうちの1つなので5000円です。でも、500円なら、$\frac{1}{2}$ は250円です。

このように、もとの数によって、同じ $\frac{1}{2}$ でも、表す数がちがってきます。これが分数の便利なところであり、「ちょっと難しい」と感じる原因でもあります。

◎約分

「約分」とは「分子と分母を同じ数で割る」ことです。分数は普通、できるだけ約分します。

同じ数で割ると、もとの分数と値は変化しません。例えば、$\frac{2}{4}$ の分子と分母を2で割ると、$\frac{1}{2}$ になりますが、$\frac{2}{4}$ と $\frac{1}{2}$ はイコールです。

ホールケーキで考えるとわかりやすいでしょう。4等分したうちの2つと、2等分したうちの1つは、同じサイズです。

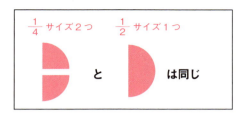

約分の意義は、分数を簡単でわかりやすくすることにあります。分子と分母はなるべく大きな数で割ります。$\frac{50}{100}$ は、2、5、10といろいろな数で割れますが、一番大きな50で割ると $\frac{1}{2}$ になります。$\frac{385}{770}$ のような難しそうな数も、一番大きな数で割ると $\frac{1}{2}$ になります。

◎仮分数と帯分数

$\frac{3}{2}$ のように、分子が分母以上の場合があります。これを「仮分数(かぶんすう)」といいます。これを $1\frac{1}{2}$ というような表し方をする場合があり、これを「帯分数(たいぶんすう)」といいます。

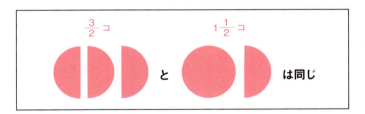

「仮分数」を「帯分数」にするときは、「分子を分母で割った数を左に置き、余りを分子に」。例：$\frac{5}{2}$ なら、$5 \div 2 = 2$ 余り1なので、$2\frac{1}{2}$

「帯分数」を「仮分数」にするときは、「左の整数と分母をかけた数を、分子に足す」。例：$2\frac{1}{2}$ なら、$2 \times 2 = 4$ で、$1 + 4 = 5$ なので、$\frac{5}{2}$

◎分数の足し算、引き算（通分）

　　分数の足し算や引き算でポイントとなるのは「通分」です。「通分」とは「分母を同じ数にそろえること」です。例えば、$\frac{1}{2} + \frac{1}{3}$ の場合、分母が 2 と 3 で異なっています。これを、同じ分母にして計算するのが「通分」です。

$$\frac{1}{2} + \frac{1}{3} \quad \text{←} \quad 分母が 6 になるよう通分$$

$$= \frac{1 \times 3}{2 \times 3} + \frac{1 \times 2}{3 \times 2}$$

$$= \frac{3}{6} + \frac{2}{6} \quad \text{←} \quad 分母がそろったら足し算$$

$$= \frac{5}{6}$$

　　ここでは 6 にそろえましたが、これは 2 と 3 の「最小公倍数」です。「2 と 3 にそれぞれ何かかけて同じ数にする」ことを考えて、そのうち一番小さい数にすればよいのです。

　　なお、最小公倍数にするのは計算を楽にするためなので、そこが難しいと思ったら最小にこだわる必要はありません。一番単純な覚え方としては「お互いの分母をかければよい」のです。

　　通分で忘れてはならないのは、「分母にかけたのと同じ数を、分子にもかける」ことです。

◎分数のかけ算、割り算

　　分数のかけ算のやり方は、例えば、

$$\frac{2}{3} \times \frac{3}{4} = \frac{2 \times 3}{3 \times 4} = \frac{6}{12} \quad （約分すると \frac{1}{2}）$$

というふうに、分子と分母をそれぞれかけます。

　　割り算では「割るほうの分数の分母と分子をひっくり返して、かけます」。

$$\frac{1}{3} \div \frac{5}{6} \quad \text{←} \quad \div \frac{5}{6} \text{ は } \times \frac{6}{5} \text{ にする}$$

$$= \frac{1}{3} \times \frac{6}{5} \quad \text{←} \quad 分母どうし、分子どうしをかけ算$$

$$= \frac{1 \times \overset{2}{\cancel{6}}}{\underset{1}{\cancel{3}} \times 5} \quad \text{←} \quad 約分（分子と分母を同じ数で割る）$$

$$= \frac{2}{5}$$

「分数で割る」という状況がピンとこないという人がいるかもしれません。ケーキを例にとると、「1つのホールケーキの中に、$\frac{1}{2}$サイズのケーキはいくつ入っているか」を求めたいときに、$1 \div \frac{1}{2}$を使います。同じ理屈で、「1つのホールケーキの中に、$\frac{1}{4}$サイズのケーキはいくつ入っているか」なら、$1 \div \frac{1}{4}$で求められるのです。

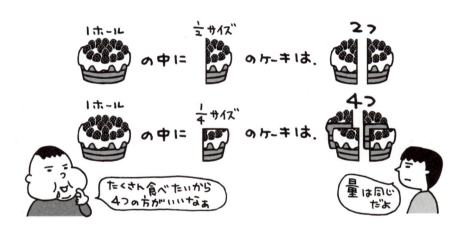

9. 速さ

よくでる

テストセンターとペーパーテスト
1. 時刻表から距離を求める問題
2. 時刻表から速さを求める問題
3. 周回して追いつく時間を求める問題
4. 複数人の速さの平均を求める問題

WEBテスティング
5. 「距離」の公式で、時間を求める問題
6. 川の流れる速さを求める問題

> 速さの問題は苦手な人が多いのですが、「速さ」「距離」「時間」の3つの関係を考えておけばいいだけなので、覚えることは少ないといえます。あとは、時間の計算や単位を間違えないように注意しましょう。

必要な数学の知識

「速さ」「距離」「時間」の公式
　速さ＝距離÷時間
　距離＝速さ×時間
　時間＝距離÷速さ

距離
速さ×時間

3つのうちどれか1つを覚えておけば、ほかは導き出せます。
実例を当てはめて、「自動車で100km先まで行くには、時速50kmで2時間走る」のように覚えてもよいでしょう（「距離＝速さ×時間」の実例）。

ここが Point

「速さ」「距離」「時間」の公式を覚えておく！
単位に注意する！
追いつくまでの時間を求めるときは、双方の速さを引き算！

公式を用いるときに注意することは、単位です。速さの単位に「km/時」を使うときは、距離には「km」、時間には「時」を使わなければなりません。時間が「分」で表されているときには、それを「時」に直してから式に当てはめましょう。

1 時刻表から距離を求める問題

　列車PはS駅からV駅に向かい、列車QはV駅からS駅に向かって走っている。下表は列車Pと列車Qの時刻表の一部である。ただし、各駅での停車時間については、考えないものとする。

S駅からの距離		列車P	列車Q
0.0km	S駅	8：05	
		↓	↑
56.0km	T駅	8：40	
		↓	↑
146.0km	U駅		9：05
		↓	↑
☐km	V駅		8：50

(1) 列車QのVU間の平均速度を72km/時とすると、☐に入る数字として適切なものはどれか（必要なときは、最後に小数点以下第2位を四捨五入すること）。

A	18.0	F	156.8
B	72.0	G	164.0
C	128.0	H	170.0
D	147.8	I	218.0
E	152.0	J	AからIのいずれでもない

【「距離＝速さ×時間」の公式を使う】

☐km という「距離」が問われていますから、「距離＝速さ×時間」の公式を使うことを考えましょう。

この公式で「距離」を出すためには、「速さ」と「時間」が必要です。まずそれらを求めることを

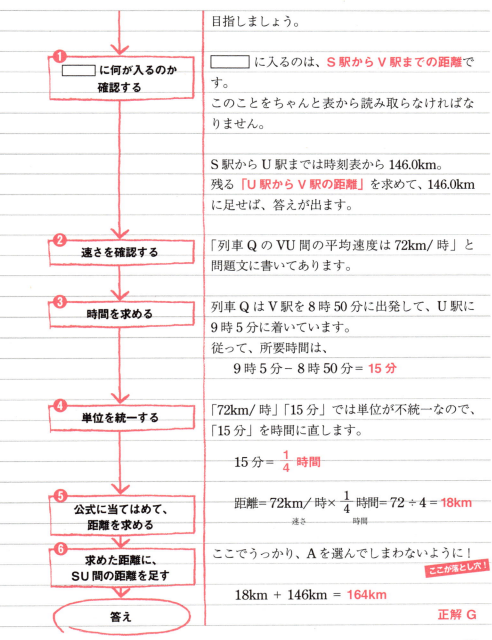

2 時刻表から速さを求める問題

　列車Pは S 駅から V 駅に向かい、列車 Q は V 駅から S 駅に向かって走っている。下表は列車 P と列車 Q の時刻表の一部である。ただし、各駅での停車時間については、考えないものとする。

S 駅からの距離		列車 P	列車 Q
0.0km	S 駅	8：05	↑
		↓	↑
56.0km	T 駅	8：40	↑
		↓	↑
146.0km	U 駅	↓	9：05
		↓	↑
▭km	V 駅		8：50

(2) 列車 P の TU 間の平均速度は 60km/ 時である。列車 P と列車 Q が TU 間のちょうど中央ですれ違うとすると、列車 Q の UT 間の平均速度は何 km/ 時か。ただし、TU 間で 2 つの列車の速度は一定であったものとする（必要なときは、最後に小数点以下第 1 位を四捨五入すること）。

A　45km/ 時 　　　　**F**　135km/ 時

B　60km/ 時 　　　　**G**　150km/ 時

C　78km/ 時 　　　　**H**　168km/ 時

D　90km/ 時 　　　　**I**　180km/ 時

E　120km/ 時 　　　　**J**　**A**から**I**のいずれでもない

「速さ＝距離÷時間」
の公式を使う

「速さ」を問う問題ですから、「速さ＝距離÷時間」
の公式を使うことを考えましょう。

そのために、まず、列車 Q が走った「距離」と「時間」を求めることを目指しましょう。

① 距離を確認する

距離は表からわかります。

$$146 - 56 = 90$$
SU　　ST　　UT

UT 間が 90km で、すれ違うのは中央なので **45km 地点**です。

② 時間を求める

45km 地点に列車 Q が着く時間はどうやって求めればいいのでしょうか？

45km 地点で、列車 P と列車 Q はすれ違うのですから、**同じ時刻にそこにいることになります。**ですから、**列車 P が 45km 地点に着く時間を求めればいいのです。**

列車 P が 45km 地点まで進むのに必要な時間は、

$$\underset{距離}{45\text{km}} \div \underset{速さ}{60\text{km／時}} = \frac{45}{60} \underset{時間}{時間} = 45\,分$$

列車 P は、8 時 40 分に T 駅を出発するので、すれ違い地点を通るのは 45 分後の 9 時 25 分。**列車 Q も同じく 9 時 25 分にすれ違い地点を通ります。**列車 Q の U 駅出発は 9 時 5 分なので、かかる時間は **20 分**です。

③ 単位を統一する

「20 分」を時間に直すと $\frac{1}{3}$ **時間**。

④ 公式に当てはめて、速さを求める

$$速さ = \underset{距離}{45\text{km}} \div \underset{時間}{\frac{1}{3}\,時間} = 45 \times 3 = \textbf{135km／時}$$

答え

正解 F

3 周回して追いつく時間を求める問題

RとSの2人が、1周16kmのサイクリングコースを自転車で走る。Rは時速36km/時、Sは時速28km/時で走り、2人の速度はそれぞれ常に一定だとする。

(1) いまRとSは同じ地点にいる。Rが出発してから10分後にSがRと同じ方向に走り出すとすると、Rが最初にSに追いつくのは、<u>Sが走り出してから</u>何分後か。

A	30分後	F	75分後
B	45分後	G	80分後
C	60分後	H	90分後
D	65分後	I	120分後
E	70分後	J	AからIのいずれでもない

先に出発したRがSに追いつくのはどういう状況かを考える

「先に出発したRが、後発のSに追いつく」のですから、RはSよりも1周分多く走るわけです。その上で周回遅れのSに追いつきます。**Rが出発した10分後に、異なる場所から2人が再出発**したと考えることにします。

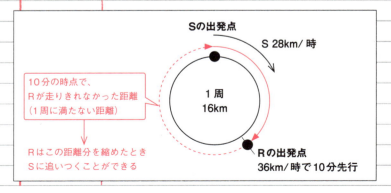

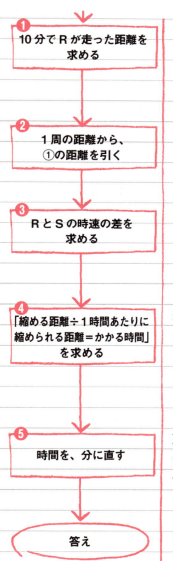

①　10分でRが走った距離を求める

Rが先に出発して10分で走った距離を求めます。「10分」を時間に直すと $\frac{1}{6}$ 時間。

$$36\text{km/時} \times \frac{1}{6}\text{時間} = 36 \div 6 = 6\text{km}$$

速さ　　　　時間　　　　　　距離

②　1周の距離から、①の距離を引く

1周16kmから、Rが走った6kmを引きます。

$$16\text{km} - 6\text{km} = 10\text{km}$$

Rは10kmの差を縮めれば、Sに追いつきます。

③　RとSの時速の差を求める

RとSの時速の差を計算して、Rが1時間あたりに縮められる距離を求めます。 〈ここがポイント！〉

$$36\text{km/時} - 28\text{km/時} = 8\text{km/時}$$

1時間あたりに縮められる距離は8kmです。

④　「縮める距離÷1時間あたりに縮められる距離＝かかる時間」を求める

縮める距離は10kmで、1時間あたりに縮められる距離は8kmなので、かかる時間は

$$10\text{km} \div 8\text{km} = \frac{10}{8} = \frac{5}{4}\text{時間}$$

縮める距離　1時間あたりに縮められる距離　　　かかる時間

⑤　時間を、分に直す

Rが最初にSに追いつくのは、Sが走り出してから $\frac{5}{4}$ 時間後です。選択肢にあわせて分に直すと

$$\frac{5}{4}\text{時間} = \frac{5}{4} \times 60\text{分} = \frac{5 \times 60}{4} = 75\text{分}$$

答え

正解 F

MEMO
これが出会うまでの時間ならば、双方の時速の和（足し算）を使います。例えば、「RとSが同じ地点から反対方向に走り出す。2人が再び出会うのは何分後か」ならば、「1周の距離÷RとSの時速の和＝出会うまでの時間」を求めます。計算すると、16km÷（36km/時＋28km/時）＝0.25時間。分に直すと0.25時間×60分＝15分。

4 複数人の速さの平均を求める問題

各チーム8人で競う駅伝が行われた。はじめの4人が往路を、後の4人が復路を走り、第1走者と第8走者は6km、第2走者から第7走者まではそれぞれ4kmを走った。この駅伝に参加したあるチームの各走者の通過時刻は、下図の通りである。

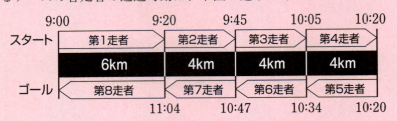

(1) このチームの第8走者の平均時速は22.5km/時であった。復路全体の平均時速は何km/時か（必要なときは、最後に小数点以下第2位を四捨五入すること）。

A	12.0km/時	F	16.0km/時
B	12.4km/時	G	16.4km/時
C	14.0km/時	H	17.2km/時
D	14.8km/時	I	18.0km/時
E	15.0km/時	J	AからIのいずれでもない

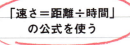

「速さ＝距離÷時間」の公式を使う

「何km/時か」というのですから、「速さ＝距離÷時間」の公式を使うことを考えます。距離と時間は、復路の4人分を合計して考えます。

❶ 復路4人の走った距離の合計を求める

復路4人の走った距離を合計します。
6 + 4 + 4 + 4 = **18km**

❷ 復路4人の走った時間の合計を求める

第5走者から第7走者が走った時間の合計は、

11時4分 − 10時20分 = **44分**

第8走者が走り出した時間はわかりますが、ゴールした時間は図に書いてありません。

ここで「第8走者の平均時速は22.5km/時であった」という問いの文の設定を生かします。

「時間＝距離÷速さ」の公式を用いて、

第8走者の走った時間 ＝ 6km ÷ 22.5km/時

$$= 6 \div \frac{225}{10}$$

$$= \frac{6 \times 10}{225}$$

$$= \frac{4}{15} \text{ 時間}$$

このままでは計算しにくいので、時間を分に直します。

$$\frac{4}{15} \text{時間} = \frac{4}{15} \times 60 \text{分} = \frac{4 \times 60}{15} = \textbf{16分}$$

復路の走者4人が走った時間の合計は、

16 + 44 = 60分

❸ 単位を統一する

60分を時間に直すと、1時間。

❹ 公式に当てはめて、平均時速を求める

「速さ＝距離÷時間」の公式を持ち出すまでもなく、1時間で18kmを走ったのですから、平均時速は **18km/時** です。

答え **正解 l**

問題種9　速さ

5 「距離」の公式で、時間を求める問題

空欄に当てはまる数値を求めなさい。

[問い] Pは普段、自宅から学校まで平均時速3.0km/時で歩いているが、ある日、家を出るのが3分遅くなったので平均時速4.5km/時で歩いたところ、普段と同じ時刻に到着した。このとき、Pは普段は学校まで[　]分で歩いている（必要なときは、最後に小数点以下第1位を四捨五入すること）。

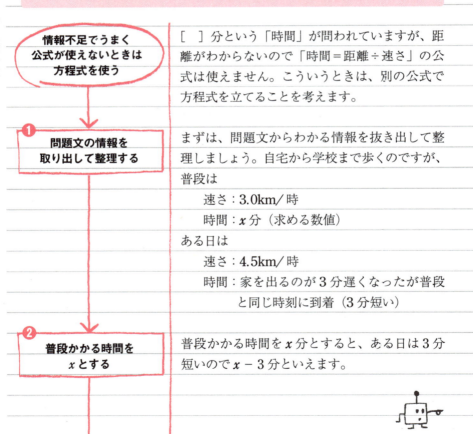

情報不足でうまく公式が使えないときは方程式を使う

[　]分という「時間」が問われていますが、距離がわからないので「時間＝距離÷速さ」の公式は使えません。こういうときは、別の公式で方程式を立てることを考えます。

❶ 問題文の情報を取り出して整理する

まずは、問題文からわかる情報を抜き出して整理しましょう。自宅から学校まで歩くのですが、

普段は
　　速さ：3.0km/時
　　時間：x分（求める数値）

ある日は
　　速さ：4.5km/時
　　時間：家を出るのが3分遅くなったが普段と同じ時刻に到着（3分短い）

❷ 普段かかる時間をxとする

普段かかる時間をx分とすると、ある日は3分短いので$x-3$分といえます。

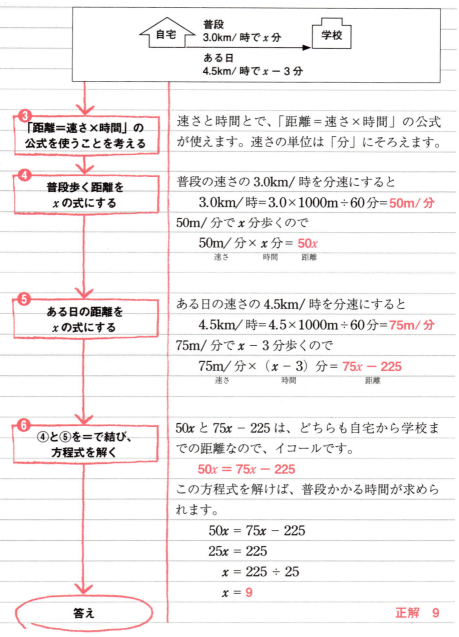

③ 「距離＝速さ×時間」の公式を使うことを考える

速さと時間とで、「距離＝速さ×時間」の公式が使えます。速さの単位は「分」にそろえます。

④ 普段歩く距離を x の式にする

普段の速さの 3.0km/時を分速にすると
3.0km/時 $= 3.0 \times 1000$m $\div 60$分 $= $ **50m/分**

50m/分で x 分歩くので
50m/分 × x 分 = **$50x$**
　速さ　　時間　　距離

⑤ ある日の距離を x の式にする

ある日の速さの 4.5km/時を分速にすると
4.5km/時 $= 4.5 \times 1000$m $\div 60$分 $= $ **75m/分**

75m/分で $x - 3$ 分歩くので
75m/分 × $(x - 3)$ 分 = **$75x - 225$**
　速さ　　　時間　　　距離

⑥ ④と⑤を＝で結び、方程式を解く

$50x$ と $75x - 225$ は、どちらも自宅から学校までの距離なので、イコールです。

$50x = 75x - 225$

この方程式を解けば、普段かかる時間が求められます。

$50x = 75x - 225$
$25x = 225$
$x = 225 \div 25$
$x = 9$

答え

正解　**9**

6 川の流れる速さを求める問題

空欄に当てはまる数値を求めなさい。

[問い] 18km/時の速さで進むボートで川を下った。210m進むのに28秒かかったとき、川は [ ] m/秒の速さで流れている（必要なときは、最後に小数点以下第2位を四捨五入すること）。

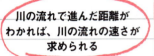

ボートで川を下るときは、川の流れの分だけ**加速**します。**進んだ距離210mには、「ボート自体の速さで進んだ距離」と「川の流れで進んだ距離」が含まれています**。ボート自体の速さで進んだ距離を求めて、210mから引き算すれば、川の流れで進んだ距離がわかります。距離がわかれば、あとは川の流れの速さを計算するだけです。

❶ 単位を統一する

ボート自体の速さで進んだ距離を求める前に、単位を統一します。ボートは18km/時、進んだ時間は28秒です。答える速さはm/秒なので、18km/時をm/秒に直すことにします。

18km/時 = 18×1000m ÷ 60分 ÷ 60秒
= **5m/秒**

「速さ×時間＝距離」でボート自体の速さで進んだ距離を求めます。

5m/秒 × 28秒 = **140m**
　速さ　　時間　　距離

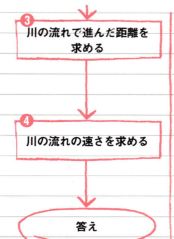

③ 川の流れで進んだ距離を求める	210mからボート自体の速さで進んだ距離を引くと、川の流れで進んだ距離がわかります。 210m − 140m = **70m** 距離全体　ボート自体の速さで　川の流れで 　　　　　進んだ距離　　　　進んだ距離
④ 川の流れの速さを求める	川の流れで進んだ距離は70m、時間は28秒です。「距離÷時間＝速さ」で、川の流れの速さを求めます。 70m ÷ 28秒 = **2.5m/秒** 川の流れで　　時間　　川の流れの速さ 進んだ距離 　　　　　　　　　　　　　　　正解　**2.5**
答え	

> **MEMO**
> 川を下るときには、「(ボート自体の速さ＋川の流れの速さ)×時間＝川を下る距離」が成り立ちます。以上で求めた数値を当てはめてみると「(5m/秒＋2.5m/秒)×28秒＝210m」です。これが「川を上るとき」ならば、川の流れの分だけ減速するので「(ボート自体の速さ－川の流れの速さ)×時間＝川を上る距離」となります。

速解法 ➤ **「川を下る距離÷時間」で、川を下る速さを求めて、そこからボート自体の速さを引く方法もあります。**

まず「川を下る距離÷時間」は「210m÷28秒＝7.5m/秒」です。次にボート自体の速さをkm/時からm/秒に直すと「18km/時×1000m÷60分÷60秒＝5m/秒」です。最後に「7.5m/秒－5m/秒＝2.5m/秒」で、川の流れの速さがわかります。

10. 割合・比

よくでる

テストセンターとペーパーテスト
1. 床面を塗るペンキの量と割合の問題
2. 部活動をしている生徒の割合の問題

WEBテスティング
3. 比率が異なる液体を混ぜ合わせるときの割合の問題

全体のうち、あるものの割合は何％かというような計算をさせる問題です。

必要な数学の知識

割合の公式

内訳の数＝全体数×内訳の割合

例：10個の20％はいくつか → 10個×0.2＝2個

内訳の割合＝内訳の数÷全体数

例：4個は、8個の何％か → 4÷8＝0.5＝50％

全体数＝内訳の数÷内訳の割合

例：全体の20％が6個。全体数は？ → 6個÷0.2＝30個

小数の割合を％にかえる方法（小数を100倍する）

例：割合が0.2のとき → 0.2×100＝20％

割合の公式は、3つのうちのどれか1つを覚えておけば、ほかは導き出せます。

ここがPoint

どのような関係なのかを図にする！
割合の公式に置き換えれば解ける！

文章だけで説明されるので、状況がつかみづらいのが特徴です。どのような関係なのかを図にすると解きやすくなります。

1 床面を塗るペンキの量と割合の問題

ある床面1㎡を塗るのに必要なペンキの量は350mlである。

(1) 560mlのペンキでは5㎡の床面の何%を塗ることができるか（必要なときは、最後に小数点以下第1位を四捨五入すること）。

A　16%　　　F　41%
B　21%　　　G　45%
C　26%　　　H　52%
D　30%　　　I　63%
E　32%　　　J　AからIのいずれでもない

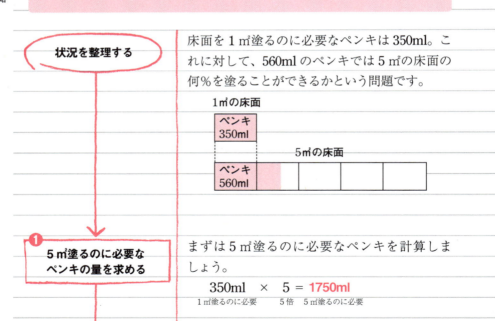

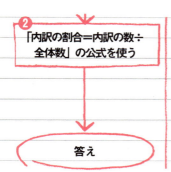

5㎡塗るのに必要なペンキは1750mlとわかりました。これに対して、実際に塗るペンキの量は560mlです。「塗るペンキの量÷必要なペンキの量」で、塗ることができる割合を計算します。

560ml ÷ 1750ml = 0.32 = **32%**
塗るペンキ　　必要なペンキ　　　　塗ることができる割合

正解 E

別解　**560mlで塗れる面積を、先に求める方法もあります。**

ペンキ560mlで塗れる床面の面積を求めてから、それが5㎡の何%にあたるかを計算する方法もあります。

ペンキ560mlで塗れる床面の面積は
　　560ml ÷ 350ml = 1.6㎡
これが5㎡の何%にあたるかを求めると
　　1.6㎡ ÷ 5㎡ = 0.32 = 32%

1 床面を塗るペンキの量と割合の問題の続き

ある床面 1 ㎡を塗るのに必要なペンキの量は 350ml である。

(2) 8 ㎡の床面をピンクに塗りたい。赤のペンキに、その量の25％にあたる量の白のペンキを混ぜて塗るとすると、白のペンキは何 ml 必要か（必要なときは、最後に小数点以下第1位を四捨五入すること）。

A	88ml	**F**	560ml
B	263ml	**G**	620ml
C	280ml	**H**	700ml
D	300ml	**I**	732ml
E	350ml	**J**	**A**から**I**のいずれでもない

状況を整理する

先の問題の続きです。今度は、赤と白を混ぜてピンクのペンキを作り、8 ㎡の床面を塗ります。求めるのは、必要な白のペンキの量です。

❶ 必要なピンクの量を求める

まず、8 ㎡の床面を塗るのに必要な「ピンク」のペンキの量を計算しましょう。

350ml × 8 = **2800ml**
1 ㎡塗るのに必要　　8倍　　8 ㎡塗るのに必要なピンクの量

❷ ピンクに含まれる赤と白の比率を考える

次に、ピンクに含まれる赤と白の比率を考えます。問題文には「赤のペンキに、その量の25％にあたる量の白のペンキを混ぜて塗る」とあります。赤を100％としたときに、25％の量の白を混ぜるのですから、赤：白は「100％：25％」です。

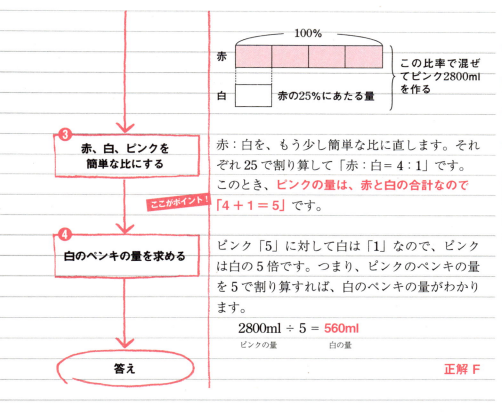

③ 赤、白、ピンクを簡単な比にする

赤：白を、もう少し簡単な比に直します。それぞれ25で割り算して「赤：白＝4：1」です。このとき、**ピンクの量は、赤と白の合計なので「4＋1＝5」**です。

ここがポイント！

④ 白のペンキの量を求める

ピンク「5」に対して白は「1」なので、ピンクは白の5倍です。つまり、ピンクのペンキの量を5で割り算すれば、白のペンキの量がわかります。

2800ml ÷ 5 ＝ **560ml**
　ピンクの量　　　　　白の量

答え

正解 F

2 部活動をしている生徒の割合の問題

ある中学校では、全生徒の84％が部活動をしている。

(1) 部活動をしている生徒のうち、75％が運動部に所属して、そのうちの30％がサッカー部に所属している。サッカー部に所属している生徒は、全生徒の何％か（必要なときは、最後に小数点以下第1位を四捨五入すること）。

A	9％	F	21％
B	11％	G	23％
C	13％	H	30％
D	16％	I	32％
E	19％	J	AからIのいずれでもない

状況を整理する

「全生徒の84％が部活動をしていて、そのうちの75％が運動部に所属していて、そのうちの30％がサッカー部に所属している」というのは、次のような状態です。

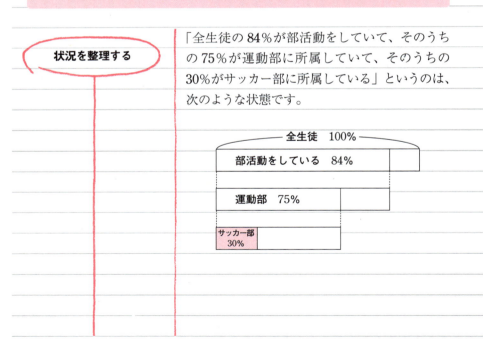

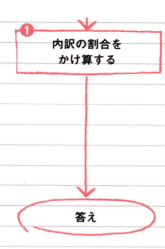

「全生徒の84％」のうち「75％が運動部」で、そのうちの「30％がサッカー部」なので、かけ算して

$$0.84 \times 0.75 \times 0.3 = 0.189 = 18.9\%$$

部活動　　運動部　　サッカー部　　　　　サッカー部に所属は全生徒のどれだけ

「（必要なときは、最後に小数点以下第1位を四捨五入すること）」なので、四捨五入して、答えは19％です。

正解 E

> **MEMO**
> 筆算の手間を減らすには、「× 0.75」を「× $\frac{3}{4}$ ＝ × 3 ÷ 4」と置き換えて、計算順を変えます。
> 　　0.84 × 0.75 × 0.3
> ＝ 0.84 × 3 ÷ 4 × 0.3　　←× 0.75 を × 3 ÷ 4 にする
> ＝（0.84 ÷ 4）×（3 × 0.3）←計算順を変える
> ＝ 0.21 × 0.9
> ＝ 0.189

2 部活動をしている生徒の割合の問題の続き

ある中学校では、全生徒の 84% が部活動をしている。

(2) 部活動をしている生徒のうち、50% が男子だった。この中学校の男子生徒の比率が 56% だったとすると、男子生徒のうち部活動に参加しているのは何%か（必要なときは、最後に小数点以下第 1 位を四捨五入すること）。

A	50%	**F**	80%
B	60%	**G**	84%
C	68%	**H**	89%
D	72%	**I**	94%
E	75%	**J**	**A** から **I** のいずれでもない

状況を整理する

男子の割合が 2 種類あるので、気をつけましょう。
部活動に参加している生徒のうちの男子の割合と、生徒全体のうちの男子の割合とが出てきます。

❶ 部活動に参加している男子は、全生徒のうちどれだけか求める

部活動に参加している生徒は「全生徒の 84%」で、そのうちの「50% が男子」なので、かけ算して

$$0.84 \times 0.5 = 0.42$$

部活参加　男子　全生徒のうち部活に参加している男子

全生徒　100%

部活動をしている　84%

男　50%
＝
全生徒の 42%

❷
**全生徒のうちの
男子の割合を
問題文から見つける**

全生徒のうちの男子生徒の割合は、問題文に「この中学校の男子生徒の比率が 56％」と書いてあります。

全生徒　100%

| 男　56% | |

❸
**「部活動に参加している男子生徒÷男子生徒全体」
を求める**

男子生徒のうち部活動に参加しているのが何％なのかを求めます。

$$0.42 \div 0.56 = 0.75 = 75\%$$

全生徒のうち部活に　　全生徒のうちの　　部活に参加している
参加している男子　　　男子　　　　　　　のは男子のどれだけ

答え

正解 E

別解　　**仮の人数を当てはめてもかまいません。**

割合だけだと計算しづらい人は、仮の人数を当てはめてもかまいません。例えば、生徒を 100 人と仮定すると次のようになります。

部活動に参加している男子生徒は、全生徒の 84％のうちの 50％なので
　　100 人 × 0.84 × 0.5 = 42 人
男子生徒全体は、全生徒の 56％なので
　　100 人 × 0.56 = 56 人
56 人の男子生徒のうち、42 人が部活動に参加しているので、その割合は
　　42 人 ÷ 56 人 = 0.75 = 75％

問題種10　割合・比

245

3 比率が異なる液体を混ぜ合わせるときの割合の問題

空欄に当てはまる数値を求めなさい。

[問い] Y液とZ液を1：4の割合で混ぜた液体と、11：9の割合で混ぜた液体を同量ずつとって混ぜると、できた液体に含まれるZ液の割合は [ ] ％である（必要なときは、最後に小数点以下第2位を四捨五入すること）。

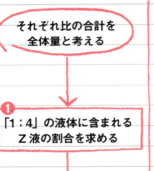

それぞれ比の合計を全体量と考える

「1：4」の液体は全体が「5」、「11：9」の液体は全体が「20」と考えましょう。
その上で、それぞれの液体に含まれているZ液の割合を求めます。

① 「1：4」の液体に含まれるZ液の割合を求める

Y液とZ液が「1：4」の液体に含まれるZ液の割合は

$$\frac{Z液}{全体} = \frac{4}{5}$$

② 「11：9」の液体に含まれるZ液の割合を求める

Y液とZ液が「11：9」の液体に含まれるZ液の割合は

$$\frac{Z液}{全体} = \frac{9}{20}$$

③ 2つの液体に含まれるZ液の割合を平均する

この2つを足して2で割ると、できた液体におけるZ液の割合がわかります。答えるのは小数なので、計算過程で分数は小数に直します。

MEMO
分数を小数にするには
$\dfrac{分子}{分母}=分子\div分母$
を計算します。

$$\left(\frac{4}{5}+\frac{9}{20}\right)\div 2$$
$$=((4\div 5)+(9\div 20))\div 2$$
$$=(0.8+0.45)\div 2$$
$$=0.625$$
$$=62.5\%$$

答え

正解　62.5

MEMO
電卓の「メモリー機能」（計算結果を記憶して、後から呼び出す）を
活用すると、途中でメモをとらずにかっこの式を計算できます。
「$((4\div 5)+(9\div 20))\div 2$」を例に説明します。
　　4 [÷] 5 [M+]　←4÷5を計算して、メモリーに記憶
　　9 [÷] 20 [M+]　←9÷20を計算して、メモリーに追加
　　[MR] [÷] 2 [＝]←[MR]でメモリー呼び出し。[＝]で答えは0.625

なお、メモリーの記憶や呼び出しは、メーカーや機種によってボタン
が違うので、詳しくは電卓の説明書で確認してください。

問題種10　割合・比

11. 代金の精算

よくでる

テストセンターとペーパーテスト
1. 「代金」がわかっていて→「精算額」を求める問題
2. 「代金」の一部と「精算額」がわかっていて→「代金」を求める問題
3. 「代金」「精算額」がわかっていて→「人物」を求める問題

WEBテスティング
4. 「精算額」がわかっていて→「代金」を求める問題

何人かで共同でプレゼントを買ったり、飲食をしたりした後で、「割り勘（ワリカン）」払いになるように精算する問題です。

ワリカンでの1人あたりの負担額（平均額）の出し方
合計÷人数＝平均

ここが Point

平均額を出せば解ける！
払いすぎは返してもらう、足りなければ支払う

まずは、1人あたりの負担額（平均額）を出しましょう。
その後で、各自が立て替えていた代金と比べます。立て替え代金のほうが多い人は払いすぎなので、差額を返してもらいます。反対に、平均額のほうが多い人は、差額を支払います。

1 「代金」がわかっていて→「精算額」を求める問題

X、Y、Zの3人で、Pの誕生日のお祝いをすることにした。12900円の誕生日プレゼントをXが買ってきて、レストランでの食事代の9600円はYが支払った。

(1) もしこの時点で3人が同額ずつ負担するとしたら、Zは誰にいくら支払えばいいか。

A Xに2100円、Yに5400円支払う
B Xに2900円、Yに4600円支払う
C Xに2900円、Yに5400円支払う
D Xに3000円、Yに4600円支払う
E Xに4600円、Yに2900円支払う
F Xに4600円、Yに3000円支払う
G Xに5400円、Yに2100円支払う
H Xに5400円、Yに2900円支払う
I Xに7500円支払う
J Yに9600円支払う

「平均額」を出すことを目指す

プレゼント代や食事代などいろいろな要素が出てきて、一見ややこしそうですが、基本は「ワリカン（平均額）にするといくらになるか？」というだけのことです。

❶ 代金をすべて合計する（支払総額を出すため）

12900円 + 9600円 = 22500円
Xの支払額　Yの支払額　支払総額

❷ 合計した金額を人数で割る→平均が出る

22500円 ÷ 3人 = **7500円**
支払総額　負担人数　平均額

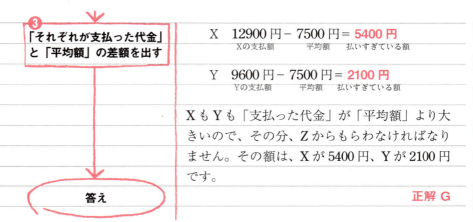

❸「それぞれが支払った代金」と「平均額」の差額を出す

X　12900円 − 7500円 = **5400円**
　　Xの支払額　　平均額　　払いすぎている額

Y　9600円 − 7500円 = **2100円**
　　Yの支払額　　平均額　　払いすぎている額

XもYも「支払った代金」が「平均額」より大きいので、その分、Zからもらわなければなりません。その額は、Xが5400円、Yが2100円です。

答え

正解 G

 速解法　　**選択肢を利用して素早く解くこともできます。**

制限時間の短いSPIでは、素早く解くことが肝心なので、速解法を紹介しておきます。選択肢を利用して解くやり方です。

❶ XとYの支払額の差を出す

12900円 − 9600円 = 3300円
　Xの支払額　　Yの支払額

ZがXとYに支払う額にも当然、3300円の差があるはずです。

❷ 同じ差になっている選択肢を選ぶ

選択肢の中で、Xへの支払額がYへの支払額よりも3300円多くなっているのは、Gだけです。
ですから、これだけでGが正解とわかります。

選択肢がこのように作られているということは、つまり、このように要領よく素早く解くことを、SPIは求めているということです。

2 「代金」の一部と「精算額」がわかっていて→「代金」を求める問題

　X、Y、Zの3人で、Pの誕生日のお祝いをすることにした。12900円の誕生日プレゼントをXが買ってきて、レストランでの食事代の9600円はYが支払った。

(2)　レストランの後、みんなで飲みにいき、その代金はZが支払った。これまでのプレゼント代、レストラン代、飲み代をすべて合計して、3人が同額ずつ負担することにして、次のように精算した。
　　　YはXに700円、ZはXに1900円支払った。
　　　このとき、飲み代はいくらだったか。

A	2800円	**F**	13600円
B	5800円	**G**	14800円
C	8400円	**H**	15500円
D	9000円	**I**	17400円
E	11000円	**J**	AからIのいずれでもない

「平均額」を出すことを目指す

MEMO
Zの支払額を未知数aと置いて解くこともできますが、そんな手間をかけるまでもありません。

先の問題の続きです。

かたちは変わっても、平均の問題の解き方の基本は同じ。とにかく平均額を出せば、答えが出ます。Zの支払額がわかっていないので、平均額を出しにくいと思うかもしれませんが、実はとても簡単です。

精算額がわかっていれば、平均額はすぐにわかるのです。

❶ 「支払った代金」と「精算額」の両方がわかっている人に着目する
精算額は「平均額と代金の差額」なので、そこから平均額を算出する

XでもYでもいいのですが、計算が簡単なYのほうにしましょう。
Yは精算時に700円をさらに支払っています。それで平均額になったわけですから、レストランでの食事代の9600円は、平均額より700円少なかったということです。

平均額が出る

つまり、平均額は、

9600円 + 700円 = **10300円**
　Yの支払額　Y→Xの精算額　　平均額

❷ 問われている代金を算出する
精算額と平均額がわかっているので、平均額から精算額を引くか足すかすればよい

Zは精算時に1900円をさらに支払うことで平均額になったのですから、Zが支払った飲み代は平均額より1900円少なかったということです。

10300円 − 1900円 = **8400円**
　平均額　　Z→Xの精算額　Zが支払った飲み代

答え

正解 C

3 「代金」「精算額」がわかっていて→「人物」を求める問題

　X、Y、Zの3人が、P宅へ出産祝いを持っていくことになった。事前にXが7900円のプレゼントを、Yが4700円の花束を用意し、代金は3人で同額ずつ負担することにした。

(1)　もしこの時点で精算するとすれば、

　　　 ア が イ に3700円、 ウ が エ に500円支払えばよい。

　　このとき、 ア 、 イ 、 ウ 、 エ に当てはまる人の組み合わせとして正しいものは、次のうちどれか。

	ア	イ	ウ	エ
A	Y	X	Z	X
B	Y	Z	Z	X
C	Z	X	X	Y
D	Z	X	Y	X
E	Z	X	Z	Y
F	Z	Y	X	Y
G	Z	Y	Y	X
H	Z	Y	Z	X

「平均額」を出すことを目指す

「代金」と「精算額」がわかっていて、誰が誰に支払うかを求める問題です。一見、これまでとは別種のパターンに見えます。でも、実は【**1**「代金」がわかっていて→「精算額」を求める問題】の変形パターンで、解き方の基本は同じです。

❶ 代金をすべて合計する

7900 円 + 4700 円 = 12600 円
Xの支払額　　Yの支払額　　支払総額

❷ 合計した金額を人数で割る→平均額が出る

12600 円 ÷ 3 人 = **4200 円**
支払総額　　負担人数　　平均額

❸ 精算額の大小で空欄に入る人物を判断する

普通なら、「『それぞれが支払った代金』と『平均額』の差を出す」ところですが、この形式の問題の場合は、その手間をかけなくても、すぐに答えがわかります。

XとYはすでに平均額より多く出しています。ですから、Zが1人でXとYに支払うということがわかります。 ア と ウ にはZが入ります。

イ と エ にXとYが入りますが、すでにより多く払っているXのほうが多くもらえるに決まっていますから、3700円もらえる イ のほうがXで、500円のほうの エ にYが入るとわかります。

答え

正解 E

MEMO

上記のように精算をした結果は、以下の通りです。4200円ずつの負担となります。

- Xは7900円支払って、精算時にZから3700円もらうので、差し引き4200円の負担。
- Yは4700円支払って、精算時にZから500円もらうので、差し引き4200円の負担。
- Zは、精算時にXに3700円、Yに500円支払うので、4200円の負担。

問題種11　代金の精算

255

4 「精算額」がわかっていて→「代金」を求める問題

空欄に当てはまる数値を求めなさい。

[問い] R、S、Tの3人で、友人のお祝いをすることにした。Rがプレゼント代を、Sが食事代を支払った。プレゼント代と食事代を3人が同額ずつ負担することにし、TがRに2600円、Sに3800円支払って精算した。このとき、食事代の総額は [ ] 円である。

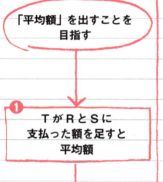

わかっているのは「精算額」だけです。ここから、どうやって「平均額」を求めるかというと、Tが1人でRとSに支払って精算したことに注目します。

Tはプレゼント代も食事代も、それ以前には支払っていないので、TがRとSに支払った額の合計がそのまま、平均額（ワリカンでの1人あたりの負担額）となります。

2600円 + 3800円 = **6400円**
T→Rの精算額　T→Sの精算額　　平均額

食事代を支払ったのはSで、あとでSはTから3800円返してもらっています。つまり、Sは平均額の6400円よりも3800円多く支払っていたわけです。足し算で、Sが支払った食事代（食事代の総額）を求めます。

6400円 + 3800円 = **10200円**
平均額　　T→Sの精算額　Sが支払った食事代

正解 10200

MEMO

参考までに、Rが支払ったプレゼント代は、平均額にTがRに支払った額を足せば求められます。「6400円＋2600円＝9000円」です。

12. 資料の読み取り

よくでる

テストセンター

1 資料と一致する記述を選ぶ問題

> 料金表と一緒に、適用条件がいくつも列挙された資料が提示され、その内容を正確に理解した上で、正しい記述を選ぶといった問題が出題されます。

必要な数学の知識

料金計算

1時間の料金×使用時間＝払う料金

例：料金が1時間あたり500円なら、
2時間使うと500円×2時間＝1000円

ここが Point

情報量が多く、読み取りに時間がかかるので、手早く解くことを意識する

共通する情報に注目する

細かい条件を見落とさないよう気をつける

ア〜ウの記述が資料に一致するか見ていくときに、手早く解くコツは、ア〜ウに共通する情報に注目することです。資料には、細かい条件がいろいろと載っていますので、記述を検証するときには、見落とさないように気をつけましょう。

1 資料と一致する記述を選ぶ問題

　あるショッピングセンターでは、以下の規則に従って買い物金額に応じた駐車料金をサービスしている。

〈買い物金額〉	〈平日〉	〈土・日・祝日〉
3000円以上5000円未満	1時間無料	サービスなし
5000円以上	2時間無料	1時間無料

　駐車料金は平日が1時間あたり300円、土・日・祝日は1時間あたり400円である。
　またこのショッピングセンターの会員については、平日に限り買い物金額に関係なく、上にあげたサービスに加えて3時間の駐車料金を無料としている。

(1) 資料の内容と一致するものは、ア、イ、ウのうちどれか。

　　ア　非会員の場合、祝日に4000円の買い物をすると、1時間の駐車料金が無料になる

　　イ　非会員の場合、平日に1500円の買い物をして1時間駐車をすると、駐車料金は300円である

　　ウ　非会員の場合、平日に8000円の買い物をすると、3時間の駐車料金が無料になる

A	アだけ	**D**	アとイの両方
B	イだけ	**E**	アとウの両方
C	ウだけ	**F**	イとウの両方

260

資料の関連箇所を見つける

手早く解くコツは、ア〜ウに共通する情報に注目することです。

この問題の場合、共通するのは駐車料金（金額、または何時間無料か）です。

❶ ア〜ウに関連する箇所を見つける

それぞれ、資料の関連箇所は以下の通りです。

〈買い物金額〉　　　　〈平日〉　　　　〈土・日・祝日〉
3000 円以上 5000 円未満　1 時間無料　ア サービスなし
5000 円以上　　　　　ウ 2 時間無料　1 時間無料

　駐車料金は平日が 1 時間あたり 300 円、土・日・祝日は 1 時間あたり 400 円である。
イ

　またこのショッピングセンターの会員については、平日に限り買い物金額に関係なく、上にあげたサービスに加えて 3 時間の駐車料金を無料としている。

---

❷ ア〜ウの記述が正しいか検討する

ア〜ウの記述が正しいか検討します。

×ア「非会員、祝日、4000 円買い物」は「サービスなし」です。駐車料金は無料になりません。

○イ「非会員、平日、1500 円買い物」は、無料サービスの規則には記載がないので、1 時間分の駐車料金が必要です（300 円）。

×ウ「非会員、平日、8000 円買い物」は、「2 時間無料」であり、3 時間は無料になりません。

答え

正解 B

問題種 12　資料の読み取り

261

1 資料と一致する記述を選ぶ問題の続き

あるショッピングセンターでは、以下の規則に従って買い物金額に応じた駐車料金をサービスしている。

〈買い物金額〉	〈平日〉	〈土・日・祝日〉
3000 円以上 5000 円未満	1 時間無料	サービスなし
5000 円以上	2 時間無料	1 時間無料

駐車料金は平日が 1 時間あたり 300 円、土・日・祝日は 1 時間あたり 400 円である。

またこのショッピングセンターの会員については、平日に限り買い物金額に関係なく、上にあげたサービスに加えて 3 時間の駐車料金を無料としている。

(2) 資料の内容と一致するものは、ア、イ、ウのうちどれか。

ア 会員の場合、祝日に 4000 円の買い物をすると、1 時間の駐車料金が無料になる

イ 会員の場合、祝日に 5500 円の買い物をすると、4 時間の駐車料金が無料になる

ウ 会員の場合、平日に 8000 円の買い物をして 6 時間駐車をすると、駐車料金は 300 円である

A	アだけ	**D**	アとイの両方
B	イだけ	**E**	アとウの両方
C	ウだけ	**F**	イとウの両方

```
資料の関連箇所を
  見つける
```

先の問題の続きです。

❶ ア～ウに関連する箇所を見つける

それぞれ、資料の関連箇所は以下の通りです。

〈買い物金額〉　　　　〈平日〉　　　　〈土・日・祝日〉
3000円以上5000円未満　1時間無料　　　サービスなし　←ア
5000円以上　　　　　　2時間無料　　　1時間無料　←イ
　　　　　　　　　　　↑ウ

　駐車料金は平日が1時間あたり300円、土・日・祝日は1時間あたり400円である。
　　　　　　　↑ウ
　またこのショッピングセンターの会員については、平日に限り買い物金額に関係なく、上にあげたサービスに加えて3時間の駐車料金を無料としている。
　　　　　　　　　　　　　　　　　　　　　　　　　　　　　　　↑ウ

---

❷ ア～ウの記述が正しいか検討する

ア～ウの記述が正しいか検討します。

×ア「会員、祝日、4000円買い物」は「サービスなし」です。駐車料金は無料になりません。

×イ「会員、祝日、5500円買い物」は「1時間無料」であり、4時間は無料になりません。

○ウ「会員、平日、8000円買い物」は「2時間無料＋3時間無料＝5時間無料」なので、「6時間－5時間」で、1時間分の駐車料金が必要です（300円）。

正解 C

答え

13. 長文読み取り計算

> **よくでる**

テストセンター
1. 長文中の数値を計算する問題
2. 長文の内容と一致する記述を選ぶ問題

長文が提示され、長文中の数値の計算や、長文の内容と設問の数値が一致するかを考えさせる問題が出題されます。

割合の計算

内訳の割合 ＝ $\dfrac{内訳}{全体}$

例：10個のうちの3個なら、$\dfrac{3}{10}$

ここがPoint

必要な情報をメモ用紙に整理する

長文読み取り計算は、計算自体は難しくなく、むしろ、短時間でうまく情報を探したり、整理することが決め手となります。最初に同じ組の問題をざっと見て、必要な情報をメモ用紙に整理してから解き始めるとよいでしょう。

1 長文中の数値を計算する問題

次の文を読んで、問いに答えなさい。

　生命は30数億年前に、原始の海で誕生した。生命が海で誕生したことは、生命と海の元素の組成が似ていることからも裏づけられている。現在の生物は天然に存在する92種の元素のうち、およそ30種の元素を使っている。生命と海との関係を検証するために、人体、海水、地球表層の元素の存在を比較してみよう。

　人体に多く存在する元素は、水素、酸素、炭素、窒素の順である。含量の多い方から10位までの範囲内で、海水には入っているが人体には入っていない元素はマグネシウムだけである。しかし、そのマグネシウムも11位には入っている。逆に、人体には入っているが、海水には含まれない元素もある。それはリンである。人体で6位のリンと11位のマグネシウムを入れ換えれば、人体と海水の元素の組成は10位内の範囲内で同じになる。このように、人体の多量元素と海水の多量元素との間には、はっきりとした相関関係が見られる。しかし、人体の多量元素と地球表層の多量元素との間には相関関係が見られない。地球表層に多く存在するケイ素やアルミニウムは、人体にはあまり多く含まれていない。

（柳川弘志「最初の生命と細胞の進化」
（『海洋科学から見る水惑星の多角的視点にたつ基盤研究報告書』）より）

(1)　天然に存在する元素の種類のうち、現在の生物に含まれる元素の割合は、次のうちどれか。**A**から**D**までの中から1つ選びなさい。

A　約 $\dfrac{1}{29}$

B　約 $\dfrac{1}{8}$

C 約 $\dfrac{1}{6}$

D 約 $\dfrac{1}{3}$

**必要な情報を
メモ用紙に整理する**

「長文読み取り計算」は、計算自体は難しくなく、むしろ、短時間でうまく情報を探したり、整理することが決め手となります。

最初に同じ組の問題をざっと見て、必要な情報をメモ用紙に整理してから、解き始めるとよいでしょう。例えば、この問題の場合、以下のようなメモをとると解きやすくなります。

天然 92 種		
生物 30 種	人体上位	海水 10 位
	①水素　②酸素　③炭素	×リン　○マグネシウム
	④窒素　⑥リン　⑪マグネシウム	ほか同じ
	×ケイ素、アルミニウム	

**❶
本文またはメモから数値
を探して割合を求める**

本文から元素の種類の記述を探して、割合を探します。メモを作ったときは、そこから数値を抜き出しましょう。

現在の生物は天然に存在する 92 種の元素のうち、およそ 30 種の元素を使っている。生命と海との関係を検証するために、人体、海水、地

現在の生物に含まれる元素の割合は、

$$\dfrac{\text{生物の元素}}{\text{天然の元素}} = \dfrac{30}{92} \fallingdotseq \dfrac{1}{3}$$

答え

正解 D

2 長文の内容と一致する記述を選ぶ問題

次の文を読んで、問いに答えなさい。

　生命は30数億年前に、原始の海で誕生した。生命が海で誕生したことは、生命と海の元素の組成が似ていることからも裏づけられている。現在の生物は天然に存在する92種の元素のうち、およそ30種の元素を使っている。生命と海との関係を検証するために、人体、海水、地球表層の元素の存在を比較してみよう。

　人体に多く存在する元素は、水素、酸素、炭素、窒素の順である。含量の多い方から10位までの範囲内で、海水には入っているが人体には入っていない元素はマグネシウムだけである。しかし、そのマグネシウムも11位には入っている。逆に、人体には入っているが、海水には含まれない元素もある。それはリンである。人体で6位のリンと11位のマグネシウムを入れ換えれば、人体と海水の元素の組成は10位内の範囲内で同じになる。このように、人体の多量元素と海水の多量元素との間には、はっきりとした相関関係が見られる。しかし、人体の多量元素と地球表層の多量元素との間には相関関係が見られない。地球表層に多く存在するケイ素やアルミニウムは、人体にはあまり多く含まれていない。

（柳川弘志「最初の生命と細胞の進化」
（『海洋科学から見る水惑星の多角的視点にたつ基盤研究報告書』）より）

(2)　海水の多量元素の10位までに入っているのは、次のうちどれか。**A**から**D**までの中から1つ選びなさい。

　　A　リン
　　B　ケイ素
　　C　炭素
　　D　アルミニウム

**本文の関連箇所を
見つける**

先の問題の続きです。

選択肢のうち、海水の上位 10 位以内のものを本文から探します。1 問目でメモを作ってあるときは、その情報を 2 問目でも使い回すよう工夫をしましょう。

① 海水の元素の順位について、記述を探す

まず、「**A** リン」は海水の上位 10 位に含まれないとあるので、不正解です。

> 逆に、人体には入っているが、<u>海水には含まれない元素もある。そ</u>れはリンである。人体で 6 位のリンと 11 位のマグネシウムを入れ

**② リンを手がかりに
ヒントを探す**

また、上位 10 位の内訳は、リンとマグネシウムを入れ換えれば、人体と海水で同じとあります。

> それはリンである。<u>人体で 6 位のリンと 11 位のマグネシウムを入れ換</u>えれば、人体と海水の元素の組成は 10 位内の範囲内で同じになる。このように、人体の多量元素と海水の多量元素との間には、はっきり

**③ リン以外の人体 10 位以内
の元素を探す**

そこで、リン以外の人体 10 位以内の元素を、本文から探すと、以下のように書かれているので、「**C** 炭素」が正解だとわかります。

> <u>人体に多く存在する元素は、水素、酸素、炭素、窒素の順である。</u>

答え

正解 C

なお、残りの選択肢の「**B** ケイ素」と「**D** アルミニウム」は、本文に以下のように書かれているので不正解です。

> 地球表層に多く存在する<u>ケイ素やアルミニウムは、人体にはあまり多く</u>含まれていない。

2 長文の内容と一致する記述を選ぶ問題の続き

次の文を読んで、問いに答えなさい。

　生命は 30 数億年前に、原始の海で誕生した。生命が海で誕生したことは、生命と海の元素の組成が似ていることからも裏づけられている。現在の生物は天然に存在する 92 種の元素のうち、およそ 30 種の元素を使っている。生命と海との関係を検証するために、人体、海水、地球表層の元素の存在を比較してみよう。

　人体に多く存在する元素は、水素、酸素、炭素、窒素の順である。含量の多い方から 10 位までの範囲内で、海水には入っているが人体には入っていない元素はマグネシウムだけである。しかし、そのマグネシウムも 11 位には入っている。逆に、人体には入っているが、海水には含まれない元素もある。それはリンである。人体で 6 位のリンと 11 位のマグネシウムを入れ換えれば、人体と海水の元素の組成は 10 位内の範囲内で同じになる。このように、人体の多量元素と海水の多量元素との間には、はっきりとした相関関係が見られる。しかし、人体の多量元素と地球表層の多量元素との間には相関関係が見られない。地球表層に多く存在するケイ素やアルミニウムは、人体にはあまり多く含まれていない。

（柳川弘志「最初の生命と細胞の進化」
（『海洋科学から見る水惑星の多角的視点にたつ基盤研究報告書』）より）

(3) 文中で述べられていることと合致するのは、次のうちどれか。
A から **D** までの中から 1 つ選びなさい。

A　人体には窒素より酸素のほうが多く含まれている

B　海水に含まれる元素のうちマグネシウムが 11 番目に多い

C　マグネシウムは、人体には含まれていない

D　人体と地球表層の多量元素の間には相関関係が見られる

（2）の続きです。**A** 〜 **D** の記述が本文に合致するかどうかを 1 つずつ検討していきます。

本文に合致するか
検討していく

① **A** の記述が正しいか
検討する

「**A**　人体には窒素より酸素のほうが多く含まれている」を検討すると、以下のように本文と合致します。

人体に多く存在する元素は、水素、酸素、炭素、窒素の順である。

答え

正解 A

選ぶのは 1 つだけなので、**A** が正解とわかった時点で、**B** 以降は検討不要です。ここでは、参考までに **B** 以降が間違いの理由を載せます。

× **B** 海水に含まれる元素のうちマグネシウムが 11 番目に多い

> 含量の多い方から 10 位までの範囲内で、海水には入っているが人体には入っていない元素はマグネシウムだけである。しかし、そのマグネ

マグネシウムは海水では 10 位以内なので不正解です。

× **C** マグネシウムは、人体には含まれていない

> 含量の多い方から 10 位までの範囲内で、海水には入っているが人体には入っていない元素はマグネシウムだけである。しかし、そのマグネシウムも 11 位には入っている。逆に、人体には入っているが、海水に

マグネシウムは 11 位、つまり人体に含まれているので不正解です。

× **D** 人体と地球表層の多量元素の間には相関関係が見られる

> しかし、人体の多量元素と地球表層の多量元素との間には相関関係が見られない。地球表面に多く存在するケイ素やアルミニウムは、人体に

相関関係は見られないとあるので不正解です。

14. 整数の推測

> **よくでる**

WEBテスティング
1. 2つの整数の比較から、片方の整数の値を求める問題
2. 割る数と余りから、割られる数を求める問題

与えられた条件を使って、整数の値を推測する問題です。
問題文を方程式に直せば解けるような問題もあれば、それよりも候補の数字をあげていくほうが速い問題もあります。臨機応変に解いていくことが大切です。

必要な数学の知識

方程式の立て方
最小公倍数の求め方

ここがPoint

方程式を立てる！
候補の数字をすべてあげる！

方程式ですぐに解けそうな問題ならば、方程式を使いましょう。
問題によっては、式を立てるよりも、候補の数字をすべてあげるほうが速いこともあります。候補が少なそうなときや、すぐに式が思いつかないときは、この方法を活用しましょう。

1 2つの整数の比較から、片方の整数の値を求める問題　パターン1

空欄に当てはまる数値を求めなさい。

[問い]　2つの整数X、Yがある。XはYより28大きく、Yの2倍より6小さい。このとき、Xは[　]である。

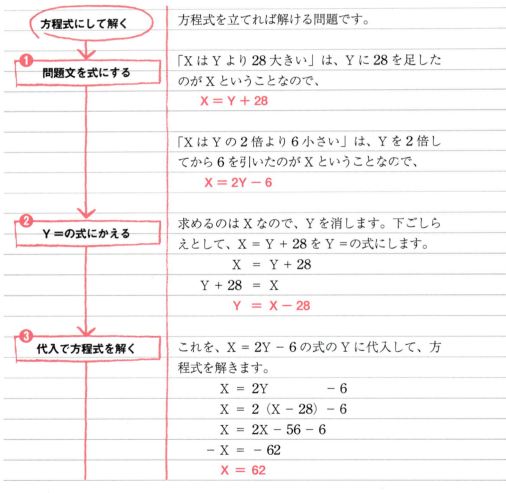

答え 　　　　　　　　　　　　　　　　　　　　　　　正解　62

速解法 　**28と6を足すとYの値になることに気づけば、方程式なしでも解けます。**

問題文から、Yに28を足したのがX。そして、Xに6を足すとYの2倍になります。これは次のような状態で、28に6を足した値と、Yの値は一致するということです。

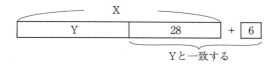

ここから、Yは 28 + 6 = 34。XはYに28を足すので、34 + 28 = 62。

1 2つの整数の比較から、片方の整数の値を求める問題　パターン2

空欄に当てはまる数値を求めなさい。

[問い]　2つの整数X、Yがある。XはYより大きく、XとYの和は18で積は56のとき、Xは [　] である。

当てはまる整数をあげる

この問題は、方程式を立てるより、候補の数字をあげていくほうが速いでしょう。かけ算で56になる整数をあげて、その中で足して18になるものを選びます。

❶ かけ算で56になる整数をあげる

かけ算で56になる整数は

　　1と56　　2と28　　4と14　　7と8

これで全部です。

❷ このうち、足し算で18になるものを選ぶ

このうち、足し算で18になるものは、

　　4と14

だけです。

❸ 大きいほうがX

問題文より、XはYより大きいので、Xは14、Yは4です。

答え

正解　14

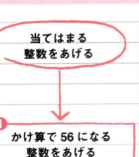

MEMO　かけ算で56になる整数の候補は、素因数分解からも作れます。56を素数（2や3など、1とその数自身でしか割り切れない正の整数）で割り算していくと、素数のかけ算式「2×2×2×7」が作れます。これを整数2つのかけ算に直せばよいのです（例えば2×2＝4、2×7＝14なので、「4×14」）。

別解 〜〜 **方程式（2次方程式）で解くこともできます。**

先の問題と同様に、方程式を作って解くこともできます。代入していくと2次方程式になるので少々面倒ですが、参考までに紹介します。

1 問題文を式にする

XとYの和は18　　X + Y = 18
　　　　　　　　　→Y = 18 − X…①

XとYの積は56　　X × Y = 56　…②

2 代入で方程式を解く

②の式に、①を代入して方程式を解きます。

$$X × Y = 56 ← Yに「18 − X」を代入$$
$$X × (18 − X) = 56 ← かっこを展開する$$
$$18X − X^2 = 56 ← 56を左辺へ移項$$
$$− X^2 + 18X − 56 = 0 ← 両辺に − 1をかける$$
$$X^2 − 18X + 56 = 0 ← 2次方程式を因数分解$$
$$(X − 4)(X − 14) = 0$$
$$X = 4,14$$

3 大きいほうがX

2つの整数は4と14で、大きいほうがXなので14。

問題種14　整数の推測

277

2 割る数と余りから、割られる数を求める問題

空欄に当てはまる数値を求めなさい。

[問い]　8で割ると5あまり、10で割ると7あまる正の整数のうち、最も小さい数は [　] である。

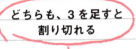
どちらも、3を足すと割り切れる

8で割ると5あまる数は、3を足せば割り切れる数になります。同じく、10で割ると7あまる数は、3を足せば割り切れる数になります。どちらも3を足せば割り切れる数になることから、求める数は「8でも10でも割り切れる数から3を引いた数」だといえます。

① 8と10の最小公倍数を求める

8でも10でも割り切れる数のうち、最も小さい数は、最小公倍数の40です。

MEMO　最小公倍数の求め方

$2 \times 4 \times 5 = 40$

8と10を同じ数で割り算していき、割り切れなくなったら割った数と最後に残った数をかけ算します。

② そこから3を引く

これよりも3小さい数なので
$40 - 3 = 37$

答え

正解　37

別解　　　　**それぞれの候補をあげていってもかまいません。**

8で割ると5あまる数を小さい順にあげていくと
　13、21、29、㊲、45…
10で割ると7あまる数を小さい順にあげていくと
　17、27、㊲…

この方法でも、さほど時間はかからずに37と答えが出せます。

問題種14　整数の推測

15. グラフの領域

> よくでる

ペーパーテスト
1. 直線で囲まれた領域の問題
2. 黒点が並ぶ領域の問題
3. 直線と放物線の問題
4. 直線と円の問題

> いずれも座標上の不等式と領域の問題です。1と2は一次不等式の「線形計画法」の問題で、3と4は一次不等式と二次不等式の問題です。

必要な数学の知識

座標の見方　一次不等式　二次不等式

いずれについても300ページをご参照ください。

ここが Point

条件の文章を、数式（不等式）に書き換える！
境界線を考えるときには、不等式の不等号を＝に変える！
どの境界線がどの数式か、図に書き込む！
領域や不等号の向きがわからないときは、簡単な数値を代入してみる！

最初に「文章は数式にして、図に書き込む」という下ごしらえが大切で、それができればどんどん解いていけます。そして、領域や不等号の向きがわからなくて困ったときには、簡単な数値を代入してみましょう。代入よりも暗記が得意という人は、303ページの「不等号の向きと領域の関係」を覚えておくとよいでしょう。

1 直線で囲まれた領域の問題

ある工場では、製品Zを生産するために原料Xと原料Yを仕入れている。原料の価格は、Xが1kgあたり25万円、Yが1kgあたり6万円である。1回に仕入れる量は、次のような条件で決める。

条件a　原料Xは110kg以上であること
条件b　原料Xは250kg以下であること
条件c　原料Yは40kg以上であること
条件d　原料Yは100kg以下であること
条件e　原料Xは原料Yの2倍以上であること

この条件に当てはまる1回の仕入れ量は、図のイ、ロ、ハ、ニ、ホで囲まれた領域で表される。

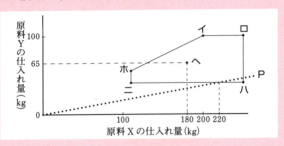

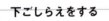
下ごしらえをする

通常はすぐに（1）に進むわけですが、このパターンの問題では、先に下ごしらえをするほうが、結局、速く解けます。

① 条件の文章を、数式（不等式）に書き換える

条件a～eを数式（不等式）に書き換えます。原料Xはx、原料Yはyとします。

a　$x \geqq 110$　　b　$x \leqq 250$　　c　$y \geqq 40$
d　$y \leqq 100$　　e　$x \geqq 2y$

❷ どの直線がどの条件の数式か、図に書き込む

図のイロハニホの五角形は、各辺が条件a〜eに対応しています。どの辺がどの数式か、図に書き込みましょう。**①の不等号は、すべて等号にして考えます**（不等式は座標上で領域、等式は境界線を表します）。

- **a** $x = 110$ 　x軸が110となる縦線→**ホニ**
- **b** $x = 250$ 　x軸が250となる縦線→**ロハ**
- **c** $y = 40$ 　y軸が40となる横線→**ニハ**
- **d** $y = 100$ 　y軸が100となる横線→**イロ**
- **e** $x = 2y$ 　斜め線（ホイしかない）→**ホイ**

MEMO
ホニは、$x = 110$ の直線の一部分のせいでわかりにくいときは、「延長するとどんな直線になるか」を考えてみましょう。他の辺も同様です。

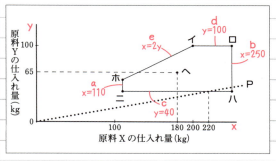

以上で下ごしらえは終わりです。いよいよ問題に取りかかりましょう。

(1) に進む

---

(1) 点ロと点ハを通る直線で表される境界は、上のどの条件によるものか。

　A 条件a　　B 条件b　　C 条件c　　D 条件d　　E 条件e

❶ **下ごしらえを見る**

図のロハの辺には、下ごしらえで「b　$x = 250$」と書き込んであります。それを見るだけです。

答え　　　　　　　　　　　　　　　　　　　　　　**正解 B**

(2) 点ニと点ハを通る直線で表される境界は、上のどの条件によるものか。

A 条件 a **B** 条件 b **C** 条件 c **D** 条件 d **E** 条件 e

① 下ごしらえを見る

図のニハの辺には、下ごしらえで「c　$y = 40$」と書き込んであります。それを見るだけです。

答え

正解 C

(3) 条件 e で定められる境界は、点イ、ロ、ハ、ニ、ホのうちどの2点を通るか。

A 点イと点ロ **B** 点ロと点ハ **C** 点ハと点ニ
D 点ニと点ホ **E** 点イと点ホ

① 下ごしらえを見る

図に「e　$x = 2y$」と書き込んであるのは、ホイです。

答え

正解 E

(4) 点ヘにおける原料費の合計は、いくらか。

A 4490万円 **B** 4690万円 **C** 4890万円
D 5090万円 **E** 5290万円

座標を読み取る

座標の見方さえわかっていれば、簡単です。

① 原料を何 kg 仕入れるか 座標から読み取る

点ヘの x と y の数値は、ちゃんと図に書いてあります。原料 X が 180kg、原料 Y が 65kg です。

② 金額を計算する

1kg あたり、原料 X が 25 万円、原料 Y が 6 万

円なので、合計は

$$(180\text{kg} \times 25\,\text{万円}) + (65\text{kg} \times 6\,\text{万円})$$
$$= 4890\,\text{万円}$$

答え

正解 C

---

(5) 条件 a から条件 e までの 5 つの条件のほかに、

条件 f 原料 Y は原料 X の k 倍以上であること

という条件を加えたとき、図中の点線 P で示される境界が定められるとすると、k の値は次のうちどれか。

A $\dfrac{1}{22}$　　B $\dfrac{1}{12}$　　C $\dfrac{2}{13}$　　D $\dfrac{2}{11}$　　E $\dfrac{1}{4}$

点の座標から
線の式を求める

k の値は、直線 P（条件 f）の式を求めればわかります。**使うのは、直線 P を通る点の座標**です。

❶ 条件 f を数式で表す

条件 f を式にすると、$y \geqq kx$
境界を考えるので等号に書き換えて、$y = kx$

❷ 直線 P が通る点の x と y の数値を図で確認

図には、直線 P がニハの辺と交わる点の x の数値が 220 とあります。これがポイントです。下ごしらえで、ニハには「c　$y = 40$」と書き込みました。つまり、y の値は 40。**直線 P を通る点は、x が 220 で、y が 40 ということです。**

❸ ①の式に②の数値を代入して、k の値を求める

$y = kx$ の x に **220**、y に **40** を代入して、
$$40 = 220k$$

$$k = \frac{2}{11}$$

答え

正解 D

(6) 条件aから条件eまでの5つの条件（条件fは除く）のほかに、
　　条件g　原料Xと原料Yの合計は210kg以上であること
という条件を加えたとき定められる境界は、およそどのような図形で示されるか。

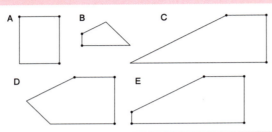

数式→座標上の線	手ごわい問題です。求められるのは「**一次式を座標上の直線で表す**」ことと「**不等式の領域の判断**」。これらができれば、答えがわかります。
① 条件gを数式で表す	条件gを式にすると、$x + y \geq 210$ 境界を考えるので等号に書き換えて、$x + y = 210$
② ①の数式の線を図の中に引く	$x + y = 210$ は一次式なので、座標上では直線です。直線は2点をつなげば引けます。簡単にわかる2点は、「$x = 0$ のとき $y = 210$」「$y = 0$ のとき $x = 210$」。

MEMO
y軸の210は図からはみ出しますが、だいたいの見当で引けば充分です。

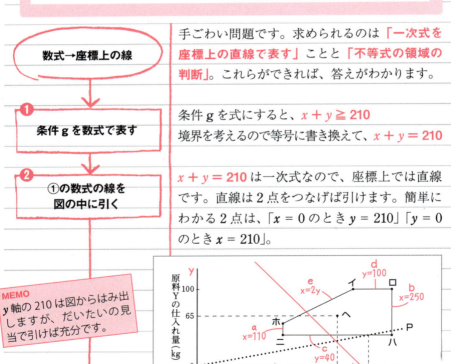

❸ 不等式の領域を考える

MEMO
一次不等式の領域は、「$x >$」なら線の右側、「$x <$」なら線の左側です。これを覚えておき、$x + y ≧ 210$ を、$x ≧ -y + 210$ という形にして、右側と判断してもよいでしょう。

↓

(答え)

直線を引いたことで、答えは選択肢の **B** か **D** に絞られます。この 2 つの違いは、$x + y ≧ 210$ **という不等式が、線の左側と右側のどちらの領域を表しているか**です。
簡単な判断方法は、**座標中の簡単な数値を式に当てはめてみる**ことです。
「$x + y ≧ 210$」に、$y = 0$ を代入すると、「$x ≧ 210$」。x が 210 以上になるのは、線の右側の部分です。正解は **D** とわかります。

覚えておくと便利

正解 D

MEMO
見かけが難しそうなので、苦手意識を持つ人の多い問題ですが、図の意味を理解すると、それほど難しくはないことがわかります。
これは、「線形計画法」の図なのです（説明は 302 ページ）。もとは第二次世界大戦中に「爆撃機に燃料を多く積むと、それだけ積める爆弾の数が少なくなる。でも、爆弾を多く積めば、燃料が少ししか積めなくなる」という悩みを解決するために考案されたものです。さまざまな制約条件の中で、目的の達成度を最大にするにはどうしたらいいのかがわかります。

2 黒点が並ぶ領域の問題

プリンとゼリーの詰め合わせを作るにあたり、次の条件を決めた。

- **条件 a** プリンの数は 6 個以上であること
- **条件 b** ゼリーの数は 3 個以上であること
- **条件 c** ゼリーの数はプリンの数より多くならないこと
- **条件 d** プリンの数はゼリーの数より 7 個以上は多くならないこと（6 個までの差は許される）
- **条件 e** プリンの数とゼリーの数の合計は 18 個以下

プリンの数を横軸にとり、ゼリーの数を縦軸にとって図示すると、上の 5 つの条件を満たす組み合わせは、図の黒点で示される。

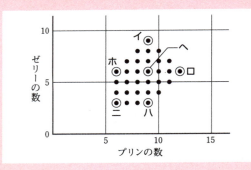

下ごしらえをする

【1 直線で囲まれた領域の問題】と見た目はかなり違いますが、実は同じような問題です。まずは、下ごしらえをします。

❶ 条件の文章を、数式（不等式）に書き換える

条件 a ～ e を数式（不等式）に書き換えます。横軸のプリンを x、縦軸のゼリーを y とします。

a $x \geq 6$　b $y \geq 3$　c $y \leq x$
d $x - y \leq 6$　e $x + y \leq 18$

❷ どの直線がどの条件の数式か、図に書き込む

図は点だけで線はありませんが、五角形の辺を形作っている点のつながりを線と考えましょう。

不等号を等号にして、式が表す線を考えます。

a $x = 6$　x軸が6となる縦線→**ホニ**

b $y = 3$　y軸が3となる横線→**ニハ**

c $y = x$　xとyが同じなので、延長したときに、(x0、y0)から始まって(x5、y5)や(x10、y10)などを通る斜め線→**ホイ**

d $x - y = 6$　xが増えるほどyも増えるので、右上がりの斜め線。ホイ以外ではハロだけ→**ハロ**

e $x + y = 18$　xが増えるほどyは減るので右下がりの斜め線→**イロ**

MEMO
具体的な値を代入して判断してもかまいません。例えば条件dなら、$x = 10$を代入すると、$y = 4$。(x10、y4)を通る斜め線は、ハロだけです。

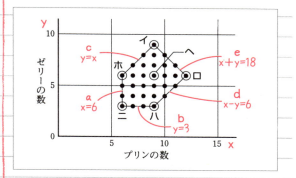

これで下ごしらえは終わりです。あとは、前問までと同じように解けます。というわけで、前問までに取り上げたタイプの問題は省略して、出てこなかった問題だけ取り上げます。

(1) に進む

(1) 点イ、点ロ、点ハ、点ニ、点ヘのうち、プリンとゼリーの合計数が点ホの場合と同じになるのはどの点か。

A　点イ　　B　点ロ　　C　点ハ　　D　点ニ　　E　点ヘ

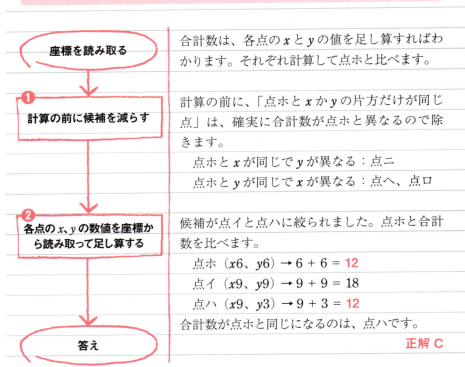

速解法　　一次式から考える手もあります。

点ホは、x が 6、y が 6 で、合計 12。一次式にすると、$x + y = 12$ です。点ホと合計数が同じ点は、同じく $x + y = 12$ で表せます。つまり、この式が表す線の上にある点が、合計数が同じ点です。$x + y = 12$ がどういう線になるかは、そばに $x + y = 18$ があるので、わかるでしょう。イロに平行で、ホを通る線です。その線上にあるのは、点イロハニヘの中では、ハだけです。

プリンは1個300円、ゼリーは1個250円である。

(2) 点イ、点ロ、点ハ、点ホ、点ヘのうち、合計金額が最も小さくなるのはどの点か。

A 点イ　B 点ロ　C 点ハ　D 点ホ　E 点ヘ

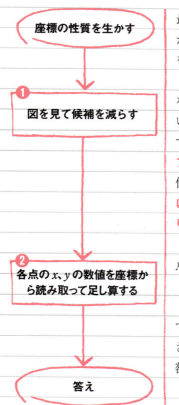

最低額がいくらか、といったことがひと目でわかるのが、「線形計画法」のいいところで、そこを正面から問題にしたものです。

なぜ、ひと目でわかるのかというと、x 軸は左にいくほど、y 軸は下にいくほど数が小さくなります。ですから、**座標で左下に位置する点ほど、プリンとゼリーの合計数が少ないのです。**つまり、候補となるのは、ハとホです。**それらより右上に位置する他の点は最初から正解の可能性がありません。**

点ハと点ホを比べてみましょう。まず合計数は
　点ハ（$x9$、$y3$）→ 9 + 3 = 12
　点ホ（$x6$、$y6$）→ 6 + 6 = 12
で同じです。となると、1個あたりの金額が小さいゼリーの割合が多い点ホのほうが、合計金額が小さくなります。

正解　D

3 直線と放物線の問題

次の3つの式によって示される直線と放物線は、図のように平面を8つの領域に分ける。

ア　$x = y^2$
イ　$x = y + 3$
ウ　$x = 0$

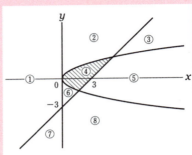

これらの領域は、上のア、イ、ウの各式の等号を適宜不等号に置き換えて得られる1組の連立不等式によって示される。ただし、領域に図中の太い境界線は含まれないものとする。

下ごしらえをする

❶ どの直線、放物線がどの数式か、図に書き込む

すでに条件は数式の形になっています。どの数式がどの線かだけ判断して図に書き込みましょう。

これまでの問題は一次式だけでしたが、このパターンでは二次式も出てくるのが特徴です。**一次式は直線で、二次式は放物線です。覚えておきましょう。** 放物線がアの式です。ウは、x軸が0となる縦線。イは、残った斜め線です。

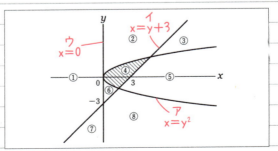

(1) に進む

これで下ごしらえは終わりです。

(1) ア、イ、ウの式の等号をすべて不等号に置き換えて、④の領域（図の斜線部分）を表したとすると、左開きの不等号（＞）がつくのは、ア、イ、ウのうちどれか。

A　アだけ　　　　　　E　アとウの両方
B　イだけ　　　　　　F　イとウの両方
C　ウだけ　　　　　　G　アとイとウのすべて
D　アとイの両方　　　H　ア、イ、ウのいずれにもつかない

領域から判断する

不等式は領域を表します。そこで、領域のほうから逆に不等式を完成させろ、という問題です。
ア〜ウはいずれも $x=$ の式です。$x=$ の式では
　　線より右の領域は　$x >$
　　線より左の領域は　$x <$
となります。

MEMO
x 軸は右にいくほど大きくなります。線よりも右の領域は、x 軸の値が線より大きくなるので $x >$ となります。

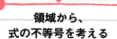
❶ 領域から、式の不等号を考える

④の領域が、各式の右か左かを確認します。
　アの放物線より右　→　$x > y^2$
　イの斜め線より左　→　$x < y + 3$
　ウの縦線より右　　→　$x > 0$
不等号に＞がつくのは、**ア**と**ウ**です。

答え

正解 E

MEMO
不等号の向きと領域の関係は、303ページの図を覚えておいてもよいでしょう。また、問題を解いている途中で、どちらなのか混乱したときには、領域の中の簡単な数字を当てはめてみるのがよい判断法です。

(2) 次の3つの式からなる連立不等式によって表される領域は、①から⑧のうちどれか。

$$\begin{cases} x < y^2 \\ x < y+3 \\ x > 0 \end{cases}$$

A ①と②の領域　　F ④と⑥の領域
B ②と③の領域　　G ⑥と⑧の領域
C ②と⑥の領域　　H ⑦と⑧の領域
D ③と⑥の領域　　I 3つ以上の領域にまたがる
E ④と⑤の領域　　J 該当する領域はない

3つの式の領域の重なりを考える

① **それぞれの不等式が表す領域を考える**

(1) は領域→不等式の問題でしたが、今度は不等式→領域の問題です。3つの式は、冒頭の式の等号が不等号に変わっただけのものです。

$x >$ なら線より右の領域、$x <$ なら線より左の領域を表します。

$x < y^2$ は、放物線より左

$x < y+3$ は、斜め線より左

$x > 0$ は、縦線より右

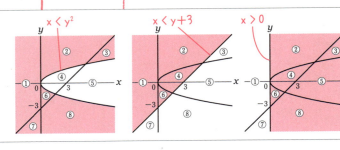

② 領域の重なりを求める

①で求めた領域の重なりは、次の赤のゾーンです。

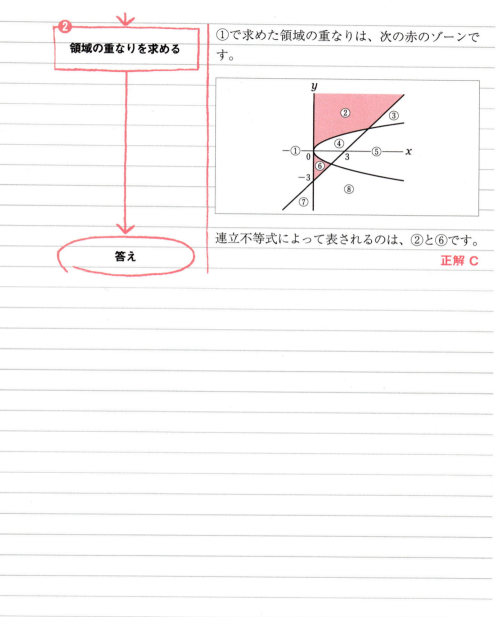

連立不等式によって表されるのは、②と⑥です。

正解 C

答え

4 直線と円の問題

次の3つの式によって示される直線と曲線は、図のように平面を8つの領域に分ける。

ア　$x^2 + y^2 = 4$
イ　$y = -x - 1$
ウ　$y = 3x + 2$

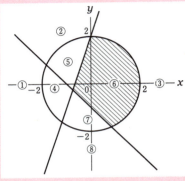

これらの領域は、上のア、イ、ウの各式の等号を適宜不等号に置き換えて得られる1組の連立不等式によって示される。ただし、領域に図中の太い境界線は含まれないものとする。

下ごしらえをする	下ごしらえとして、どの数式がどの線かを判断して、図に書き込みます。
① どの直線、曲線がどの数式か、図に書き込む	今度も一次式と二次式の問題ですが、今度の二次式は円（曲線）を表しています。円がアの式です。一次式のうち、イは x が増えるほど y が減るので右下がりの斜め線、ウは x が増えるほど y が増えるので右上がりの斜め線です。

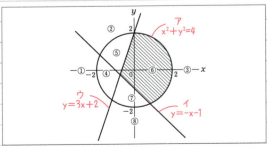

(1) に進む | これで下ごしらえは終わりです。

(1) ア、イ、ウの式の等号をすべて不等号に置き換えて、⑥の領域（図の斜線部分）を表したとすると、右開きの不等号（＜）がつくのは、ア、イ、ウのうちどれか。

A	アだけ	**E**	アとウの両方
B	イだけ	**F**	イとウの両方
C	ウだけ	**G**	アとイとウのすべて
D	アとイの両方	**H**	ア、イ、ウのいずれにもつかない

領域から判断する

領域から不等号の向きを判断します。
アの円の式は、領域が線より外なら＞、内なら＜。
イ、ウの $y=$ の式は、線より上なら＞、下なら＜。

❶ **領域から、式の不等号を考える**

⑥の領域は、
- **ア**の円より内 → $x^2 + y^2 < 4$
- **イ**の右下がりの斜め線より上 → $y > -x - 1$
- **ウ**の右上がりの斜め線より下 → $y < 3x + 2$

不等号に＜がつくのは、**ア**と**ウ**です。

答え

正解 E

(2) 次の３つの式からなる連立不等式によって表される領域は、①から⑧のうちどれか。

$$\begin{cases} x^2 + y^2 < 4 \\ y < -x - 1 \\ y > 3x + 2 \end{cases}$$

A ①の領域　　　　F ⑥の領域
B ②の領域　　　　G ⑦の領域
C ③の領域　　　　H ⑧の領域
D ④の領域　　　　I ２つ以上の領域にまたがる
E ⑤の領域　　　　J 該当する領域はない

３つの式の領域の重なりを考える

今度は不等号の向きから領域を考えていきます。領域の判断方法は、前問と同じです。

❶ **それぞれの不等式が表す領域を考える**

$x^2 + y^2 <$ なら線より内の領域、$y >$ なら線より上の領域、$y <$ なら線より下の領域を表します。

$x^2 + y^2 < 4$ は、円よりも内

$y < -x - 1$ は、右下がりの斜め線より下

$y > 3x + 2$ は、右上がりの斜め線より上

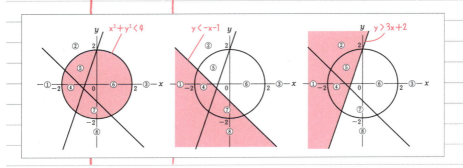

❷ 領域の重なりを求める

①で求めた領域の重なりは、次の赤のゾーンです。

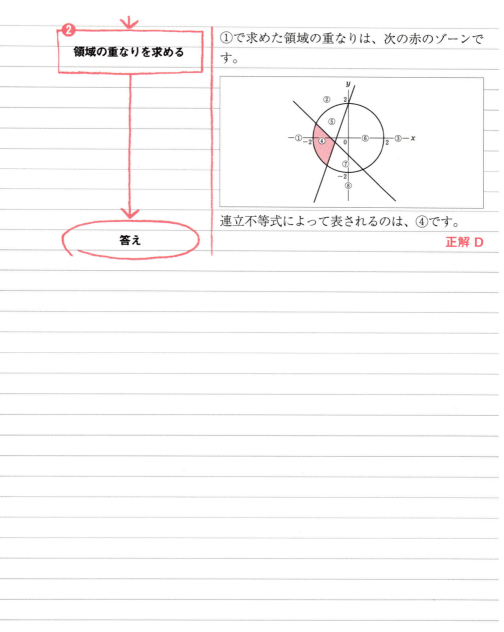

連立不等式によって表されるのは、④です。

正解 D

答え

算数のおさらい

座標と不等式

◎座標

何の特徴もない場所に埋めた宝物も、「××岩から東に3メートル、北に2メートル」と測っておけば、後からちゃんと掘り出すことができます。ある場所を「横3・縦2」というように数字で表せることは、とても便利なことなのです。

座標の基本は、こういう便利さにあります。17世紀にデカルトが、格子窓をうろつくハエを見て思いついたといいます。

右のように、x軸とy軸が直角に交わったものが座標です。座標上のすべての点はx軸とy軸の数値の組み合わせによって、(3,2) などと表すことができます。

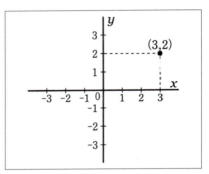

◎一次式

一次式は、$y = ax + b$のような形の式です。何の役に立つのかというと、例えば、ある店で1つ商品が売れると100円の利益が出て、店の維持費に毎月40万円かかるとします。1か月分の売れた個数をx個とし、利益の総額をy円とすれば、次の一次式が成り立ちます。

$y = 100x - 400000$

このような一次式があれば、毎月の利益がちゃんと出ているのか、それとも赤字なのかがすぐにわかり便利です。

◎一次式を座標上に表す方法

一次式は座標上で表すと直線になります。SPIの「グラフの領域」の問題には、一次式を直線に表す能力が求められるものがあるので、方法を簡単に説明します。

例えば、$y = 2x - 4$の場合、**yが0のときのxの値、xが0のときのyの値をそれぞれ出します。これがコツ。**

yが0のとき、xの値は「$y = 2x - 4$」→「$0 = 2x - 4$」→「$2x = 4$」→「$x = 2$」です。

xが0のとき、yの値は「$y = 2x - 4$」→「$y = 2 \times 0 - 4$」→「$y = -4$」です。

この2点を座標に書き込んで、直線で結べば、それが$y = 2x - 4$を表す直線です。

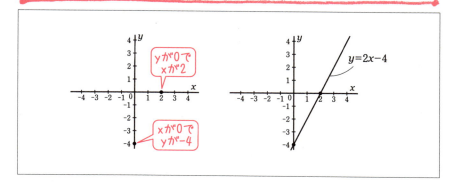

（y が 0 のときの x の値、x が 0 のときの y の値がともに 0 で、1 点しか得られないときには、「x が 1 のとき」など、計算しやすい値をもう 1 つ代入して、もう 1 点の位置を出してください）

◎一次不等式

一次不等式とは、$y > ax+b$ のような形の式です。不等号をおさらいすると、

- ＞　左辺が右辺よりも大きいことを示す。
- ≧　左辺が右辺よりも大きいか、等しいことを示す。
- ＜　左辺が右辺よりも小さいことを示す。
- ≦　左辺が右辺よりも小さいか、等しいことを示す。

一次不等式を座標上で表すとどうなるかというと、次のように、**不等号を等号に変えた直線で区切られた領域**を表します。≧や≦なら直線も含み、＞や＜なら直線を含みません。

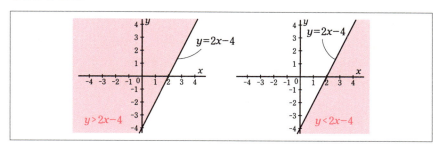

一次式だと直線だったのが、一次不等式になると領域を表すのです。そして不等号の向きによって、表す領域が反転するのです。

◎線形計画法

「A商品は500個以上、1000個以下、仕入れる。同時にB商品は300個以上、800個以下、仕入れる。A商品の数は、B商品の2倍以上とする」という条件をすべて満たすとき、最も安くすませるとしたら費用はいくらかかるのか？ 最も高い場合は？ こういうややこしい問題の答えを出してくれるのが「線形計画法」です。

$A \geq 500$　　$A \leq 1000$　　$B \geq 300$　　$B \leq 800$　　$A \geq 2B$

という一次不等式にして、答えを出します。さらに、図式解法では、すべての一次不等式を座標に書き込んで、領域の重なりを見ます。そうすると、すべての条件を満たす領域が一目瞭然になります。

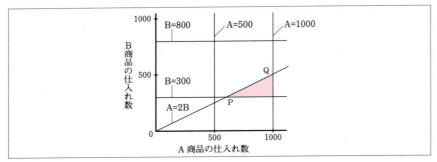

最も安くすむのは、A商品、B商品ともに最も仕入れ個数の少ない、P点です。これは、B = 300 と A = 2B の直線が交わる点なので、B商品は300個、A商品は600個仕入れれば、最も費用がかかりません。

反対に最も高くなるのは、A商品、B商品ともに最も仕入れ個数の多い、Q点です。A = 1000 と A = 2B の直線が交わる点なので、A商品は1000個、B商品は500個仕入れたとき、最も費用がかかります。

このように「線形計画法」はとても便利なものです（この問題は単純なので、本当は「線形計画法」を使うまでもありませんが、もっと複雑な条件がからみ合うときには大きな力を発揮します）。**SPIでは、「線形計画法」が問題に用いられます。**

◎二次不等式

二次式とは、$y = ax^2 + b$ のような形の式で、座標上で表すと放物線になります。二次不等式の $y > ax^2 + b$ になると、座標上では放物線で区切られた領域を表します。

二次式は放物線のほかに、円などの曲線を表すこともできます。$x^2 + y^2 = a$ の式は、座標上では円を表します。二次不等式になると、円で区切られた領域を表し

ます。SPIでは、二次不等式の領域の問題も出ることがあります。

◎不等号の向きと領域の関係

不等号の向きによって、表す領域が反転します。覚え方は
「$x>$」線より右　　「$x<$」線より左　　「$y>$」線より上　　「$y<$」線より下
「$x^2+y^2>$」線より外　　「$x^2+y^2<$」線より内

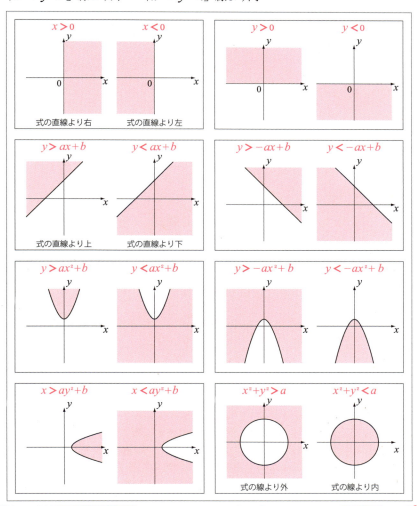

16. 物の流れと比率

よくでる

ペーパーテスト
1. 図を式にし、式を変形する問題
2. 到着する割合を求める問題
3. 経路をたどって数量を求める問題
4. 2経路の割合を比較する問題

物や人の流れを、図や式に置き換えて表す問題です。
問題自体は難しいものではありませんが、複数の記号を用いるややこしさはなかなかのもので、「複数の記号を用いて、混乱せずに処理する能力」が試されているといえます。

％の知識　　小数の割り算

小数を％で表す	100をかける 例：0.2＝20％
AのB％を求める	A×（B÷100） 例：80の20％は、80×0.2＝16
小数の割り算	割られる数と割る数を10倍したり100倍したりして、整数の割り算にする 例：80÷0.2＝800÷2＝400

ここがPoint

前提はここで覚えておく！
全体の図を、基本図に分解する！

物の流れと比率の基本図は3種類に決まっているので、ここで覚えておきましょう。そして、複雑な図も必ず基本図に分割できます。分割した部分ごとに式にして、組み立てれば、全体の式を簡単に完成させることができます。「困難は分割せよ」です。

1 図を式にし、式を変形する問題

　ある商品は、いくつかの製造業者からいくつかの卸売業者を経て小売業者に納入される。業者Xが扱うこの商品のうち、比率にしてaが業者Yに納入されるとき、これを次の図

$$X \xrightarrow{a} Y$$

で表す。業者X、Yが扱うこの商品の量をそれぞれX、Yとすると、式 $Y = aX$ が成り立つ。

　同様に、業者Xが扱うこの商品のうち比率aと、業者Yが扱うこの商品のうち比率bが業者Zに納入されるとき、これを次の図

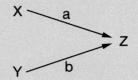

で表す。この場合、式 $Z = aX + bY$ が成り立つ。

　また、業者Xが扱うこの商品のうち比率aが業者Yを経由し、さらにそのうちの比率bが業者Zに納入されるとき、これを次の図

$$X \xrightarrow{a} Y \xrightarrow{b} Z$$

で表す。この場合、式は $Z = bY$ が成り立つ。またこれは、$Z = b(aX) = abX$ とも表される。

　なお、式については一般の演算、例えば、
　　$(a + b)X = aX + bX$
　　$c(a + b)X = acX + bcX$
などが成り立つものとする。

ここまでが問題の前提です。苦手とする人が多いのですが、実際には、単なる割合の計算と一般的な演算だけで、慣れれば簡単です。**前提部分の図と式は、基本的にいつも同じです。**本書でよく読んで覚えておきましょう。そうすれば、本番では、ざっとながめるだけですみます。

前提を要約すると、次のようになります。この後の解説のために、3つの図を「基本図1」「基本図2」「基本図3」と呼ぶことにします。図中のアルファベットは、大文字が商品の量（個数）、小文字が比率を表しています。横の式は、図を式に置き換えたもの（同じことを表している）です。具体的なイメージがわかりやすいように、赤字で個数や割合の例も書き添えました。

●**基本図1**：Xのうち、何割（比率a）かがYに納入される

●**基本図2**：Xから納入される分と、Yから納入される分とが、Zで合流する

●**基本図3**：Xは2段階（比率a、b）に絞り込まれてZに納入される

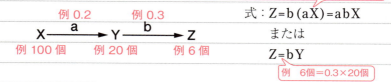

なお、式には「**かっこを外す**」「**かけ算の順番を入れかえる**」「**文字式の代入**」など、一般的な計算式や文字式と同じルールが適用されます。

(1) 図 i を表す式は、次のうちどれか。

図 i
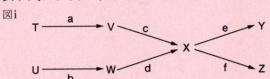

ア　$X = acV + bdW$
イ　$Y = e(acT + bdU)$
ウ　$Z = bdfU$

A　アだけ　　　　　　E　アとウの両方
B　イだけ　　　　　　F　イとウの両方
C　ウだけ　　　　　　G　アとイとウのすべて
D　アとイの両方　　　H　ア、イ、ウのいずれでもない

図を式にする

「図を式にできるかどうか」と、「式の変形ができるかどうか」の2つがポイントです。

❶ **全体の図を、基本図に分割する**

まず、全体の図を、基本図の単位に分割します。

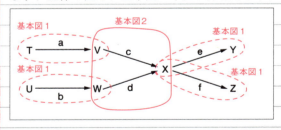

❷ **基本図の式を当てはめる**

「基本図1」を、それぞれ式にします。

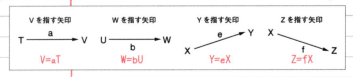

「基本図2」を式にします。

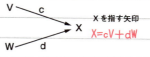

X を指す矢印
X=cV+dW

❸ 代入で式の変形をしてから、図に書き込む

Yを指す矢印の式「Y = eX」のXには、「X = cV + dW」の式が代入できます。

$$Y = e\underline{X}$$
$$= e(cV + dW)$$

代入後の「Y = e (cV + dW)」の式のVには、「V = aT」の式、Wには「W = bU」の式が代入できます。

$$Y = e(c\underline{V} + d\underline{W})$$
$$= e(c(aT) + d(bU))$$

他の式の右辺のX、V、Wにも同様に代入して、図に書き込むと、次のようになります。

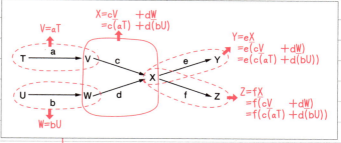

❹ ア、イ、ウの式が、❸で出した式の形になるかどうか確認する

ア、イ、ウの式が、上図の式になるか確認します。

ア…図のX＝の式とはVとWが違います（正しい式ならacT + bdU）。

イ…図の「Y = e (c (aT) + d (bU))」の式のかっこをくくり直したものと同じです。

ウ…図のZ＝の式には、同じものがありません。

従って、**イ**のみ正しいことがわかります。

答え

正解 B

別解 **ア、イ、ウの式の正しさを図で確認するやり方もあります。**

図を式にしたり変形したりする代わりに、ア、イ、ウの式が正しいか、文字式の順番に、図を目や指でたどってみるという方法もあります。

ア…式の「$X = acV + bdW$」は、図のXからcaとさかのぼるとVではなくTにたどりつくので、間違い（bdWも正しくさかのぼれない）。

イ…式の「$Y = e(acT + bdU)$」は、図のYからeをさかのぼってX。そこから上のルートはcaT、下はdbUとさかのぼれるので、図と一致。

ウ…式の「$Z = bdfU$」は、図のZからUに至るルートはfdbUとさかのぼれる。しかし、これだとTに至るルート（fcaT）がないので間違い。

---

(2) 図ii を表す式は、次のうちどれか。

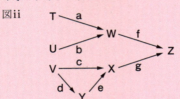

図ii

ア　$Z = (cg + deg)X + fW$

イ　$Z = afT + bfU + cgV + egV$

ウ　$Z = f(aT + bU) + g(c + de)V$

A	アだけ	**E**	アとウの両方
B	イだけ	**F**	イとウの両方
C	ウだけ	**G**	アとイとウのすべて
D	アとイの両方	**H**	ア、イ、ウのいずれでもない

図を式にする　　（1）と同じことです。

❶ 全体の図を、基本図に分割する　　まず、全体の図を、基本図の単位に分割します。

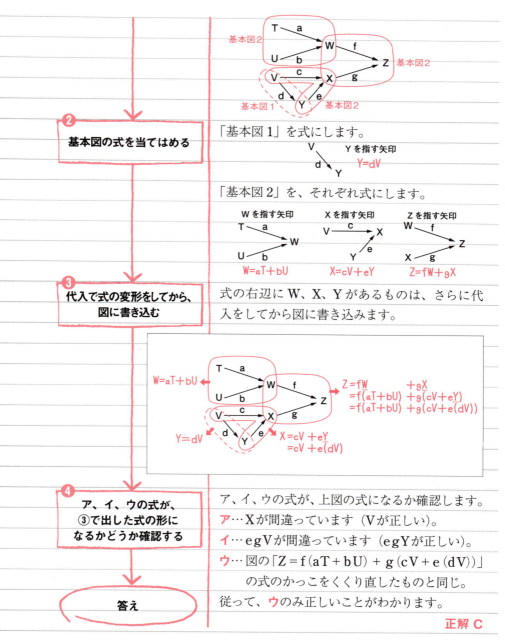

❷ 基本図の式を当てはめる

「基本図1」を式にします。

$Y = dV$

「基本図2」を、それぞれ式にします。

$W = aT + bU$　　$X = cV + eY$　　$Z = fW + gX$

❸ 代入で式の変形をしてから、図に書き込む

式の右辺に W、X、Y があるものは、さらに代入をしてから図に書き込みます。

$Z = fW + gX$
　$= f(aT+bU) + g(cV+eY)$
　$= f(aT+bU) + g(cV+e(dV))$

$X = cV + eY$
　$= cV + e(dV)$

$W = aT + bU$

$Y = dV$

❹ ア、イ、ウの式が、❸で出した式の形になるかどうか確認する

ア、イ、ウの式が、上図の式になるか確認します。

ア…Xが間違っています（Vが正しい）。

イ…egVが間違っています（egYが正しい）。

ウ…図の「$Z = f(aT+bU) + g(cV + e(dV))$」の式のかっこをくくり直したものと同じ。

従って、**ウ**のみ正しいことがわかります。

答え

正解 C

2 到着する割合を求める問題

図ii

```
    T ─a─→
           W ─f─→
    U ─b─→        Z
    V ─c─→ X ─g─→
      ↘   ↗
      d  e
        Y
```

図iiにおけるそれぞれの比率は、次の通りである。

a = 0.5　b = 0.7　c = 0.2　d = 0.8　e = 0.2　f = 0.6　g = 0.5

(3) Vから出荷された商品のうち何%がZに納入されるか（必要なときは、最後に小数点以下第1位を四捨五入すること）。

A	8%	E	18%
B	10%	F	20%
C	14%	G	26%
D	16%	H	AからGのいずれでもない

前問で作った式を活用する

引き続き、図iiが用いられます。VからZにつながるルートをチェックした上で、前問で作った式を活用しましょう。

① VからZにつながるルートをチェックする

Vから出荷されてZに納入されるのは、次のルートの商品です。

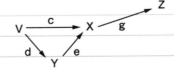

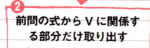

これは、前問で求めた Z = の式のうち、次の赤色の部分です。

$$Z = f(aT + bU) + \textcolor{red}{g(cV + e(dV))}$$

そこで、赤色の部分「$g(cV + e(dV))$」に、$g = 0.5$、$c = 0.2$、$e = 0.2$、$d = 0.8$ を代入すると

$g(cV + e(dV))$
$= 0.5 \times (0.2V + 0.2 \times 0.8V)$
$= 0.5 \times (0.2V + 0.16V)$
$= 0.18V$

つまり、Zに納入されるのは、Vの18%です。

正解 E

別解 図に比率を書き込んで、その場で式を作ってもかまいません。

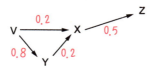

$$Z = 0.5X = 0.5(0.2V + (0.2 \times 0.8)V) = 0.18V$$

割合のままだと計算しづらいときは、仮の数値を当てはめてもよいでしょう。仮にVを100個とすると、以下のようにZは18個なので、Vの18%です。

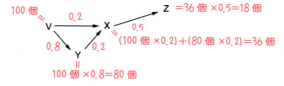

3 経路をたどって数量を求める問題

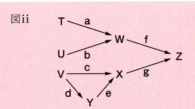

図ii

図iiにおけるそれぞれの比率は、次の通りである。

a = 0.5 b = 0.7 c = 0.2 d = 0.8 e = 0.2 f = 0.6 g = 0.5

(4) 図iiにおいて、ある日、Vから600個、Tから何個かの商品を出荷した。このとき、VからYを経てXに納入された商品の数は、TからWを経てZに納入された商品の数より6個多かった。Tから出荷された商品は何個か。

A 150個
B 180個
C 245個
D 300個
E 320個
F 400個
G 600個
H AからGのいずれでもない

数字を生かした式を作る

ついに「600個」とか「6個」とか具体的な数字が出てきました。こういうときには、**これらの数字を生かすようにすれば、自然と答えが出ます。**

① **V→Y→Xの数を求める**

Vから出荷された600個と、与えられた比率d、eを使って、V→Y→Xと納入された数を求めます。

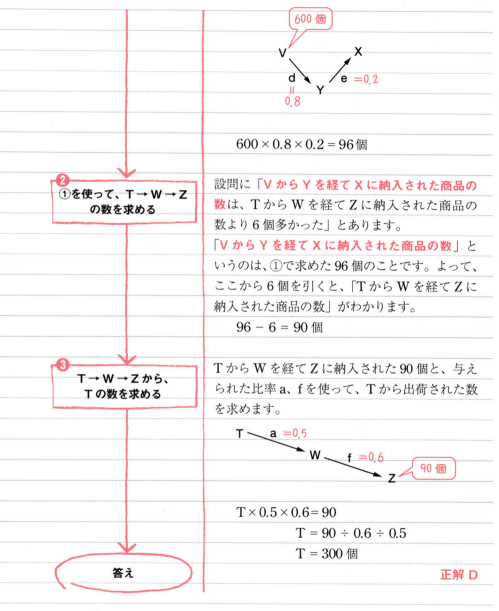

$600 \times 0.8 \times 0.2 = 96$ 個

② ①を使って、T→W→Z の数を求める

設問に「**VからYを経てXに納入された商品の数**」は、TからWを経てZに納入された商品の数より6個多かった」とあります。

「**VからYを経てXに納入された商品の数**」というのは、①で求めた96個のことです。よって、ここから6個を引くと、「TからWを経てZに納入された商品の数」がわかります。

$96 - 6 = 90$ 個

③ T→W→Zから、Tの数を求める

TからWを経てZに納入された90個と、与えられた比率a、fを使って、Tから出荷された数を求めます。

$T \times 0.5 \times 0.6 = 90$
$T = 90 \div 0.6 \div 0.5$
$T = 300$ 個

正解 D

答え

4 2経路の割合を比較する問題

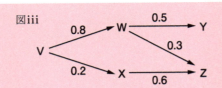
図iii

(5) 図iiiにおいて、Vから出荷された商品のうち、Zに納入された商品の量は、Yに納入された商品の量に対して、どれだけにあたるか（必要なときは、最後に小数点以下第3位を四捨五入すること）。

A	0.30	E	0.90
B	0.56	F	0.94
C	0.60	G	0.98
D	0.82	H	AからGのいずれでもない

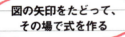
図の矢印をたどって、その場で式を作る

今度は、最初から比率の数値が書き込まれている図です。「VからZに納入された商品」が、「VからYに納入された商品」のどれだけの割合かを求めるのですが、具体的な数は不明です。割合の値を個数代わりに使います。

❶ VからYに納入された商品の割合を求める

VからYに納入された商品は、「基本図3」の形なので、かけ算で求められます。

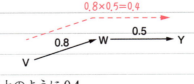

以上のように0.4。

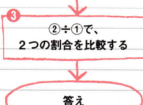

VからZに納入された商品は、V→W→Zが「基本図3」でかけ算、V→X→Zも「基本図3」でかけ算です。この2つがZで合流するので足し算します。

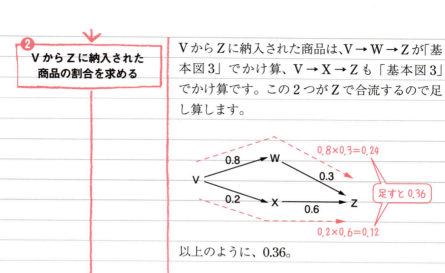

以上のように、0.36。

Zに納入された商品が、Yに納入された商品のどれだけかを求めるので、②÷①を計算します。

$$0.36 \div 0.4 = 0.90$$
　Z　　　Y

正解 E

別解　**仮の個数を当てはめて考えてもかまいません。**

仮にVを100個とすると、以下のようにYは40個、Zは36個です。Z÷Yを計算して「36個÷40個＝0.90」。

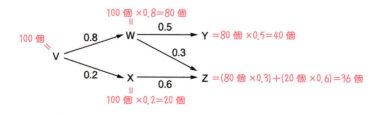

17. 装置と回路

> よくでる

ペーパーテスト
1. 0と1を規則的に変化させる装置の問題
2. 数をかけたり割ったりする装置の問題

何種類かの回路があり、それらは数字を入力するとその数字を数倍に変化させて出力する設計になっています。それらの回路を使った問題が出されます。
装置の規則をちゃんと理解することが大切です。与えられた条件についてすべて確認しないと正解に至らない問題もあります。規則さえ守れば、簡単に解けます。

必要な数学の知識

とくにナシ

「規則をきちんと理解して、それに従って物事を処理できるか」を純粋に問う問題といえます。

ここが Point

装置の規則を記号化して書き入れる！
装置による変化をいちいち書き入れる！

解く途中で装置の規則を何度も読み返していたのでは、時間がかかってしまいます。記号化して、一目瞭然にしておきましょう。
また、回路全体で考えようとすると、混乱したり、間違える原因に。装置1つずつなら規則は単純なので、装置1つごとにその変化を書き入れていけばいいのです。そうすれば単純作業だけで、ミスなしに確実に正解できます。

1 0と1を規則的に変化させる装置の問題

　入力信号の0と1を、次のような規則で変えて出力するP、Q、Rの3種類の装置がある。

〈装置P〉

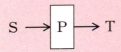

入ってきた信号Sを逆の信号Tに変える装置。例えば、信号1が入ってくると、これを0に変えて出す。

〈装置Q〉

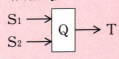

2つの入力信号がともに0のときは1を出力し、2つの入力のうち少なくとも一方が1ならば0を出力する。

〈装置R〉

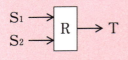

2つの入力信号がともに1のときは1を出力し、2つの入力信号のうち少なくとも一方が0であれば、$\frac{3}{4}$の確率で1を出力し、$\frac{1}{4}$の確率で0を出力する。

下ごしらえをする

通常はすぐに(1)に進むわけですが、このパターンの問題では、先に下ごしらえしておいたほうが、結局、速く解けます。
というのも、問題を解く途中で、何回も装置の規則を確認することになるからです。
各装置の規則を記号化して書き入れておき、ひと目ですぐにわかるようにしましょう。

装置の規則を記号化して書き入れる

〈装置P〉は、1なら0、0なら1と逆にするという規則なので、「0↔1」と記号化しましょう。

〈装置Q〉は、2つの入力信号がともに0のときは1を出力し、2つの入力のうち少なくとも一方が1ならば0を出力するという規則なので、「0,0→1／他0」と記号化しましょう（「2つの入力のうち少なくとも一方が1ならば0を出力する」ということは、0,0以外の、0,1、1,0、1,1のいずれの場合も0ということなので）。

〈装置R〉は、2つの入力信号がともに1のときは1を出力し、2つの入力信号のうち少なくとも一方が0であれば、$\frac{3}{4}$の確率で1を出力し、$\frac{1}{4}$の確率で0を出力するという規則なので、「1,1→1／他 $\frac{3}{4}$ で1、$\frac{1}{4}$ で0」と記号化しましょう。

（記号化の仕方はこの通りでなくてかまいません。自分がわかるように書けばいいのです。ただし、文章にせずに、なるべく一目瞭然な形にしましょう）

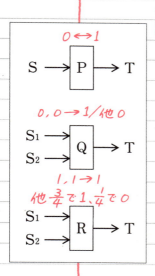

↓

(1) に進む

MEMO
注意：ここの装置の規則を丸暗記してもダメです。別の規則の問題も出ます。どんな規則の装置が出てきても解けるように、解き方を覚えてください。

(1) これらP、Qの装置をつないで、下図のような回路を作った。この回路に、次の表に示したようにア、イ、ウの3通りの信号の組み合わせを入れたとき、Tが0となるのはどの場合か。

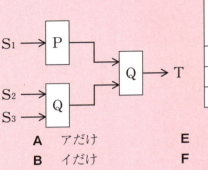

	入力信号の組み合わせ		
	ア	イ	ウ
S_1	1	1	0
S_2	1	0	0
S_3	0	0	0

A　アだけ
B　イだけ
C　ウだけ
D　アとイの両方
E　アとウの両方
F　イとウの両方
G　アとイとウのすべて
H　ア、イ、ウのいずれでもない

ア、イ、ウの結果を出してみる

ア、イ、ウをそれぞれ試してみる必要があります。このときのコツは**「装置による変化をいちいち書き入れる」**ということです。

この問題を間違える人のほとんどはケアレスミスが原因です。ミスが起きるのは、頭の中だけで考えようとするから。いちいち書いていけば、確実に正解できます。
なお、同じ図に3回も書き込むことになるので、前の書き込みをグルグルと塗りつぶすなどして、間違えないように気をつけましょう。

❶
アの信号の組み合わせを入れたとき、Tが1、0のどちらになるかを求める

❷
イの信号の組み合わせを入れたとき、Tが1、0のどちらになるかを求める

❸
ウの信号の組み合わせを入れたとき、Tが1、0のどちらになるかを求める

答え

先に下ごしらえで記号化したように、
　〈装置P〉「0 ↔ 1」
　〈装置Q〉「0,0 → 1／他 0」
なので、

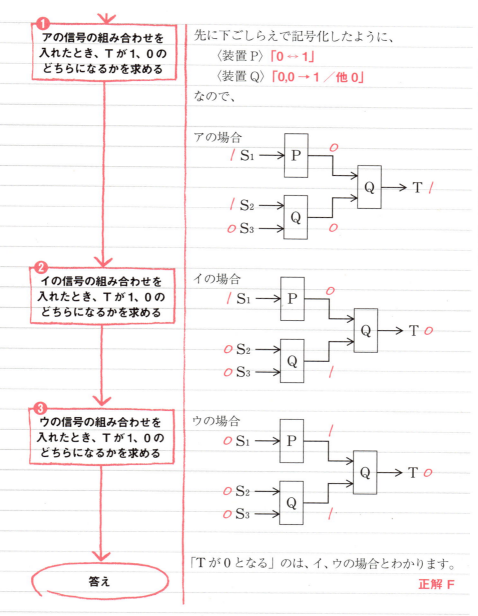

「Tが0となる」のは、イ、ウの場合とわかります。

正解 F

(2) これらP、Q、Rの装置をつないで、下図のような回路を作った。入力S_1、S_2、S_3が0、S_4が1のとき、出力Tが1となる確率はいくらか。

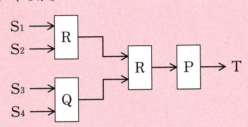

A $\frac{1}{16}$　　　　E $\frac{1}{2}$

B $\frac{2}{16}$　　　　F $\frac{3}{4}$

C $\frac{1}{4}$　　　　G 1

D $\frac{3}{8}$　　　　H AからGのいずれでもない

確定的なところから
書き入れていく

↓

❶ 装置P、Qにかかわる
ところを書き入れていく

確率が関係するのは装置Rだけですから、結果の確定している装置P、Qに関係するところの数値をまず書き入れていきます。
問題の条件も書き込むのはもちろんです。

最後の装置Pの出力が1になるわけですから、装置Pへの入力は0ということです（装置Pは「0↔1」なので）。

逆にたどることも大切

装置Qの入力は0,1なので、出力は0です（装置Qは「0,0→1／他0」なので）。

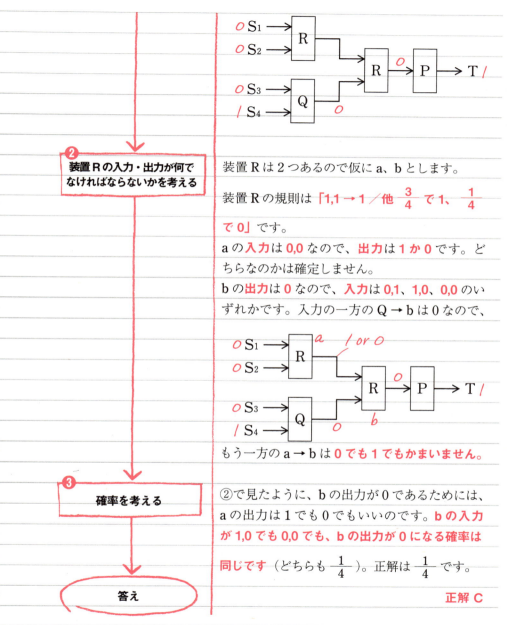

② 装置Rの入力・出力が何でなければならないかを考える

装置Rは2つあるので仮にa、bとします。

装置Rの規則は「1,1→1／他 $\frac{3}{4}$ で1、$\frac{1}{4}$ で0」です。

aの**入力**は**0,0**なので、**出力**は**1か0**です。どちらなのかは確定しません。

bの**出力**は**0**なので、**入力**は**0,1、1,0、0,0**のいずれかです。入力の一方のQ→bは0なので、

もう一方のa→bは**0でも1でもかまいません**。

③ 確率を考える

②で見たように、bの出力が0であるためには、aの出力は1でも0でもいいのです。**bの入力が1,0でも0,0でも、bの出力が0になる確率は同じです**（どちらも $\frac{1}{4}$ ）。正解は $\frac{1}{4}$ です。

答え

正解 C

(3) これらP、Q、Rの装置をつないで、下図のような回路を作った。いま、出力Tが1であったという。このとき、次のうち必ず誤りとなるものはどれか。

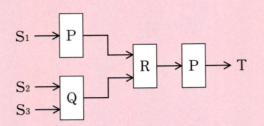

カ 入力S_1、S_2、S_3のすべてが1である
キ 入力S_1、S_2、S_3のすべてが0である
ク 入力S_3が1であり、入力S_1、S_2のどちらかは0である

A　カだけ　　　　　　　E　カとクの両方
B　キだけ　　　　　　　F　キとクの両方
C　クだけ　　　　　　　G　カとキとクのすべて
D　カとキの両方　　　　H　カ、キ、クのいずれでもない

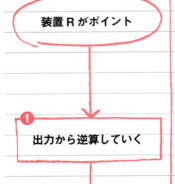

問題文が「誤りとなるものはどれか」ではなく「必ず誤りとなるものはどれか」となっているのは、装置Rは出力が確定的ではないからです。**装置Rに注目して、「必ず」と言える状況を考えるのがポイントです。**

「出力Tが1」が「必ず誤りになる」ということは、出力は1と0の2種類しかないので、「出力Tが必ず0になる」ということです。
装置Pの出力のTが0なのですから、装置P

❷ 「必ず」と言える状態を考える

の入力は1です（装置Pは「0↔1」なので）。

装置Pの入力、つまり装置Rの出力が1になるのは、入力が1,1のときと、その他の入力の場合の $\frac{3}{4}$ です（装置Rは「1,1→1／他 $\frac{3}{4}$ で1、$\frac{1}{4}$ で0」なので）。「必ず」なので、$\frac{3}{4}$ ではダメです。**装置Rの入力は1,1です。**

❸ さらに逆算

出力が1なのですから、最初の装置Pの入力の S_1 は0です（装置Pは「0↔1」なので）。
同じく、出力が1なのですから、装置Qの入力の S_2、S_3 は両方とも0です（装置Qは「0,0→1／他0」なので）。

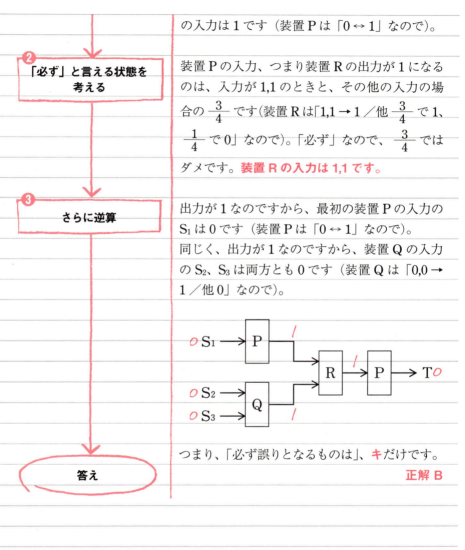

答え

つまり、「必ず誤りとなるものは」、**キ**だけです。

正解 B

2 数をかけたり割ったりする装置の問題

　ある数値を入力すると、次のような規則で出力する装置Qがある。

〈例〉

横から入力された数値を2で割って出力する。例えば、横から4を入力すると2を出力する。

〈例〉

上から入力された数値を2倍にして出力する。例えば、上から2を入力すると4を出力する。

〈例〉

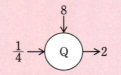

上と横から入力された数値は、その積を出力する。例えば、上から8、横から$\frac{1}{4}$を入力すると2を出力する。

下ごしらえをする

まずは、【1 0と1を規則的に変化させる装置の問題】と同様に、装置のそれぞれの場合の変化の規則を、記号化して書き入れましょう。

❶ **装置の規則を記号化して書き入れる**

横から入力された場合は「÷2」
上から入力された場合は「×2」
上と横から入力された場合は「積」
これで条件が一目瞭然となり、後がやりやすいですし、間違いが減ります。

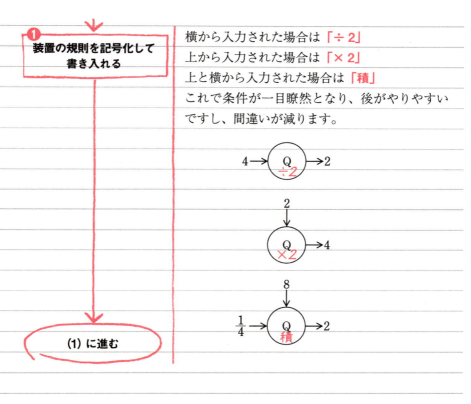

(1) に進む

(1) この装置 Q をつないで、下図のような回路を作った。a_1 に 3、a_2 に 13 を入力したとき、b はいくつになるか。

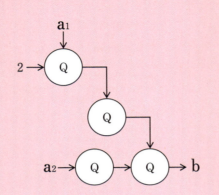

- **A**   26
- **B**   39
- **C**   52
- **D**   78
- **E**   104
- **F**   130
- **G**   156
- **H**   **A** から **G** のいずれでもない

ミスポイントに注意する

このタイプの問題のミスポイントは、**同じように上から数値が入っていても、横からも入っているかどうかで、数値の変化のさせ方が違う**、ということです。横から入っている場合も同様です。

そこさえ気をつければ、易しい問題です。

ひとつずつ、変化の指示と、出力される数値を書き入れていけばいいのです。

❶ 左上の装置に規則と数値を書き入れる

それでは、(1)の図に、ひとつずつ規則と数値を書き入れていきましょう。

まず最初は、上と横から入力されているので「**積**」です。

入力されているのは「**a₁**」と「**2**」です。

「a₁」は **3** なので、積は、

$$2 \times 3 = 6$$

となります。

❷ 同じようにして全部を書き入れる

同じようにしてすべて書き入れていくと、次のようになります。

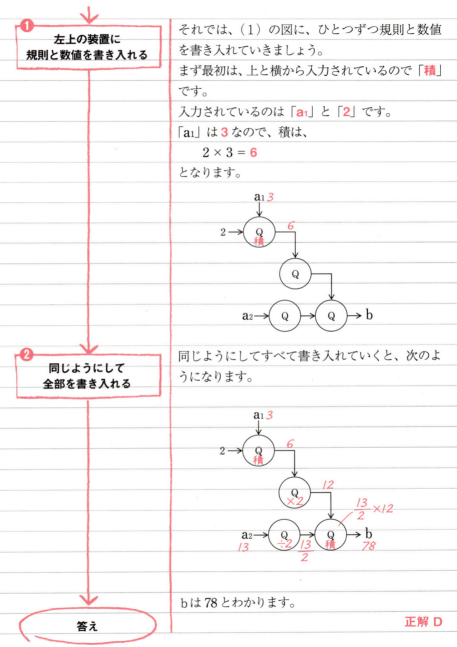

bは 78 とわかります。

答え

正解 D

別解　全体を式に置き換える。

左上の Q は 2 × 3、次の Q はそれに × 2…というふうに式に置き換えて
いくと、図全体が、

$$(2 × 3 × 2) × (13 ÷ 2) = b$$

というひとつの式になります。

× 2 と ÷ 2 を相殺して、

$$2 × 3 × 13 = b$$

つまり、入力する 2 つの数値に 2 をかけたものが出力 b なのです。

$$b = 78$$

第4部

「言語」
完全攻略

SPIの「言語」の概要と対策

SPI　基礎能力検査（言語）の問題種ごとの頻出度

	テストセンター	ペーパーテスト	WEBテスティング	掲載ページ
二語関係	◎	◎	×	p.340
熟語の意味	◎	◎	×	p.350
熟語の成り立ち	×	×	◎	p.360
語句の用法	◎	◎	×	p.366
文の並べ換え	○	×	◎	p.380
空欄補充	○	○	◎	p.388
長文読解	○	◎	○	p.394

◎：高い頻度で出題される　　○：出題されることがある　　×：出題されない

※上表のデータは、SPIノートの会の独自調査によるものです。無断転載を禁じます。

©SPIノートの会

SPI-U の言語の実施時間と出題数

	実　施　時　間	言語全体の出題数
テストセンター	言語・非言語あわせて約35分 ※言語と非言語は、同じ時間内に実施される	回答状況によって出題数が変わる
ペーパーテスト	30分 ※言語と非言語は別々に実施される	40問程度
WEBテスティング	言語・非言語あわせて約35分 ※言語と非言語は、同じ時間内に実施される	回答状況によって出題数が変わる

言語の組問題

　言語では、非言語と同様に「組問題」の形式で出題される問題があります。「長文読解」では、1つの長文に対して複数の設問が連続して出題されます。また、テストセンターで出題されるタイプの「文の並べ換え」問題も、1組の長文に対して複数の設問が出題されることがあります。

　どちらの分野も、先に出題された問題で読み解いた内容や答えが、次の設問を解くときの役に立つことがあります。同じ組の中の問題は、できるだけ出題順に解くのがよいでしょう。

入力形式の問題も出題される

　テストセンターと WEB テスティングの長文読解では、回答を入力する形式の問題が出題されることがあります。文字数は 10 文字以内程度です。大量の入力が必要な問題は出ません。

言語の設問

　主に大学生対象の SPI では、以下の問題種が出題されます。

●二語関係

最初に提示された二語の関係を考え、同じ関係を探す問題と、同じ関係になるよう熟語を探す問題があります。**7種の分類記号（341 ページを参照）をマスターし、素早く解けるようにしましょう。**

●熟語の意味

設問と意味が一致する言葉を探す問題です。二字熟語が多く出題されますが、中には動詞、副詞の意味を問う問題もあります。**語を分解したり、言い換えるなどの方法で、解くことができます。**中には「その言葉の意味を知らないと解けない」という設問もありますが、本書の

再現問題に取り組み、言葉の意味を覚えておけば、確実に得点できます。

● 熟語の成り立ち

漢字2文字から成り立つ熟語について、相互の漢字の関係を見分ける問題です。**選択肢の内容と見分け方をマスターしておきましょう。**

● 語句の用法

複数の意味を持つ助詞・動詞・名詞から設問と同じ用法で使われている文章を選ぶ形式です。**まぎらわしい選択肢が多いので、設問で使われている語の意味をきちんとつかむことが大切です。わかりやすい言葉で言い換えるのも有効です。**

● 文の並べ換え

ばらばらに並べられた選択肢を正しい順番に並べ換える問題です。文節を並べ換えて1つの文章を作るタイプ（文節タイプ）と、文章を並べ換えて長文を作るタイプ（文章タイプ）があります。**前後の内容などからつながりを推測して解きましょう。**

● 空欄補充

文中の空欄に入る言葉として適切なものを回答する問題です。空欄の数は1つとは限らず、複数の場合もあります。**設問文からヒントとなる言葉や表現を適切に読み取ることが大事です。**

● 長文読解

長文を読んで設問に答える問題です。SPIの全方式で出題され、いずれも**1長文に対して3～5問程度が出題される「組問題」**です。テストセンター、WEBテスティングとペーパーテストとで長文の文章量が異なります。

また、テストセンター、WEBテスティングでは、回答を入力する形式の問題も出題されます。

言語は全分野を対策しよう

　SPI の非言語は出題範囲が広く、効率よい対策のためにはどのように優先順位をつけて対策をしていくかが重要です。しかし、言語の出題範囲は、非言語と比べるとそれほど広くありません。受検直前などで特定の方式に絞り込んだ対策が必要な場合を除き、**言語問題は本書のすべての分野に取り組んでおくのがベストです**。なるべく多くの問題に取り組んでおくことで、言語能力の全体的な底上げにもつながります。

　本書では、短時間の学習で効果が出やすい語彙の問題（二語関係、熟語の意味など）から順に掲載します。

再現問題に取り組んで慣れておこう

　言語問題のうち、特に**「二語関係」「熟語の成り立ち」は、出題された言葉がどの関係に当てはまるのか、あらかじめ問題に取り組んで慣れておくことが大事です**。これらの分野は、問題形式に慣れておくだけで、本番での得点アップが見込めます。

「二語関係」問題の概要と攻略法

1

🔍 提示された二語の関係を考える問題

最初に提示された二語の関係を考え、同じ関係を探す問題と、同じ関係になるよう熟語を探す問題があります。

出題される方式はテストセンターとペーパーテストです。出題傾向は似ていて、テストセンターとペーパーテストで同じ問題が出題されることもあります。

🔍 解き方のコツは7種類の「分類記号」

二語の関係は、大きく分けて次ページの表の通り、7種類に整理できます。この分類をあらかじめ頭に入れておき、示された二語がどれに当てはまるのかを考えましょう。ペーパーテストでは、冊子に分類記号(表中の「⊃」や「⇔」など)を書き込むなどして、素早く答えを探す工夫をするとよいでしょう。

🔍 7種類に当てはまらない場合もある

正確には、この7種類に当てはまらない選択肢も出てきます。「当てはまらないものは"なし"という種類」と考えて解きましょう。

※言葉の定義は『大辞林第三版』(三省堂)から引用しました。

二語関係一覧

関係（記号）	具 体 例	考 え 方
含む・含まれる （⊃、⊂）	辞典⊃漢和辞典 「辞典」は「漢和辞典」を含む	AはBを含む／ Aの一種がB
	野球⊂スポーツ 「野球」は「スポーツ」に含まれる	AはBに含まれる／AはBの一種
対立する意味 （⇔）	収入⇔支出 「収入」に対立する語が「支出」	Aに対立する語がB
役目 （役）	石けん：洗浄（役） 「石けん」は「洗浄」する	AはBする
原料 （原）	日本酒：米（原） 「日本酒」は「米」からできる	AはBからできる
同じ意味 （＝）	マグネット＝磁石 「マグネット」と「磁石」は同じ	AとBは同じ
同列 （列）	邦楽：洋楽（列） 「邦楽」も「洋楽」も音楽の一種	AもBも〜の一種
一組・ワンセット （組）	針：糸（組） 「針」と「糸」は一緒に使う	AとBは一緒に使う

「二語関係」問題の概要と攻略法

「二語関係」の再現問題

最初に提示された二語の関係を考え、同じ関係のものを選びなさい。

鉛筆：文房具

ア 万年筆：筆記
イ ペンチ：工具
ウ 文学：小説

A アだけ   **D** アとイ
B イだけ   **E** アとウ
C ウだけ   **F** イとウ

解説と解答

「鉛筆」は「文房具」の一種です。「鉛筆」は「文房具」に含まれるので「鉛筆⊂文房具」となります。

   鉛筆⊂文房具

アの「万年筆」は「筆記」するのが役目です。

   万年筆：筆記（役）

イの「ペンチ」は「工具」の一種です（ペンチは工具に含まれる）。

   ペンチ⊂工具

ウの「小説」は「文学」の一種です（小説は文学に含まれる）。記号の向きは最初に提示された二語と逆になります。

   文学⊃小説

以上から、設問と同じ関係になるのは、**イ**の「ペンチ：工具」だけです。

正解 B

「二語関係」の練習問題（練習問題もすべて再現問題です）

　各問いについて、最初に提示された二語の関係を考え、同じ関係のものを選びなさい。

問1　**相対的：絶対的**

ア　創造：模倣

イ　芸術的：前衛的

ウ　保守的：革新的

A アだけ　　D アとイ

B イだけ　　E アとウ

C ウだけ　　F イとウ

問2　**暗室：現像**

ア　プロペラ：推進

イ　図書：本

ウ　教会：牧師

A アだけ　　D アとイ

B イだけ　　E アとウ

C ウだけ　　F イとウ

問3　**海流：暖流**

ア　干潮：満潮

イ　雨具：かさ

ウ　日食：月食

A アだけ　　D アとイ

B イだけ　　E アとウ

C ウだけ　　F イとウ

問4　**植物：生物**

ア　味覚：感覚

イ　キリスト教：仏教

ウ　才能：文才

A アだけ　　D アとイ

B イだけ　　E アとウ

C ウだけ　　F イとウ

問5　針：糸

ア ものさし：定規
イ 弓：矢
ウ バイオリン：チェロ

A アだけ　　**D** アとイ
B イだけ　　**E** アとウ
C ウだけ　　**F** イとウ

問6　学校：教育

ア 背番号：番号
イ 病院：診察
ウ 収入：支出

A アだけ　　**D** アとイ
B イだけ　　**E** アとウ
C ウだけ　　**F** イとウ

問7　緊張：弛（し）緩

ア 記者：取材
イ 悪化：好転
ウ 緯度：赤道

A アだけ　　**D** アとイ
B イだけ　　**E** アとウ
C ウだけ　　**F** イとウ

問8　校則：規則

キロメートル：
{
A センチメートル
B 単位
C 定規
D 地図
E 測量
}

問9　進歩的：保守的

楽観的：
{
A 活動的
B 実践的
C 全体的
D 飛躍的
E 悲観的
}

問10　調味料：香辛料

小説：
{
A 私小説
B 随筆
C 芸術
D 執筆
E 作家
}

問 11　安全：危険

露骨：
- **A** 入念
- **B** 密集
- **C** 内輪
- **D** 端的
- **E** 婉（えん）曲

問 12　庭：造園

寺院：
- **A** 神主
- **B** 大仏
- **C** 建立
- **D** 神社
- **E** 僧侶

問 13　寛大：厳格

軽率：
- **A** 勇敢
- **B** 親身
- **C** 大切
- **D** 従順
- **E** 慎重

問 14　家具：ベッド

塗料：
- **A** 絵筆
- **B** ペンキ
- **C** 工作
- **D** 塗装
- **E** 看板

問 15　チーズ：牛乳

しょうゆ：
- **A** 減塩
- **B** みそ
- **C** ソース
- **D** ドレッシング
- **E** 大豆

問 16　辞書：書籍

しいたけ：
- **A** まつたけ
- **B** しめじ
- **C** 広葉樹
- **D** きのこ
- **E** グルタミン酸

「二語関係」の練習問題―解説と解答

問1

相対的⇔絶対的	「相対的」に対立する語が「絶対的」
○ア　創造⇔模倣	「創造」に対立する語が「模倣」
×イ　芸術的⊃前衛的	「芸術的」は「前衛的」を含む
○ウ　保守的⇔革新的	「保守的」に対立する語が「革新的」

正解 E

問2

暗室：現像（役）	「暗室」は「現像」する
○ア　プロペラ：推進（役）	「プロペラ」は「推進」する
×イ　図書⊃本	「図書」は「本」を含む
×ウ　教会：牧師	（「牧師」は「教会」にいる）

　ウの「教会：牧師」は7つの分類には当てはまりませんが、常識的に「牧師は教会にいる」とわかり、正解ではないことが判断できます。

正解 A

問3

海流⊃暖流	「海流」は「暖流」を含む
×ア　干潮⇔満潮	「干潮」に対立する語が「満潮」
○イ　雨具⊃かさ	「雨具」は「かさ」を含む
×ウ　日食：月食（列）	「日食」も「月食」も「食」の一種

正解 B

問4

植物⊂生物	「植物」は「生物」に含まれる
○ア　味覚⊂感覚	「味覚」は「感覚」に含まれる

×**イ**　キリスト教：仏教（列）　「キリスト教」も「仏教」も「宗教」の
　　　　　　　　　　　　　　　　　　一種
×**ウ**　才能⊃文才　　　　　　　　「才能」は「文才」を含む

正解 A

問5

針：糸（組）　　　　　　　　　**「針」と「糸」は一緒に使う**
×**ア**　ものさし＝定規　　　　　　「ものさし」と「定規」は同じ
○**イ**　弓：矢（組）　　　　　　　「弓」と「矢」は一緒に使う
×**ウ**　バイオリン：チェロ（列）　「バイオリン」も「チェロ」も
　　　　　　　　　　　　　　　　　「弦楽器」の一種

正解 B

問6

学校：教育（役）　　　　　　　**「学校」は「教育」する**
×**ア**　背番号⊂番号　　　　　　　「背番号」は「番号」に含まれる
○**イ**　病院：診察（役）　　　　　「病院」は「診察」する
×**ウ**　収入⇔支出　　　　　　　　「収入」は「支出」に対立する語

正解 B

問7

緊張⇔弛緩　　　　　　　　　　**「緊張」に対立する語が「弛緩」**
×**ア**　記者：取材（役）　　　　　「記者」は「取材」する
○**イ**　悪化⇔好転　　　　　　　　「悪化」に対立する語が「好転」
×**ウ**　緯度⊃赤道　　　　　　　　「緯度」は「赤道」を含む
「赤道」は「緯度0度」のこと、つまり「緯度」の一種です。「緯度」
は、「赤道」を「0度」地点として、南北に「南緯」「北緯」と分か
れます。

正解 B

問8

校則⊂規則　　　　　　　「校則」は「規則」に含まれる

キロメートル：○ **B**　単位

「校則」はいろいろある「規則」の一種です。同様に、「キロメートル」はいろいろある「単位」の一種です。

正解 B

問9

進歩的⇔保守的　　　　　　「進歩的」に対立する語が「保守的」

楽観的：○ **E**　悲観的

「楽観的」は「物事がうまくいくだろうと明るい見通しをもつさま」という意味です。「悲観的」はこれと逆の意味です。

正解 E

問10

調味料⊃香辛料　　　　　　「香辛料」は「調味料」に含まれる

小説：○ **A**　私小説

「私小説」は「作者自身を主人公とし、自分の生活や経験を虚構を排して描き、自分の心境の披瀝を重視する日本近代文学に特有の小説の一形態」で、「小説」の一種です。

正解 A

問11

安全⇔危険　　　　　　　「安全」に対立する語が「危険」

露骨：○ **E**　婉曲

「露骨」は「感情や本心をむきだしに示すこと」という意味です。「婉曲」は「遠回しに、それとなく表現するさま」です。

正解 E

問12

庭：造園　　　　　　　　「庭」は「造園」するもの

寺院：○ **C**　建立

　庭や公園などを作ることを「造園する」といいます。同様に、寺院を作ることを「建立する」といいます。「AはBする」の形に

なるところは役目の関係に似ていますが、厳密には7つの分類には
当てはまりません。

正解 C

問13

寛大⇔厳格　　　　　　　「寛大」に対立する語が「厳格」

軽率：○ **E**　慎重

「寛大」は「心がひろく思いやりがあること」、「厳格」は「きびし
くて、少しも手加減をしないさま」という意味です。また、「軽率」
は「よく考えずに物事を行うさま」、「慎重」は「注意深く、落ち着
いて、軽々しく行わないこと」という意味です。

正解 E

問14

家具⊃ベッド　　　　　　「家具」は「ベッド」を含む

塗料：○ **B**　ペンキ

「ベッド」はいろいろある「家具」の一種です。同様に、「ペンキ」
はいろいろある「塗料」の一種です。

正解 B

問15

チーズ：牛乳（原）　　　　「チーズ」は「牛乳」から作られる

しょうゆ：○ **E**　大豆

「しょうゆ」は「大豆」から作られます。

正解 E

問16

辞書⊂書籍　　　　　　　「辞書」は「書籍」に含まれる

しいたけ：○ **D**　きのこ

「辞書」はいろいろある「書籍」の一種です。同様に、「しいたけ」
はいろいろある「きのこ」の一種です。

正解 D

「熟語の意味」問題の概要と攻略法

2

🔍 設問と意味が一致する言葉を探す問題

設問と意味が一致する言葉を探す問題です。二字熟語が多く出題されますが、中には動詞、副詞の意味を問う問題もあります。出題される方式はテストセンターとペーパーテストです。出題傾向は似ていて、テストセンターとペーパーテストで同じ問題が出題されることもあります。

🔍 解き方のコツは3つ

① 候補をすべて見る

選択肢には似たような意味の熟語が複数含まれているので、焦って選ぶと間違えやすくなります。これだと思う候補があっても、もっと的確な候補はないか、**すべて見るのが間違いを減らすコツです。**

② 同じ漢字を使った候補がないか探す

設問文では、ひらがなが多く使われる傾向があります。ひらがなはできるだけ漢字に直し、**同じ漢字を使った候補がないかどうか探します。**

③ それでもわからないときは「消去法」を使う

①②の方法でもわからないときは、まず**「消去法」を使い、明らかに意味が異なる候補を消します。**残る候補については、熟語を分解して漢字自体の意味を考えたり、音訓読みを変えたりしてみます。

あるいは、設問文の内容から例文を考えてみて、それに当てはめて、違和感がないものを選ぶという方法もあります。

※言葉の定義は『大辞林第三版』(三省堂) から引用しました。

「熟語の意味」の再現問題

　下線部のことばと意味が最も合致するものを、**A** から **E** の中から１つ選びなさい。

　　自分だけひとり超然としていること

　A　潔癖
　B　孤立
　C　崇高
　D　孤高
　E　独裁

解説と解答

　選択肢のうち、「ひとり」という意味を持つのは、「**B** 孤立」「**D** 孤高」「**E** 独裁」です。「孤」と「独」には「ひとり」という意味があります。

　３つの候補の意味は

「孤立」は「他から離れて一つだけ立っていること」。

「独裁」は「自分一人の判断で物事を決めること」。

「孤高」は「ただひとり、他とかけ離れて高い境地にいること」。

　設問の「超然」とは、「世俗的な物事にこだわらないさま」ですから、これが当てはまるのは「孤高」です。

正解 D

残りの選択肢の意味

潔癖…わずかな不潔でも許さない性質。また、そのさま。きれいずき
崇高…けだかくて、とうといこと（さま）

351

「熟語の意味」の練習問題（練習問題もすべて再現問題です）

各問いについて、下線部のことばと意味が最も合致するものを、**A** から **E** の中から1つ選びなさい。

問1 はかりごとをめぐらして、あれこれと行動すること
- **A** 遂行
- **B** 発案
- **C** 策略
- **D** 画策
- **E** 考案

問2 いみじくも
- **A** 適切に
- **B** けなげにも
- **C** 理路整然と
- **D** きっぱりと
- **E** 突然に

問3 妨げが多くて、物事がはかどらないこと
- **A** 困難
- **B** 逆境
- **C** 渋滞
- **D** 遅延
- **E** 難航

問4 上の人に対して意見を申し述べること
- **A** 甘言
- **B** 過言
- **C** 提言

D 　進言

E 　直言

問5 うわべをじょうずにとりつくろう

　　A 　たやすく

　　B 　そっけなく

　　C 　すばやく

　　D 　むげに

　　E 　ていよく

問6 一流の人をまねるだけで、独創性がなく劣っていること

　　A 　亜流

　　B 　二流

　　C 　低俗

　　D 　劣等

　　E 　模倣

問7 古くさくてありふれたやり方

　　A 　陳腐

　　B 　古来

　　C 　卑小

　　D 　旧式

　　E 　常套（とう）

問8 事件や問題などの間に割り込むこと

　　A 　仲介

　　B 　潜入

　　C 　介入

　　D 　調停

　　E 　関与

問9 それぞれのよいところを取って一つにまとめること
- A　混交
- B　合同
- C　折半
- D　併合
- E　折衷

問10 自慢げに見せること
- A　高慢
- B　披露
- C　優越
- D　披瀝（れき）
- E　誇示

問11 その時々に応じた、はかりごと
- A　策謀
- B　策定
- C　機略
- D　陰謀
- E　策略

問12 しつこく、ねばり強いこと
- A　根気
- B　粘着
- C　偏屈
- D　辛抱
- E　執拗（よう）

「熟語の意味」の練習問題─解説と解答

問1

「はかりごと」は「事がうまく運ぶように前もって作り上げた計画・手段」という意味です。候補のうち「はかりごと」という意味があるのは「**C** 策略」「**D** 画策」です。「**B** 発案」「**E** 考案」はどちらも考えることに関係しますが、「はかりごと」ではありません。

「策略」「画策」のうち、「めぐらす」という意味を含むのは「画策」だけです。「策略」の意味は「物事をうまく運び、相手を巧みに操るためのはかりごと。計略」で、「めぐらす」に当たる意味は含まれません。

正解 D

残りの選択肢の意味

遂行…物事をなしとげること

考案…工夫をめぐらし、考え出すこと

問2

「いみじくも」は、「非常に巧みに。適切に」という意味です。選択肢のうち、これに該当するのは「**A** 適切に」だけです。

正解 A

問3

まず、「妨げ」の意味がない「**C** 渋滞」と「**D** 遅延」を候補から除きます。

残る3候補の意味は

「**E** 難航」は「障害のため物事がはかどらないこと」。

「**B** 逆境」は「物事がうまくゆかず、苦労の多い身の上。不遇な境遇」。

「**A** 困難」は「簡単にはなしとげられないこと。実現・実行がむずかしいこと。また、そのさま」。

「はかどらない」（うまく進まない）という意味があるのは「難航」だけです。残りの2つは状態や境遇を表す言葉で、実行は伴いません。

正解 E

残りの選択肢の意味

渋滞…物事がなめらかにゆかず、とどこおること

遅延…物事が予定より長びくこと。遅れること

問4

「上位の者に意見を申し述べること。具申」という意味の「D 進言」が正解です。

間違えそうな候補として「C 提言」がありますが、これは「考え・意見を皆の前に示すこと。また、その考え・意見」で、「上の人に対して」の意味合いはありません。また、「E 直言」も「遠慮せずに自分の考えをはっきり言うこと」で、「上の人に対して」ではありません。

正解 D

残りの選択肢の意味

甘言…相手の気持ちをさそうように、うまくいう言葉

過言…度を過ごした言葉。いいすぎ

問5

「もっともらしくうわべをとりつくろうさま」という意味の「E ていよく」が正解です。残りの候補のうち、「A たやすく」は「わけなくできる。容易だ」という意味で、うわべをとりつくろうわけではありません。

正解 E

残りの選択肢の意味

そっけなく（い）…思いやりがない

すばやく（い）…動作や行動が早い

むげに…考慮すべき点がないように冷淡に扱うさま

問6

「まねる」という意味があるのは、「A 亜流」と「E 模倣」です。このうち、「模倣」は、単に「まねること。にせること」であり、まねる先が「一流」かどうかは関係ありません。残る「亜流」は、「独創がなく、一流の人の

模倣に終始する人。また、その作品」という意味で、こちらが正解です。

正解 A

残りの選択肢の意味

二流…格式・技量・品質などがやや劣ること。また、そのもの

低俗…趣味・考え方・傾向などが下品で程度の低いこと（さま）

劣等…平均的な水準のものと比べて劣っていること

問7

「ありふれた」という意味があるのは、「**A 陳腐**」と「**E 常套**」です。

「陳腐」は「古くさいこと。ありふれていてつまらないこと。また、そのさま」。「常套」は「古くからの習慣。ありふれたやり方」。

どちらも似た意味ですが、設問の「古くさい」というマイナスイメージに合うのは、「陳腐」のほうです。

正解 A

残りの選択肢の意味

古来…昔から今まで。古くから

卑小…根性が卑しく、料簡が狭いこと

旧式…古い形式。古くからのしきたり

問8

「事件や争いなどに割り込むこと」を表す「**C 介入**」が正解です。

他の言葉には「割り込む」という意味合いがありません。例えば、間違えやすい候補「**D 調停**」は「争いをしている者の間に入り、それをやめさせること。仲直りさせること」という意味で、間には入りますが、割り込みはしません。

正解 C

残りの選択肢の意味

仲介…直接話し合うことの困難な両者の間に入って話をまとめること

潜入…ひそかに入りこむこと。もぐりこむこと

関与…あることに関係すること。たずさわること

「熟語の意味」の練習問題 — 解説と解答

357

問9

「一つにまとめる」という意味は、「**C** 折半」以外の全候補にあるので、「よいところを取って」という意味に注目します。

「よいところを取って」という意味があるのは、「**E** 折衷」だけです。「二つ以上の考え方や事物から、それぞれのよいところをとって一つに合わせること」という意味で、これが正解です。

正解 E

残りの選択肢の意味

混交…様々なものが入りまじること。区別すべきものを一つにすること
合同…二つ以上の物が合わさって一つになること。また、一つにすること
折半…半分に分けること
併合…いくつかのものを一つにまとめること

問10

候補の中で、日常的になじみが薄そうな熟語は「**D** 披瀝」です。「考えをすべて打ち明けること」という意味なので、不正解です。

残る候補のうち、「見せる」という意味合いがあるのは、「**B** 披露」と「**E** 誇示」だけです。

「披露」は「文書などを披き露す」意味から「ひろく人々に知らせること。公に発表すること」です。「自慢」の意味合いはありません。

「誇示」は「誇らかに示すこと。自慢して見せること」ですから、こちらが正解です。

正解 E

残りの選択肢の意味

高慢…自分が優れていると思って、他をあなどること（さま）
優越…他のものよりすぐれていること

問11

「はかりごと」という言葉から「謀」という漢字が入っている候補が正解かと思いますが、これが実はひっかけで、違うものが答えです。

「謀」の入った候補は以下の通りで、どちらにも「時々に応じた」という意味がありません。

「**A** 策謀」は「はかりごとをめぐらすこと。計略」。

「**D** 陰謀」は「ひそかに計画する、よくない企て」。

残る候補のうち、「時々に応じた」という意味があるのは、「機」という漢字が含まれる「**C** 機略」だけです。

「機略」は「その場に応じた、うまい考えややり方」という意味で、これが正解です。

正解 C

残りの選択肢の意味

策定…政策や計画などを考えてきめること

策略…物事をうまく運び、相手を巧みに操るためのはかりごと

問12

設問の「ねばり（粘り）」という言葉から、同じ漢字が含まれる「**B** 粘着」を選びがちですが、これはひっかけです。

「粘着」は、「ねばりけのあるものが他の物にぴったりくっつくこと」で、「しつこい」という意味がありません。

「しつこい」という意味があるのは、「**E** 執拗」だけです。「しつこいさま。意地を張り、自分の意見を押し通そうとするさま」という意味で、これが正解です。

念のため他の候補も見ると、「**A** 根気」には「ねばり強い」という意味はありますが、「しつこい」という意味はありません。

「**C** 偏屈」「**D** 辛抱」には、「ねばり強い」「しつこい」のどちらの意味もありません。

正解 E

残りの選択肢の意味

根気…一つのことを長く続けて行う気力

偏屈…性質が素直でなく、ねじけていること。頑固なこと

辛抱…たえしのぶこと。じっとがまんすること

「熟語の成り立ち」問題の概要と攻略法

3

🔍 2字熟語の漢字の関係を見分ける問題

漢字2文字から成り立つ熟語について、相互の漢字の関係を見分ける問題です。WEBテスティングでのみ出題されます。

1画面につき5問が出題され、**A〜D**の選択肢から当てはまるものを選びます。**A〜C**は以下の5つの選択肢から3つが出題されます。**D**は常に「A〜Cのどれにも当てはまらない」です。

「熟語の成り立ち」の選択肢

選択肢	意味	例
主語と述語の関係にある	前の漢字が主語[1]、後の漢字が述語[2]の働きをする熟語 ●例えば、訓読みして「〜が〜する」になるもの	**国 有**（国が有する） 主語 述語
動詞の後に目的語をおく	前の漢字が動詞[3]で、後の漢字が目的語[4]の働きをする熟語 ●例えば、後→前の順で訓読みして「〜を〜する」になるもの	**制 球**（球を制する） 動詞 目的語
似た意味を持つ漢字を重ねる	前後の漢字が似た意味、または同じ意味を持つ熟語 ●漢字が両方とも似た意味、または同じ意味であるもの	**願 望**（「願い」と「望み」） 同じ意味
反対の意味を持つ漢字を重ねる	前後の漢字が反対の意味を持つ熟語 ●それぞれの漢字が反対の意味になるもの	**攻 防**（「攻める」と「防ぐ」） 反対の意味
前の漢字が後の漢字を修飾する	前の漢字が後の漢字を修飾（説明）する働きをする熟語 ●前の漢字が後の漢字を説明する働きをするもの	**少 量**（少ない量） どんな「量」かを説明

[1] 主　語：文の中で、「何がどうする」「何がどんなだ」などの「何」に当たるもの。（例）「花が咲く」の「花」
[2] 述　語：文の中で、「何がどうする」「何がどんなだ」などの「どうする」「どんなだ」に当たるもの。（例）「花が咲く」の「咲く」
[3] 動　詞：動作などを表す言葉で、一般に語尾が「ウ」段で終わるもの。（例）「走る」「見る」
[4] 目的語：動詞が表す動作・作用が及ぶ対象を示すもの。（例）「木を育てる」の「木」

なお、多くの場合、選択肢は画面ごとに変わります。画面が変わるごとに、**A**〜**C**がどの選択肢になっているのかを確認してから、問題に取りかかるようにしましょう。

🔍 解き方のコツは訓読みすること

　熟語がどの選択肢に当てはまるのか、まず熟語を訓読みしてみましょう。**「〜が」「〜は」「〜する」などの表現が入ることによって、関係が見分けやすくなります。**そのまますんなりと訓読みできない場合は、後の字から先に読む、字面から前後の漢字の関係を推測するなどの方法を試しましょう。画面内の選択肢のどれにも当てはまらないと思ったら、**D**の「A〜Cのどれにも当てはまらない」を選択します。

※言葉の定義は『大辞林第三版』（三省堂）から引用しました。

「熟語の成り立ち」の再現問題

　以下の5つの熟語の成り立ち方として当てはまるものを、**A**から**D**の中から1つずつ選びなさい。

- **(1)** 海洋
- **(2)** 軽装
- **(3)** 開幕
- **(4)** 国交
- **(5)** 去年

- **A**　似た意味を持つ漢字を重ねる
- **B**　主語と述語の関係にある
- **C**　前の漢字が後の漢字を修飾する
- **D**　A〜Cのどれにも当てはまらない

解説と解答

(1) 「海洋」の「海」と「洋」はどちらも同じような意味なので、正解は「**A** 似た意味を持つ漢字を重ねる」です。

正解 A

(2) 「軽装」は「軽い装い」と訓読みできます。「装い」は服装や化粧などを指す言葉です。「軽」が「装」を修飾（説明）する働きをしているので、正解は「**C** 前の漢字が後の漢字を修飾する」です。

正解 C

(3) 「開幕」は「幕を開ける」と訓読みできます。「開ける」は動詞で、「幕」は「開ける」という動作の対象なので目的語といえます。「動詞の後に目的語をおく」ですが、選択肢にはありません。正解は「**D** A〜Cのどれにも当てはまらない」です。

正解 D

(4) 「国交」は「国が交わる」と訓読みできます。「国」は主語で「交わる」は述語なので、正解は「**B** 主語と述語の関係にある」です。

正解 B

(5) 「去年」は「去った年」と訓読みできます。「去」が「年」を修飾する働きをしているので、正解は「**C** 前の漢字が後の漢字を修飾する」です。

正解 C

「熟語の成り立ち」の練習問題（練習問題もすべて再現問題です）

　各問いについて、熟語の成り立ち方として当てはまるものを、**A** から **D** の中から１つずつ選びなさい。

問1　(1)　欠礼　　(2)　正誤　　(3)　平均　　(4)　干満　　(5)　公設
　　　　A　似た意味を持つ漢字を重ねる
　　　　B　反対の意味を持つ漢字を重ねる
　　　　C　動詞の後に目的語をおく
　　　　D　A〜Cのどれにも当てはまらない

問2　(1)　楽勝　　(2)　乾湿　　(3)　暗黒　　(4)　育児　　(5)　異同
　　　　A　反対の意味を持つ漢字を重ねる
　　　　B　前の漢字が後の漢字を修飾する
　　　　C　動詞の後に目的語をおく
　　　　D　A〜Cのどれにも当てはまらない

問3　(1)　氷結　　(2)　山岳　　(3)　寸暇　　(4)　防寒　　(5)　新館
　　　　A　似た意味を持つ漢字を重ねる
　　　　B　主語と述語の関係にある
　　　　C　前の漢字が後の漢字を修飾する
　　　　D　A〜Cのどれにも当てはまらない

「熟語の成り立ち」の練習問題──解説と解答

問1

(1) 「欠礼」は「礼を欠く」と訓読みできます。「欠く」は動詞で、「礼」は「欠く」という動作の対象なので目的語といえます。正解は「**C** 動詞の後に目的語をおく」です。

(2) 「正誤」は「正しいことと誤っていること」という意味です。互いに反対の意味なので、正解は「**B** 反対の意味を持つ漢字を重ねる」です。

(3) 「平」は「高低・凹凸のないさま」という意味、「均」は訓読みすると「ならす」で、「たいらにする」という意味です。どちらも似たような意味なので、正解は「**A** 似た意味を持つ漢字を重ねる」です。

(4) 「干満」は「干潮と満潮」という意味です。互いに反対の意味なので、正解は「**B** 反対の意味を持つ漢字を重ねる」です。

(5) 「公設」は「国または公共団体の設立」という意味です。「<ruby>公<rt>おおやけ</rt></ruby>が<ruby>設<rt>もう</rt></ruby>ける」と訓読みできます。「主語と述語の関係にある」ですが、選択肢にはありません。正解は「**D** A～Cのどれにも当てはまらない」です。

正解 (1) C　(2) B　(3) A　(4) B　(5) D

問2

(1) 「楽勝」は「楽に勝つ」と訓読みできます。「楽」が「勝つ」を修飾する働きをしているので、正解は「**B** 前の漢字が後の漢字を修飾する」です。

(2) 「乾湿」は「乾燥と湿気」という意味です。正解は「**A** 反対の意味を持つ漢字を重ねる」です。

(3) 「暗」と「黒」はどちらも似た意味です。「似た意味を持つ漢字を重ね

る」ですが、選択肢にはありません。正解は「**D** A〜Cのどれにも当てはまらない」です。

(4) 「育児」は「児を育てる」と訓読みできます。「育てる」は動詞で、「児」は「育てる」という動作の対象なので目的語といえます。正解は「**C** 動詞の後に目的語をおく」です。

(5) 「異同」は「異なる」「同じ」という反対の意味の漢字からなります。正解は「**A** 反対の意味を持つ漢字を重ねる」です。

正解 (1) **B** (2) **A** (3) **D** (4) **C** (5) **A**

問3

(1) 「氷結」は「氷が結ぶ」と訓読みできます。正解は「**B** 主語と述語の関係にある」です。

(2) 「山岳」の「岳」は「高くりっぱな山」という意味です。正解は「**A** 似た意味を持つ漢字を重ねる」です。

(3) 「寸暇」は「わずかの暇」という意味です。「寸」が「暇」を修飾する働きをしているので、正解は「**C** 前の漢字が後の漢字を修飾する」です。

(4) 「防寒」は「寒さを防ぐ」と訓読みできます。「防」が動詞、「寒」が目的語です。「動詞の後に目的語をおく」なので、正解は「**D** A〜C のどれにも当てはまらない」です。

(5) 「新館」は「新しい館」と訓読みできます。「新」が「館」を修飾する働きをしているので、正解は「**C** 前の漢字が後の漢字を修飾する」です。

正解 (1) **B** (2) **A** (3) **C** (4) **D** (5) **C**

「語句の用法」問題の概要と攻略法

4

🔍 設問文と同じ意味で使われている語句を選ぶ問題

設問文の語句と同じ意味で使われているものを選択肢から選ぶ問題です。「**多義語**」を問うものと「**文法**」を問うものがあります。

出題される方式はテストセンターとペーパーテストです。出題傾向は似ていて、テストセンターとペーパーテストで同じ問題が出題されることもあります。

🔍 「多義語」の解き方のコツ

「多義語」とは、「同じ言葉（漢字）で、複数の意味を持つ言葉」です。例えば、「手」という言葉には「手を叩く（体の器官としての手）」「手がかかる（この手は「世話」という意味）」のように複数の意味があります。

多義語問題を解くコツは、言い換えることです。**問題の下線部を同じ意味の別の言葉に置き換え、選択肢にも当てはめ、意味が通ったものが正解です。**

🔍 「文法」の解き方のコツ

格助詞（「で」「に」「の」「と」など）や助動詞（「そうだ」「れる」など）の意味の違いを判断する「文法」問題が出題されます。

文法問題を解くコツは**①言い換えができるものは言い換える、②文の前後の状態を判断する、**の2つです。

文法問題は頻出の助詞や助動詞の用法を覚えておけば、確実に得点できます。次ページの一覧を頭に入れておきましょう。

SPIで頻出の文法の用法一覧

品詞		種　　類	用　　　例
格助詞	で	場所	家で準備をする／控え室で待つ
		時間	2時間で10キロ進む／三日で仕上げる
		手段・方法・道具・材料	問題集で勉強する／ケーキをチョコレートで飾る
		原因・理由・動機	健康診断で病院に行く／歯痛で休む
		事情・状況	みんなで暮らすと楽しい／全会一致で決定する
		動作・状態の主体	役員会で作成した草稿／自分で作った料理
	に	時間	作業の合間に休憩を取る／夕方に届く
		場所・範囲	海外に住む／実家にいる
		目標・対象	泳ぎに行く／頭痛に効きめのある薬
		原因	前祝いにワインをあける／赤点に落胆する
		帰着点・動作の及ぶ方向	会社に着く／向こうに届く
		動作・作用の源	先生に叱られる／母に渡される
		資格	おみやげに真珠を買う／ほうびに勲章をもらう
		変化の結果	教師になる／明日になる
		動作・状態の行われ方・あり方	前後にゆれる／交互に並ぶ
		否定に肯定を重ねる	言わずに終わる／無理せずに休む
	の	連体修飾語	彼の傘／父の形見
		主格・対象語格	彼の買った傘／父の建てた家
		体言に準ずる（のもの・のこと）	私のをお使いください／果物は甘いのがいい
		体言に準ずる（断定）	傘が折れたのです／ついに終わったのだ
		並列を示す	傘が気に入らないの、靴が汚れたのと文句が多い／渡すの渡さないのともめる
	と	相手	父とデパートに出かけた／友達と旅行に出た
		引用・主張・考え	わんわんと泣く／きれいな人だと思う
		結果	教師となった／開業は来年と決定した
		比較	昔と変わらない／君とは思想が違う

品詞	種類		用 例
接続助詞	つ つ	動作・作用の継続	雨雲が遠ざかりつつある／雨から雪に変わりつつある
		同時に行われる複数の動作	コーヒーを飲みつつ新聞を読む／落胆しつつ片づけをした
		無関係・相反する2つの動作	欠陥商品と認識しつつ販売を続けた／無駄と知りつつも依頼をする
助動詞	そうだ	性質についての判断	このケーキもおいしそうだ／まったく楽しくなさそうだ
		状態の変化についての判断	雷でも鳴りそうだ／すぐにも勝てそうだ
		予測	今日は暑くなりそうだ／これからも世話になりそうだ
		伝聞	遠方から来るそうだ／雪に埋もれているそうだ
	れる／られる	受身	母に持たされる／家屋が解体される
		尊敬	お客様が休まれる／会長が来られる
		自発	小さい頃が思い出される／若い頃がしのばれる
		可能	すぐにも行かれる距離だ／あなたならまかせられる

© SPIノートの会

※言葉の定義は『大辞林第三版』（三省堂）から引用しました。

「語句の用法」の再現問題

下線部の語が最も近い意味で使われているものを、**A** から **E** の中から1つ選びなさい。

自分が<u>先</u>に立って歩く

A　天気があやしいので<u>先</u>を急ぐことにした
B　こんな調子では<u>先</u>が思いやられる
C　みんなより<u>先</u>に帰ることにした
D　あまりにおいしいので<u>先</u>を争って食べた
E　<u>先</u>に料金を払うことになっている

解説と解答

　多義語の問題です。「先」を、文の意味が通るように別の言葉で言い換えてみます。「自分が先に立って歩く」は、自分を含めて何人か歩いている状況で、自分が最も先（先頭）として歩くということです。そこで、「先」を「先頭」と言い換え、全部の選択肢に当てはめます。

A　天気があやしいので「先頭」を急ぐことにした→×
B　こんな調子では「先頭」が思いやられる→×
C　みんなより「先頭」に帰ることにした→×
D　あまりにおいしいので「先頭」を争って食べた→○
E　「先頭」に料金を払うことになっている→×

文の意味が通り、矛盾がないのは **D** です。

正解 D

「語句の用法」の練習問題（練習問題もすべて再現問題です）

各問いについて、下線部の語が最も近い意味で使われているものを、**A**から**E**の中から１つ選びなさい。

問1 あやしい空模様
- **A** 空が気になる
- **B** 空を飛んでみたい
- **C** 他人の空似だった
- **D** うわの空で聞く
- **E** 空で覚えている

問2 彼は医者となった
- **A** 友人と美術館に出かけた
- **B** 引っ越しは今月と決まった
- **C** くすくすと笑う
- **D** 間違っていると指摘する
- **E** 美しい形だと思う

問3 電話をきる
- **A** 期限をきることが大事だ
- **B** たんかをきる
- **C** 親子の縁をきる
- **D** かじをきる
- **E** 油をきる

問4 バスで行く
- **A** 花で飾る
- **B** 歯痛で休む
- **C** 書店で買う

D　家族で暮らす

E　すぐに飛んでいきたい

問5　消費者の目が肥えてきた

A　目を凝らしてよく見た

B　目がまわる忙しさだ

C　マナーの悪さが目にあまる

D　まさかと目を疑う

E　これを選ぶとは目が高い

問6　知り合いから頼まれる

A　うれしい知らせが待たれる

B　誰でも登れる

C　夜露にぬれる

D　ビルがこわされる

E　先生が話される

問7　母のでよければお使いください

A　コートの裏地が破れたのです

B　それは私のコートです

C　コートは軽いのがいい

D　私のなくしたコートが見つかった

E　コートがないの、マフラーがないのと騒ぐ

問8　食卓にのぼる

A　トップの座にのぼる

B　話題にのぼる

C　猫が木にのぼる

D　来場者が100万人にのぼる

E　煙がのぼる

問 9　一人で行く<u>そうだ</u>

- **A**　あっちもおもしろ<u>そうだ</u>
- **B**　雨でも降り<u>そうだ</u>
- **C**　今年は黒字になり<u>そうだ</u>
- **D**　少しも悲しくなさ<u>そうだ</u>
- **E**　夜更けから雪になる<u>そうだ</u>

問 10　台風が近づき<u>つつ</u>ある

- **A**　危険と知り<u>つつ</u>使い続ける
- **B**　1年を振り返り<u>つつ</u>来年の目標を立てる
- **C**　期待に胸をときめかせ<u>つつ</u>門をくぐった
- **D**　春から夏に変わり<u>つつ</u>ある
- **E**　先方の事情も考慮し<u>つつ</u>検討する

問 11　このくらい世間<u>に</u>よくあることだ

- **A**　外国<u>に</u>住む
- **B**　思い出<u>に</u>記念品を買う
- **C**　腰痛<u>に</u>よく効く湿布
- **D**　出張<u>に</u>行く
- **E**　書かず<u>に</u>すます

問 12　波が岸に<u>寄せる</u>

- **A**　投書を<u>寄せる</u>
- **B**　花言葉に<u>寄せる</u>思い
- **C**　群衆が押し<u>寄せる</u>
- **D**　知人の話に事<u>寄せる</u>
- **E**　親戚の家に身を<u>寄せる</u>

「語句の用法」の練習問題─解説と解答

問1

　多義語の問題です。「空（模様）」を「天気」と言い換えます。すると、文章の意味が通るのは「**A** 空が気になる」だけです。

正解 A

残りの選択肢の意味

「**B** 空を飛んでみたい」…ここでの「空」は「空中」の意味

「**C** 他人の空似だった」…ここでの「空」は「外見上だけの。見せかけだけの」ということで、「空似」とは、「他人どうしの顔かたちがよく似ていること」

「**D** うわの空で聞く」…ここでの「空」は「心境。気持ち」の意味で、「うわの空」の意味は「他の事に心が奪われていて、当面の事に注意が集中していないさま」

「**E** 空で覚えている」…ここでの「空」は、「記憶していて、書いたものを見ないこと」の意味

問2

　文法の問題です。「と」は格助詞で、問題では「（動作などの）結果」を表す意味で使われています。

　この問題は、「彼は医者になった」と言い換えることができます。選択肢に当てはめると、「と」を「に」に言い換えて文章の意味が通るのは、「**B** 引っ越しは今月と決まった」だけです。これも、格助詞「と」の「結果」です。

正解 B

残りの選択肢の意味

「**A** 友人と美術館に出かけた」…格助詞「と」の「相手」

「**C** くすくすと笑う」「**D** 間違っていると指摘する」「**E** 美しい形だと思う」
　　　　　　　　　　…格助詞「と」の「引用・主張・考え」

373

問3

　多義語の問題です。「電話をきる」の「きる」は、通話をやめるということで、ここでは連続している「何か」を中断（切断）するという意味で使われています。同じ意味で使われているのは「**C** 親子の縁を<u>きる</u>」だけです。

正解 C

残りの選択肢の意味

「**A** 期限を<u>きる</u>ことが大事だ」…ここでの「きる」は、「日時・数量などに限定をつける」こと

「**B** たんかを<u>きる</u>」…「歯切れよく威勢のよい調子でまくし立てたり、相手をやりこめたりする」という意味

「**D** かじを<u>きる</u>」…ここでの「きる」は、「乗り物の進行方向を変える操作をする」こと

「**E** 油を<u>きる</u>」…ここでの「きる」は、「ぬれた物から振ったりして水分を取り去る」こと

問4

　文法の問題です。問題の「で」は格助詞で、ここでは「手段」の意味で使われています。「バスを使って行く」と言い換えるとわかりやすくなります。言い換えを選択肢に当てはめると、意味が通じるのは「花を使って飾る」となる「**A** 花で飾る」だけです。これも、格助詞「で」の「手段」です。

正解 A

残りの選択肢の意味

「**B** 歯痛<u>で</u>休む」…格助詞「で」の「理由」

「**C** 書店<u>で</u>買う」…格助詞「で」の「場所」

「**D** 家族<u>で</u>暮らす」…格助詞「で」の「状況」

「**E** すぐに飛ん<u>で</u>いきたい」…接続助詞「で」

問5

　多義語の問題です。問題の「目」は「物事を見分ける力」のことです。同じ意味で使われているのは「**E** これを選ぶとは<u>目</u>が高い」です。

正解 E

残りの選択肢の意味

「**A** <u>目</u>を凝らしてよく見た」「**B** <u>目</u>がまわる忙しさだ」「**D** まさかと<u>目</u>を疑う」…体の器官としての目

「**C** マナーの悪さが<u>目</u>にあまる」…「目にあまる」は、「程度がひどすぎて見過ごすことができない」という意味の慣用句

問6

　文法の問題です。問題「頼まれる」の「れる」は、「知り合い」から「頼む」という動作を受けている「受身」の助動詞です。選択肢のうち、「れる」が受身の助動詞なのは「**D** ビルがこわ<u>される</u>」だけです。

正解 D

残りの選択肢の意味

「**A** うれしい知らせが待た<u>れる</u>」…助動詞「れる」の「自発」（自発は、誰かに強制されたわけでなく、自然と起こる動作のこと）

「**B** 誰でも登<u>れる</u>」…助動詞「れる」の「可能」（「登ることができる」の意味）

「**C** 夜露にぬ<u>れる</u>」…「ぬれる」という動詞

「**E** 先生が話<u>される</u>」…助動詞「れる」の「尊敬」（「話される」は「話す」の尊敬語）

問7

　文法の問題です。問題の「の」は、格助詞「の」の体言に準ずる用法です。「体言に準ずる用法」とは、「それがついた語に体言と同じ働きを持たせるもの」で、ついた結果、「もの・こと（のもの・のこと）」という意味になる場合と「断定」の意味になる場合があります。問題の「の」は「母」という名詞について「母のもの」という意味になるので、「のもの・のこと」です。

　選択肢の中で、「の」がつくことによって「のもの・のこと」という意味になるのは、「**C** コートは軽い<u>の</u>がいい」です。

正解 C

残りの選択肢の意味

「**A** コートの裏地が破れた_の_です」…体言に準ずる用法で、種類は「断定」

「**B** それは私_の_コートです」…「連体修飾語」

「**D** 私_の_なくしたコートが見つかった」…「の」の後ろの言葉の「主格」を示す

「**E** コートがない_の_、マフラーがない_の_と騒ぐ」…物事をいくつも並べあげる「並列を示す」用法

問8

多義語の問題です。問題の「食卓にのぼる」は、漢字で表すと「上る」で、ここでは「出る」という意味で使われています。「のぼる」を「出る」に言い換え、選択肢に当てはめてみると、意味が通じるのは「**B** 話題に_のぼる_」だけです。

正解 B

残りの選択肢の意味

「**A** トップの座に_のぼる_」…「のぼる」を漢字で表すと「昇る」。ここでの意味は「人が結果として高い地位につく」

「**C** 猫が木に_のぼる_」…「のぼる」を漢字で表すと「登る」。ここでの意味は「意図的に上の方へ移動する」

「**D** 来場者が100万人に_のぼる_」…「のぼる」を漢字で表すと「上る」。ここでの意味は「数量が、結果としてある大きな値になる」

「**E** 煙が_のぼる_」…「のぼる」を漢字で表すと「昇る」。ここでの意味は「自然に上の方に行く」

問9

文法の問題です。問題の「そうだ」は助動詞で、「伝聞」。「伝聞」かどうかは「とのことだ」と言い換えるとすぐにわかります。言い換えが当てはまるのは「**E** 夜更けから雪になる_そうだ_」です。

正解 E

残りの選択肢の意味

「**A** あっちもおもしろ<u>そうだ</u>」「**D** 少しも悲しくなさ<u>そうだ</u>」…助動詞で、「性質」についての判断

「**B** 雨でも降り<u>そうだ</u>」…助動詞で、「状態の変化」についての判断

「**C** 今年は黒字になり<u>そうだ</u>」…助動詞で、「予測」

※「状態の変化についての判断」は「直近の過去・未来かどうか」、「予測」は「現在から見たやや広い範囲での将来の見通しかどうか」で判断できます。

問10

　文法の問題です。問題の「近づきつつある」の「つつ」は接続助詞で、完了の助動詞「つ」を重ねたものです。問題の「つつ」は「動作・作用が継続して行われることを表す」ので、見分けるには「つつある」を「続けている」と言い換えてみます。すると、**D** 以外は文章が成立しません。

正解 D

残りの選択肢の意味

「**A** 危険と知り<u>つつ</u>使い続ける」…ここでの「つつ」は、「相反する二つの動作・作用を結びつける」で、「にもかかわらず」と言い換え可能

「**B** 1年を振り返り<u>つつ</u>来年の目標を立てる」「**C** 期待に胸をときめかせ<u>つつ</u>門をくぐった」「**E** 先方の事情も考慮し<u>つつ</u>検討する」…ここでの「つつ」は「一方の動作と同時に他の動作も行われる」という意味で、「ながら」と言い換え可能

問11

　これも文法の問題です。問題の「に」は、「場所」を示す意味で使われています。

　選択肢のうち、「に」の前で場所を示しているものは「**A** 外国<u>に</u>住む」だけです。

正解 A

377

残りの選択肢の意味

「**B** 思い出に記念品を買う」…「に」は「資格」を表す。「として」と言い換え可能

※この場合の「資格」は「条件」の意味

「**C** 腰痛によく効く湿布」…「に」は「対象」を表す

「**D** 出張に行く」…「に」は「目標」を表す

「**E** 書かずにすます」…「書かない」という否定の動作に、「すます」という肯定の動作を続ける

問12

多義語の問題です。問題の「寄せる」を「来る」と言い換えます。
言い換えが当てはまるのは「**C** 群衆が押し寄せる」です。

正解 C

残りの選択肢の意味

「**A** 投書を寄せる」…「寄せる」は、「情報・意見などを手紙などで伝える」という意味

「**B** 花言葉に寄せる思い」…「寄せる」は、「あるものに関係づける」という意味

「**D** 知人の話に事寄せる」…「事寄せる」は「口実にする。かこつける」という意味

「**E** 親戚の家に身を寄せる」…「寄せる」は、「まかせる、ゆだねる」という意味

Web サイトでも貴重な情報をお知らせしています

「SPI ノートの会」は、独自の Web サイトを開設しています。
https://www.spinote.jp/

　就活生、転職志望者、大学就職課、そして、企業の人事担当者にも活用していただける貴重な採用テスト情報・就活情報を公開しています。今後も続々と新情報を掲載しますので、乞うご期待！

「文の並べ換え」問題の概要と攻略法

5

🔍 文節を並べ換えるタイプと、文を並べ換えるタイプがある

ばらばらに並べられた選択肢を正しい順番に並べ換える問題です。出題される方式はテストセンターとWEBテスティングです。

問題の種類は大きく分けて2タイプあります。1つは文節を並べ換えて1つの文章を作るもの（文節タイプ）、もう1つは文章を並べ換えて長文を作るもの（文章タイプ）です。

※SPIノートの会の調査では、文節タイプはテストセンターとWEBテスティング、文章タイプはテストセンターでのみ出題されることがわかっています。また、文節タイプは、テストセンターとWEBテスティングとで、並べ換える文節の数に違いがあります。

🔍 文節タイプは文章の最初と最後をヒントに解く

文節タイプは、文章の初めと最後だけがわかっていて、間が複数の空欄になっています。わかっている内容をヒントに、以下の方法で探します。

1 　最初の空欄に当てはまるものを探す
2 　最後の空欄に当てはまるものを探す
3 　文法上、前後にくる内容が限定されるものを探す

🔍 文章タイプはキーワードから「文のつなぎ」を推測して解く

文章タイプでは、**各選択肢からキーワードになりそうな言葉を抜き出してつながりを推測**します。また、文章タイプは2問1組で出題されることが多くあります。1問目で全部を並べ換えると、設問ごとに一部分だけ並べ換えるよりも正確です。

「文の並べ換え」の再現問題

> A から E の語句を空欄［1］から［5］に入れて意味が通る文を完成させたとき、［4］に当てはまるのは次のうちどれか。
>
> カシやナラで作る白炭は［1］［2］［3］［4］［5］吸収する力もある。
>
> A　遠赤外線を放射する
> B　特性に加えて
> C　安定した火力で
> D　汚れや臭いを
> E　着火が難しいが

解説と解答

　文節タイプ（テストセンター）の問題です。文末の「吸収する力もある」から、「何を吸収するのか」と考えると、「D 汚れや臭いを」がつながりがよく適切です。

　次に文の冒頭を見ます。空欄［1］には、うまくつながらない B を除いてどの選択肢も入りそうに思えます。そこで、選択肢どうしでつながりを考えます。「C 安定した火力で」に着目すると、つながりのよいのは「A 遠赤外線を放射する」です（C → A）。残った B と E のうち、A につながりそうなのは「B 特性に加えて」です（C → A → B）。この3つを空欄［5］の「D 汚れや臭いを」の前に入れると、うまくつながります。残った E は空欄［1］に入ります（E → C → A → B → D）。

全文

カシやナラで作る白炭は［E：着火が難しいが］［C：安定した火力で］［A：遠赤外線を放射する］［B：特性に加えて］［D：汚れや臭いを］吸収する力もある。

正解 B

「文の並べ換え」の練習問題（練習問題もすべて再現問題です）

問1 **A**から**E**の語句を空欄［１］から［５］に入れて意味が通る文を完成させたとき、［４］に当てはまるのは次のうちどれか。

家庭を維持するための［１］［２］［３］［４］［５］ことになったわけではない。

- **A** 家事労働は
- **B** 機械が引き受ける
- **C** 部分的に軽減されたが
- **D** 電化製品の普及のおかげで
- **E** 家庭内の雑事全部を

問2 **A**から**E**の語句を空欄［１］から［５］に入れて意味が通る文を完成させたとき、［２］に当てはまるのは次のうちどれか。

ヨーロッパに生息する［１］［２］［３］［４］［５］あることで知られている。

- **A** 光が届かない地下の水中などを
- **B** ホライモリは
- **C** 目が退化してしまったことや
- **D** 色素がなく体色が白いという特徴が
- **E** すみかとして適応したため

問3 文中のアからエの空欄に、**A**から**D**の語句を入れて文を完成させる場合、最も適切な組み合わせを答えなさい。

「うる覚え」は、正しくは
［ ア ］［ イ ］［ ウ ］［ エ ］
誤用が生じている。

A 「うろ覚え」であるが

B そのように聞こえることがあるため

C 形が似ているうえ

D 「うる覚え」の「る」が「ろ」と

問4 次の文を読んで、各問いに答えなさい。

ア 潮目（しおめ）の付近にはプランクトンが多く、それを求める小魚や、小魚を追う回遊魚が集まるため、絶好の漁場になりやすいからだ

イ 現在ではそれらに頼らなくても、提供された情報から、精度の高い分析結果が得られるようになった

ウ 人工衛星による観測にもとづいた海面水温情報の提供は、潮目（しおめ）を探すのに非常に役立っている

エ 潮目（しおめ）とは「異なる二つの潮流の接する海面に現れる帯状の筋」のことをいい、漁業関係者の多くにとって潮目を探す方法は重要な問題だ

オ かつては科学的な方法がなく、漁師の勘と経験に頼って探すことが多かったが

(1) アからオを意味が通るように並べ換えた場合、<u>アの次にくる</u>文章を選びなさい。

A イ　　**B** ウ　　**C** エ　　**D** オ　　**E** アが最後の文章

(2) アからオを意味が通るように並べ換えた場合、<u>オの次にくる</u>文章を選びなさい。

A ア　　**B** イ　　**C** ウ　　**D** エ　　**E** オが最後の文章

「文の並べ換え」の練習問題—解説と解答

問1

文の末尾と適切につながるのは **B** だけなので、空欄 [5] には **B** が入ります。

さらに「機械が何を引き受けるのか」と考えると、その前に「**E** 家庭内の雑事全部を」が入りそうです。仮に **E→B** とします（?→?→? →**E**→**B**）。

残った選択肢で文の冒頭と適切につながるのは「**A** 家事労働は」です（**A**→?→?→**E**→**B**）。

A の次は「**C** 部分的に軽減されたが」が入りそうですが、**D** とのつながりがよくありません。そこで、**A** に「**D** 電化製品の普及のおかげで」を続け、**C** とつなげると、**D** が家事労働が軽減された理由となり、すべてが適切につながります。（**A**→**D**→**C**→**E**→**B**）。

全文

家庭を維持するための [**A**：家事労働は] [**D**：電化製品の普及のおかげで] [**C**：部分的に軽減されたが] [**E**：家庭内の雑事全部を] [**B**：機械が引き受ける] ことになったわけではない。

正解 **E**

問2

「ヨーロッパに生息する」の次は「**B** ホライモリは」。また、末尾の「あることで知られている」の直前の空欄 [5] は「**D** 色素がなく体色が白いという特徴が」がつながりがよく、適切です（**B**→?→?→?→**D**）。

次に、空欄 [2] ～ [4] に入る **A**、**C**、**E** の並び順を考えます。

「**A** 光が届かない地下の水中などを」の後ろには、「**E** すみかとして適応したため」が適切です。

残りの「**C** 目が退化してしまったことや」は **A** の前か **E** の後ろのどちらかに入りますが、**A** の前だとうまくつながりません。適切なのは **E** の後ろです。（**B**→**A**→**E**→**C**→**D**）。

全文

ヨーロッパに生息する［**B**：ホライモリは］［**A**：光が届かない地下の水中
などを］［**E**：すみかとして適応したため］［**C**：目が退化してしまったことや］
［**D**：色素がなく体色が白いという特徴が］あることで知られている。

正解 A

問3

　文節タイプ（WEBテスティング）の問題です。文頭の「正しくは」に
続くのは、「うる覚え」の正しい言い方を述べた **A** が適切です。これが空
欄［ア］に入ります。

　次に、空欄［イ］〜［エ］に入る **B**、**C**、**D** の並び順を考えます。**A** や、
文末の「誤用が生じている」につながりそうな選択肢は複数あるので、選
択肢どうしでつながりを考えます。**C** の「形が似ている」から、その具体
的な内容を述べた「**D** 『うる覚え』の『る』が『ろ』と」が **C** の前に入
ります（**D** → **C**）。

　残った **B** は、**D** の前に入れるとうまくつながりません。**C** の後ろに入
れると、**C** の「形が似ている」にさらに「そのように聞こえる」という理
由が付け加わることになり、うまくつながります（**D** → **C** → **B**）。空欄［ア］
は **A** なので、これで並び順が決まります（**A** → **D** → **C** → **B**）。

全文

「うる覚え」は、正しくは［**A**：「うろ覚え」であるが］［**D**：「うる覚え」
の「る」が「ろ」と］［**C**：形が似ているうえ］［**B**：そのように聞こえる
ことがあるため］誤用が生じている。

正解（ア）A（イ）D（ウ）C（エ）B

問 4

文章タイプの問題です。

この文全体の構造を最初に示します。**エ→ア**（下図の i）と**オ→イ**（下図の iii）を**ウ**（下図の ii）がつなぐ形です。

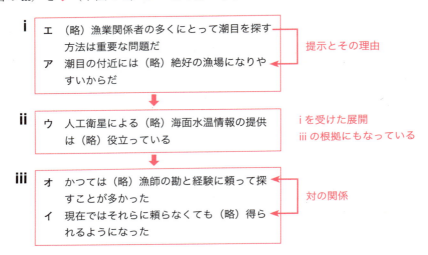

ばらばらに並んだ文章から手がかりを見つけるためには、次のようにキーワードを抜き出してから設問にとりかかると効果的です。

ア　潮目　プランクトン　小魚　回遊魚　集まる　絶好の漁場になりやすい
イ　現在では　それらに頼らなくても　分析結果が得られる
ウ　人工衛星　海面水温情報の提供　潮目を探す　役立っている
エ　潮目とは　帯状の筋　潮目を探す方法は重要
オ　かつては　漁師の勘と経験に頼って探す

(1) **ア**、**ウ**、**エ**に「潮目」というキーワードがあります。同じキーワードが入っている文章はつながっている可能性が高いので、3つの並び順を推測することから始めます。3つの中で先頭として適切なのは、潮目が何かを説明している**エ**です。

次に、**エ**に続く文を探します。**ア**が「〜からだ」という文章で、それ以前に提示された内容の理由を述べていることに注目します。**エ**につなげると、「**エ**：潮目を探す方法の重要性→**ア**：その理由」となり、適切です。

残りの**ウ**は、潮目を探す具体的な方法を述べており、**エ**→**ア**の流れに続く文として自然です。念のため、**エ**→**ア**に、**ウ**以外の文章（**イ**、**オ**）が続くかどうか見ると、以下の理由で、どちらも適切でないとわかります。

イ：「それらに頼らなくても」とあるが、**ア**にはこれに対応する内容がない

オ：**ア**とのつながりだけなら意味が通るが、残りの文がつながらない

以上から、**ア**→**ウ**が確定します。

(2) 組問題のポイントは、前の問題でわかったことをできるだけ活用することです。**(1)** で**エ**→**ア**→**ウ**の並び順が確定していますから、**オ**の前後が1つでも判明すれば、答えが出ます。

手がかりになりそうなのは、**イ**の「現在では」と**オ**の「かつては」です。**イ**と**オ**は、過去と現在を比較した対の文と推測できます。このような場合、順番は「かつてはこうだったが、現在はこうである」となるのが一般的です。そこで、**オ**には**イ**が続くとわかります。

正解 (1) B　(2) B

　なお、**(1)** で判明した**エ**→**ア**→**ウ**と **(2)** で判明した**オ**→**イ**のつながりのポイントは、**オ**の「科学的な方法」です。これは、**ウ**の「人工衛星による観測」を指しているので、**ウ**の次は**オ**とわかります。

「空欄補充」問題の概要と攻略法

6

🔍 1つまたは複数の空欄を補充する問題

文中の空欄に入る言葉として適切なものを回答する問題です。SPIの全方式で出題されます。

空欄の数は1つとは限らず、複数の場合もあります。いろいろな問題に取り組んで慣れておきましょう。

※SPIノートの会の調査では、テストセンターとペーパーテストでは空欄が1つの問題、WEBテスティングでは空欄が1〜3つの問題が出題されることがわかっています。

🔍 ヒントとなる言葉や表現を適切に読み取ることが大事

空欄の数や文章の長さにかかわらず、ヒントとなる言葉や表現を適切に読み取ることが大事です。空欄の前後の文からヒントをつかみましょう。

※言葉の定義は『大辞林第三版』(三省堂)から引用しました。

「空欄補充」の再現問題

文中の空欄に入る最も適切な表現は次のうちどれか。

トイレットペーパーや洗濯用洗剤といった日用品の普及によって、生活の[　　]が推し進められた。しかし、企業間の競争によって多様

な商品が発売されるようになると、人は個別のライフスタイルに合わせて日用品を選ぶようになった。商品にとって付加価値が重要な存在になってきたのだ。

A	空洞化	**D**	簡略化
B	同質化	**E**	多様化
C	特殊化	**F**	複雑化

解説と解答

空欄を含む文の前後を見ます。

空欄を含む文

トイレットペーパーや洗濯用洗剤といった**日用品の普及**によって、生活の［　　　］が**推し進められた。**

空欄に入る言葉は、「日用品の普及」によって推進されたものです。「普及」の意味は「広く行き渡ること」ですから、「**C** 特殊化」「**F** 複雑化」は適切ではないことが推測できます。

次の文

しかし、企業間の競争によって**多様な商品が発売**されるようになると、人は**個別のライフスタイルに合わせて**日用品を選ぶようになった。

「しかし」という逆接の言葉に続いて、「多様な商品が発売」とあります。空欄を含む文とは逆のことを述べた文ですから、空欄に「**E** 多様化」が入るのは適切ではありません。

残った選択肢から、「多様」「個別のライフスタイルに合わせて」から想像される内容と逆になるような言葉を選びます。「**A** 空洞化」「**B** 同質化」「**D** 簡略化」の中で、適切なのは「**B** 同質化」です。

正解 B

「空欄補充」の練習問題（練習問題もすべて再現問題です）

問1 文中の空欄に入る最も適切な表現は次のうちどれか。

修練によって自らを高めようとするとき、これを阻害する要因の
ひとつは自らの内側にある [　　] だ。取り除くには脱力が必要だ。
このために特殊な訓練法があると聞いたことがある。

A	才能	**D**	怠惰
B	幻想	**E**	力み
C	夢	**F**	迷い

問2 文の意味やことばの使い方から、空欄に入る最も適切な語句を **A**
から **E** の中から１つ選びなさい。

[　　] になって反論する

A	躍起	**D**	本腰
B	一筋	**E**	一向
C	強引		

問3 **A** から **E** の中から最もつながりのよいものを１つずつ選び、以下
の３つの文を完成させなさい。ただし、同じ選択肢は重複して使っ
てはいけません。

① [　　　　　　]、日本は世界有数の森林国になったのである。
② [　　　　　　]、どの国でも森林が豊富にあるわけではないこと
　がわかる。
③ [　　　　　　]、ひとりでに森林が形成されると思っている人も
　多い。

A	土地さえあれば放っておいても種子が運ばれて草が生え
B	全国的に降水量が充分あるなどの条件に恵まれて
C	湿度が高ければ高いほど木の成長は速く
D	森は大小さまざまな生物で構成された1つの世界であり
E	日当たりや水などの環境が大事なことを考えると

問4 文中のア、イ、ウの空欄に入る最も適切な語を A から C の中から1つずつ選びなさい。ただし、それぞれの語は1ヵ所のみ用いるものとします。

日本語では耳で聞いた〔　ア　〕を文字に結びつけて初めて意味が確定する。たとえば「テイガク」と聞いたら、話の内容から「停学」「定額」「低額」などの文字に結びつけるといった具合だ。つまり、日本語においては〔　イ　〕が〔　ウ　〕の実体なのである。

A 言語　　**B** 音声　　**C** 文字

問5 文中の空欄に入る最も適切な語句を A から D の中から1つ選びなさい。

「失敗」にはいろいろな種類がある。多いのは、〔　　　〕にもかかわらず、注意や努力が足りずに起きてしまう失敗である。これと逆に、今まで誰もしたことのないことに挑戦した結果、起こってしまう失敗もある。

A	新しいことにチャレンジする意欲がある
B	失敗だと気付かずに通り過ぎてきた
C	どんなに失敗を繰り返しても許される状況だった
D	過去の失敗事例から回避する手段がわかっている

「空欄補充」の練習問題―解説と解答

問1

空欄を含む文

> **修練**によって自らを高めようとするとき、これを**阻害する要因**のひとつは**自らの内側にある**〔　　〕だ。

空欄に入る言葉は、「修練」を「阻害する要因」で、「自らの内側にある」ものです。阻害するのですから、プラスのイメージの言葉ではないと推測できます。当てはまりそうなのは「**D** 怠惰」「**E** 力み」「**F** 迷い」です。

次の文

> 取り除くには**脱力が必要**だ。

脱力で取り除けるのは「力」ですから、空欄に入るのは「**E** 力み」です。

正解 E

問2

反論するときの心境や態度に関することで、「～になって」と続ける熟語が入ります。適切なのは、「はやってむきになること」という意味の「**A** 躍起（やっき）」です。

正解 A

問3

①の空欄には、世界有数の森林国になった理由が入りそうです。「**B** 全国的に降水量が充分あるなどの条件に恵まれて」と「**C** 湿度が高ければ高いほど木の成長は速く」が関係ありそうですが、**B** のほうが「条件に恵まれて」と、理由として **C** よりも明確です。適切なのは **B** です。

②は①から推測します。世界有数の森林国になった条件は「降水量が充分あるなど」です。これを言い換えたのが **E** の「日当たりや水などの環境が大事」です。適切なのは **E** です。

③は **A**、**C**、**D** から選びます。「ひとりでに森林が形成される」に近い意味の言葉として「放っておいても」「草が生え」が入っている「**A** 土地さえあれば放っておいても種子が運ばれて草が生え」が適切です。

正解 ①**B** ②**E** ③**A**

問4

A 〜 **C** の語が使えるのは1ヵ所ずつなので、確実なものから空欄を埋めて選択肢を減らします。文内で空欄が1つだけの［ア］から取りかかります。**A** 〜 **C** のうち、耳で聞くものは「**B** 音声」です。これが［ア］に入ります。次に、［イ］［ウ］がある文を見ます。「つまり」で始まっており、その前までの内容（1〜2文目）を言い換えた結論であることが推測できます。その前までの内容は、聞いただけではその言葉の意味は確定せず、何らかの文字に結びつけることが必要だと、例をあげて説明したものです。ここから［イ］には「**C** 文字」、［ウ］には「**A** 言語」が入ることがわかります。

正解（ア）**B** （イ）**C** （ウ）**A**

問5

2つの文が「これと逆に」でつながっています。空欄を含む文とその次の文は相反する内容であることが推測できます。

空欄を含む文

> 多いのは、［　　　　］にもかかわらず、**注意や努力が足りずに起きてしまう失敗**である。

次の文

> これと逆に、**今まで誰もしたことのないことに挑戦した結果、起こってしまう失敗**もある。

空欄を含む文の次の文は「誰もしたことのない失敗」を述べているので、空欄を含む文は、その逆を述べていることが推測できます。最も近いのは、「**D** 過去の失敗事例から回避する手段がわかっている」です。

正解 **D**

テ 紙 W

「長文読解」問題の概要と攻略法

7

長文を読んで設問に答える問題

「長文読解」は、長文を読んで設問に答える形式の問題です。SPI の全方式で出題されます。パソコン受検方式（テストセンター、WEB テスティング）とペーパーテストとで文章量や出題数などに違いがあります。

テストセンターと WEB テスティングの長文読解

① 短めの長文が出題される

短めの長文に対して 3 問程度が出題される組問題が出ます。使用される長文は、エッセイや平易に読み下せる評論文がほとんどです。

② 長文から必要な情報を探し出せるかを見る問題

よく出題されるのは、長文から必要な情報を正しく探し出せるかを見る問題です。長文を読み込んでからだと時間が足りなくなります。設問を先に読み、必要な箇所を探しましょう。

③ 回答を入力する形式の問題が出る

テストセンターと WEB テスティングの長文読解では、回答を入力する形式の問題が出題されます。文字数は 10 文字以内程度です。

ペーパーテストの長文読解

① 長く難解な長文が出題される

ペーパーテストの長文読解では、文章量が多い長文が出題されます。設問は 1 長文につき 5 〜 6 問程度です。

ペーパーテストでは、本格的な評論文が多く出題されます。テーマに

関する作者の考察が論理的に展開されます。読解力に自信のない人は、慣れと対策が必要です。ジャンルで多いのは、思想・言語です。あとは民族、社会、歴史、地理、芸術、地学…と多岐にわたります。

② **気おくれせずに慣れることがポイント**

前提知識がなくても、文章を読み解けば回答できる問題ばかりが出ます。慣れがポイントです。教養系の新書から出題されるものもあるので、10年以上前に刊行された本を読んでおくとよいでしょう。

③ **接続語の選択問題は頻出**

ペーパーテストでは、文章中の空欄を埋める形で接続語を選択する問題が出ます。接続語にはどんな種類のものがあるのか、どのようなときに使われるのかを覚えておきましょう。

接続語一覧

種　　　類	接　　続　　語
順接 前の文を受けて、文が続く。	だから・したがって・ゆえに・それゆえ・すると・そうすると・ですから
逆接 前の文を否定する文が続く。	しかし・だが・けれども・ところが・だけど・しかしながら・それなのに・それでも
並立・添加 前の文と同じ関係の文が続く。 前の文に付け加える。	また・なお・さらに・および・そして・そうして・しかも・おまけに・そのうえ
説明・補足・例示 前の文を説明する。	つまり・なぜならば・すなわち・たとえば・もっとも・ただし
対比 前の文と違うものを比べる関係。 逆接との違いは否定していないこと。	あるいは・または・もしくは・それとも
話題転換 違う話題に移る。	さて・では・ところで・ときに

(SPIノートの会調べ)

🔑 本書では方式ごとに再現問題を掲載

次ページから、テストセンター、WEBテスティング、ペーパーテストの長文読解を、方式ごとに掲載します。

「長文読解」の再現問題

（テストセンタータイプ①）

次の文を読んで、各問いに答えなさい。

　お茶のうまみや甘みのもとであるアミノ酸は、70度以下の低温でも浸出する。そして、40度以下にならない限り、温度差による浸出量の違いはほとんどない。逆に、苦渋味のカテキンや苦みとなるカフェインは、お湯の温度が高いほど浸出しやすいという性質を持っている。つまり、両者はバランス的にお湯の温度が低いほうが、うまみや甘みのあるお茶となり、お湯の温度が高いほど渋みの強いお茶となってしまうのだ。アミノ酸を豊富に含み、うまみの強い玉露は50〜60度、上級煎茶は70度の低めの温度で淹れる。並みの煎茶はカテキンの浸出を促すために90度くらいのやや高めの温度で淹れるとよい。そしてアミノ酸の量が少なく、あっさりとした渋みや清涼感、香ばしい香りを楽しむ番茶やほうじ茶は、熱湯で淹れると高い香りが味わえる。

（『心と体に効く　お茶の科学』小國伊太郎／ナツメ社）

問1 玉露を淹れるのに適したお湯の温度は、次のうちどれか。

　A　45度　　B　55度　　C　65度　　D　75度

問2 カテキンについて文中で述べられていることは、次のうちどれか。

　A　70度以下で浸出する

　B　アミノ酸の量が少ない

　C　番茶やほうじ茶には含まれていない

　D　高い温度で淹れると浸出しやすい

問3 文中で述べられていることと合致するのは、次のうちどれか。

　A　番茶はアミノ酸を豊富に含む

　B　お茶に最適なお湯の温度は、アミノ酸を多く含むかどうかで変

わる

C　お湯の温度が低ければ低いほど渋みの強いお茶になる

D　上級煎茶は 40 度以下のお湯で淹れるとよい

解説と解答

問 1

　上から 7 〜 8 行目に「うまみの強い玉露は 50 〜 60 度（略）で淹れる」とあります。選択肢で、50 〜 60 の範囲内の数字は **B** の「55 度」だけです。

正解 B

問 2

「カテキン」は本文中に 2 回、出てきます。

3 〜 4 行目

> 苦渋味の**カテキン**や苦みとなるカフェインは、お湯の温度が高いほど浸出しやすいという性質を持っている。

8 〜 9 行目

> 並みの煎茶は**カテキン**の浸出を促すために 90 度くらいのやや高めの温度で淹れるとよい。

　この内容が当てはまる選択肢は、**D** の「高い温度で淹れると浸出しやすい」です。

正解 D

問 3

　選択肢が本文と合致するかどうか、1 つずつ見ていきます。

× A 番茶はアミノ酸を豊富に含む

9 〜 11 行目

> そして**アミノ酸の量が少なく**、あっさりとした渋みや清涼感、香ばしい香りを楽しむ**番茶**やほうじ茶は、熱湯で淹れると高い香りが味わえる。

○ **B** お茶に最適なお湯の温度は、アミノ酸を多く含むかどうかで変わる
6 〜 11 行目

> アミノ酸を豊富に含み、うまみの強い玉露は 50 〜 60 度、上級煎茶は 70 度の低めの温度で淹れる。並みの煎茶はカテキンの浸出を促すために 90 度くらいのやや高めの温度で淹れるとよい。そしてアミノ酸の量が少なく、あっさりとした渋みや清涼感、香ばしい香りを楽しむ番茶やほうじ茶は、熱湯で淹れると高い香りが味わえる。

× **C** お湯の温度が低ければ低いほど渋みの強いお茶になる
3 〜 4 行目

> 苦渋味のカテキンや苦みとなるカフェインは、お湯の温度が高いほど浸出しやすいという性質を持っている。

× **D** 上級煎茶は 40 度以下のお湯で淹れるとよい
7 〜 8 行目

> 上級煎茶は 70 度の低めの温度で淹れる。

正解 **B**

「長文読解」の再現問題
（テストセンタータイプ②）

次の文を読んで、各問いに答えなさい。

　デジタル時計では、表示される文字は１２３４５……11 12 13 14 15……と、１からスタートして順に移っていく。数の論理に従って後に続く数値は決定しており、個人の恣意的変更は許されない。知的な展開と言い換えてもよい。それに対しアナログ時計は、360度の一周が１分ないしは１時間、あるいは12時間というふうに初めから設定されていて、それが一つの単位の全体として利用者は認識している。後はただ長さの違う針の動きに連れて、今が一周全体のおよそどのあたりを指しているかで、利用者が主観的に時刻を読み取る。針の連続的動きを仮に時刻という数値に置き換えているだけで、経過した時間量とも、針の角度で相対的な時の割合と見て取っても、いっこうに構わない。一周という「[　　　]」と、針の位置や角度という「個」との関係は、まさに言葉で見れば、日本語的な姿そのものではないか。

（『日本人の発想、日本語の表現』森田良行／中央公論社）

問１　文中の空欄に入る語句を、文中から３文字以内で抜き出しなさい。

解説と解答

　ここで、テストセンターの入力形式の問題を紹介します。本来は３問組ですが、ここでは１問のみ再現します。

　空欄を含む文章を読んでから、当てはまる言葉を探します。

空欄を含む文

一周という「[　　　]」と、**針の位置や角度**という「個」との関係は、まさに言葉で見れば、日本語的な姿そのものではないか。

空欄を含む文章の「一周」とは、4行目で述べられているアナログ時計の「360度の一周」のことです。これは、その後で「一つの単位の全体」と述べられています。

4〜6行目

> それに対しアナログ時計は、**360度の一周**が1分ないしは1時間、あるいは12時間というふうに初めから設定されていて、それが**一つの単位の全体**として利用者は認識している。

　また、空欄を含む文章の「針の位置や角度」は、7行目の「針の動き」と同じです。

6〜8行目

> 後はただ長さの違う**針の動き**に連れて、今が一周全体のおよそどのあたりを指しているかで、**利用者が主観的に時刻を読み取る**。

　利用者は「一周全体」の中で、「針の動き」から時刻を読み取ります。つまり、針の動きは「一周全体」に対応する「個」なのです。

　ここから、「個」に対応する言葉として空欄には「全体」が入ることがわかります。2文字なので、指示された「3文字以内」で収まります。

正解 全体

「長文読解」の再現問題
（WEB テスティングタイプ）

次の文を読んで、各問いに答えなさい。

　進化生物学と情報理論とのつきあいは長い。1950 年代後半、分子生物学が勃興すると、生物の系統関係を分子レベルから検討しなおす作業が始まり、データが少しずつ蓄積されていった。従来は、大きな器官の相同や相似関係を手がかりに、複数の種の［　　　］を推定していったのだが、分子レベルでの研究が進むにつれ、たとえばヘモグロビンなどのタンパク質の組成をその比較データに使う試みが増えてきた。【A】このような分子系統学の結果は、それまでの外部形態にもとづく系統関係とは必ずしも一致しなかった。人類の起源（チンパンジーとの共通祖先からの分岐）も、それまでの 1000 万年から 500 万年程度へと修正された。【B】分子レベルのデータは、骨や歯の形質からのデータに比べると圧倒的に大量に集まる。【C】そのデータ収集を可能にしたのは、第一に DNA を人工的に増幅させる技術やその配列を決定する技術の進歩であり、さらに大量に集まったデータを矛盾が少なくなるよう関係づける系統推定の理論的な進歩である。【D】

（『進化論という考えかた』佐倉統 / 講談社）

問 1　次の 1 文を挿入するのに最も適切な場所を、文中の【A】から【D】から選びなさい。

　　こういった複雑な計算は、コンピュータの性能が著しく向上したからこそ可能になったことだった。

問 2　文中の空欄に入る語句を、文中から 5 文字以内で抜き出しなさい。

問 3　文中で述べられていることから判断して、次のア、イの正誤を答

401

えなさい。

ア 分子系統学の発展によって、過去の系統関係が修正された例が
ある

イ DNAを人工増幅する技術によって、骨や歯の形質からのデー
タが大量に蓄積されるようになった

A アもイも正しい

B アは正しいがイは誤り

C アは誤りだがイは正しい

D アもイも誤り

解説と解答

問1

挿入する文は「こういった複雑な計算」と、前の文を受けています。挿
入してみて、前の文を「複雑な計算」と言い換えられるものを探します。

×【A】「ヘモグロビンなどの（略）比較データに使う試み」を「こういっ
た複雑な計算」と言い換えるのは不適切。また、この位置に挿入すると、
次の「このような分子系統学の結果〜」とうまくつながらない。

×【B】「人類の起源」が「修正された」ことを「こういった複雑な計算」
と言い換えるのは不適切。

×【C】「骨や歯の形質からのデータに比べて圧倒的に大量に集まる」こと
を「こういった複雑な計算」と言い換えるのは不適切。

○【D】「DNAを人工的に増幅させる技術やその配列を決定する技術の進
歩」「大量に集まったデータを矛盾が少なくなるよう関係づける系統推
定の理論的な進歩」をまとめて「こういった複雑な計算」と言い換え
ることになり、適切。

正解 D

問2

空欄の前後の内容から、空欄に入る言葉を推測します。

「大きな器官の相同や相似関係を手がかり」にして推定する、「複数の種」

に関するものは何か、長文から探します。

「大きな器官の相同や相似」は、わかりやすく言い換えると「形などの見た目が同じか、あるいは似ているか」ということです。従来はこれを手がかりに種について推定していました。これを言い換えているのが7行目の「外部形態にもとづく系統関係」です。ここから、空欄には「系統関係」が入るとわかります。

正解　系統関係

問3

選択肢が本文と合致するかどうか、1つずつ見ていきます。

○ **ア 分子系統学の発展によって、過去の系統関係が修正された例がある**

5〜9行目

> 分子レベルでの研究が進むにつれ、たとえばヘモグロビンなどのタンパク質の組成をその比較データに使う試みが増えてきた。【A】このような分子系統学の結果は、それまでの外部形態にもとづく系統関係とは必ずしも一致しなかった。人類の起源（チンパンジーとの共通祖先からの分岐）も、それまでの1000万年から500万年程度へと修正された。

分子レベルの研究が進んだこと、つまり分子系統学の発展によって、過去の手法による系統関係が修正された例が述べられています。

× **イ DNAを人工増幅する技術によって、骨や歯の形質からのデータが大量に蓄積されるようになった**

10〜13行目

> 分子レベルのデータは、骨や歯の形質からのデータに比べると圧倒的に大量に集まる。【C】そのデータ収集を可能にしたのは、第一にDNAを人工的に増幅させる技術やその配列を決定する技術の進歩であり、

DNAを人工増幅する技術などで収集可能になった分子レベルのデータは、骨や歯の形質からのデータよりも大量に集まる、と述べられています。骨や歯の形質からのデータが大量に集まるようになったわけではありません。

正解　B

「長文読解」の再現問題
（ペーパーテストタイプ）

次の文を読んで、各問いに答えなさい。

さて、ここで二十世紀芸術の意味と機能について考えてみなければならない。いうまでもなく、芸術の働き（機能）にはさまざまな要素がある。これをいま造形美術の領域に限って見るなら、およそこんな風に言えるのではなかろうか。 □1□ 、ふつう美術作品が愛される最も一般的なあり方は、ある作品をある人間が心ゆくまで見つめ、その結果、それ以外のどこからも得られないある特別な高貴な感動や喜び、あるいは言葉にならないほどの、何かしら周囲までが一変してしまったようなものの見方の変革が得られたとき、その作品は確実にある美的・世界観的機能を彼に対してはたしたということである。①

その意味では、アンリ・マチスの次の有名な信条告白は、さりげない言い方のなかに、美術作品のそのような機能に関するすぐれた洞察を含んでいた。

　「私が夢想するのは、ひとを不安にし、気を重くさせるような主題をもたない、均衡、純粋、澄明の芸術であり、実業家であろうと作家であろうと、あらゆる精神労働者にとって、一種なぐさめの効果をもったもの、精神的鎮静剤のようなもの、いわば肉体的疲労をいやす坐り心地のいいひじかけ椅子のようなものでありうる芸術である。」②

しかし、マチスのこの言葉から、かれの作品が単に甘美な情緒をかもしだすことを目的として描かれていたかのように理解するなら、それはまったく誤っている。③なぜなら、マチスは、他のあらゆる真に近代的な芸術家たちと同様、絵画においては、対象の正確な再現という意味での「正確さ」は、けっして「真理」ではないということを、はっきり認識し、主張していたからである。④

かれの絵は、色彩の純化という、印象派以後の近代絵画の基本命題の

ひとつを革命的におしすすめるところから出発した。その結果生まれた絵は、一見鮮やかな原色が乱舞するかにみえるいわゆるフォーヴィスム（野獣派）の絵画であって、それは神話的・宗教的主題の絵、ブルジョア風俗の絵、また克明な社会描写をも含めた写実絵画を見なれてきた観衆にとっては、「坐り心地のいいひじかけ椅子」どころではなかったのである。

⑤マチスらが「野獣派」と嘲られたように、近代絵画がそれ自身の発展の筋道にしたがって、色彩や形態の純粋化の方向を追求し、そこに高度な「均衡」や「澄明」を発見しようとするとき、観衆はほかならぬそれらの中に、「混乱」や「無秩序」や「野蛮」を見出すという矛盾が生じてきた。これは現在にいたるまでかわらない、近代・現代美術の、基本的な問題点である。

（『抽象絵画への招待』大岡信／岩波新書）

問1 　　1　　に当てはまる接続語を選びなさい。

A さらに　**B** しかし　**C** あるいは　**D** すなわち　**E** なぜならば

問2 本文中の下線部<u>それ</u>の指す内容として最も適切なものを選びなさい。

A 人間

B 心

C 作品

D 造形美術の領域

E 二十世紀

問3 マチスについて、本文中に述べられていることと合致するものを選びなさい。

ア マチスの絵は、甘美な情緒をかもしだすものとして、観衆に歓迎された。

イ マチスが夢想したのは、均衡、純粋、澄明の芸術である。

ウ マチスは、色彩の純化を革命的におしすすめた結果、写実絵画を描いた。

A アだけ   **D** アとイ
B イだけ   **E** アとウ
C ウだけ   **F** イとウ

問4 次の文章を本文中に入れるとすると、①から⑤のどこに入れるのが最も適当か、選びなさい。

そのような感動は、実情に即していえば、画布の上に配置された絵具の色彩や線、またそれらによってつくられた画的形態などの諸要素の、独特な統一の達成から生じたのである。

A ①   **B** ②   **C** ③   **D** ④   **E** ⑤

問5 本文中に述べられていることと合致するものを選びなさい。

ア 色彩の純化は、写実絵画の基本命題のひとつだ。
イ マチスは「均衡」や「澄明」を目指していたが、彼の絵画は、写実絵画を見なれてきた観衆には、そのようには評価されなかった。
ウ 近代的な芸術家は、絵画において、対象を正確に再現することは、けっして「真理」ではないと考えた。

A アだけ   **D** アとイ
B イだけ   **E** アとウ
C ウだけ   **F** イとウ

解説と解答

問1

空欄 __1__ の直前の文章は、「およそこんな風に言えるのではなかろうか。」と終わっています。

つまり、__1__ の文章には、「こんな風に言える」と言い換えた内容が入ります。ですから、__1__ に入るのは、言葉を言い換える働きのある接続語「すなわち」です。

正解 D

問2

「それ」が指す内容は、「それ」よりも前にあります。たいていは、同じ文章か、1つ前の文章の中にあります。

まず同じ文章から探すと、「ある作品をある人間が心ゆくまで見つめ、その結果」という記述があります。つまり「それ」は、「作品」か「人間」のどちらかだとわかります。

では、どちらなのかを、「それ」に続く文章から判断します。

「その結果、それ以外のどこからも得られない（略）ようなものの見方の変革が得られたとき」ですから、得たのは「人間」、どこから得たかというと「作品」です。つまり、「それ」に該当するのは「作品」のほうです。

正解 C

問3

選択肢が本文と一致するかどうか、1つずつ見ていきます。

アは、本文第4段落に「かれの作品が単に甘美な情緒をかもしだすことを目的と（略）理解するなら（略）誤っている」という記述があるので、前半の「甘美な情緒をかもしだすものとして」は間違いです。また、本文第5段落の「観衆にとっては、『坐り心地のいいひじかけ椅子』どころではなかった」という記述から、マチスの絵が歓迎されたわけでないことがわかり、**ア**の後半の「歓迎された」という記述も間違いだとわかります。

イは、本文第3段落に、マチスの告白として「私が夢想するのは（略）

均衡、純粋、澄明の芸術であり」という記述があり、一致します。

ウのうち前半は、本文第5段落に、マチスが「色彩の純化という（略）革命的におしすすめるところから出発」という記述があり、一致します。しかし、続く本文に「その結果生まれた絵は（略）フォーヴィスム（野獣派）の絵画」とあるので、ウの後半の「写実絵画」という記述は間違いです。

正解 B

問4

挿入する文章の「そのような感動」という言葉に注目します。「そのような」と書かれているということは、直前に、どんな感動であるか説明がされているはずです。そこで、①〜⑤のうち、前に「感動」という言葉が登場するものを探します。

すると、該当するのは①だけです。本文第1段落に「ある特別な高貴な感動」という表現が登場します。

ためしに①の位置に文章を入れてみると、第1段落の、〝特別な高貴な感動や喜びなどを、人間に与える〟という作品の働きに対して、設問文で、〝そのような感動は、実際には、色や線などの独特の統一感から生じた〟と記述していることになり、的確です。

正解 A

問5

選択肢が本文と一致するかどうか、1つずつ見ていきます。

アは、本文第5段落に「色彩の純化という、印象派以後の近代絵画の基本命題のひとつ」という記述があります。つまり「色彩の純化」が命題なのは、アの「写実絵画」ではなく、「印象派以後の近代絵画」の命題です。よってアは間違いです。

イのうち前半は、本文第3段落にマチスの告白として「私が夢想するのは（略）均衡、純粋、澄明の芸術であり」とあり一致します。また、後半は、本文第5段落に「観衆にとっては、『坐り心地のいいひじかけ椅子』

どころではなかった」という記述があります。この「坐り心地のいいひじかけ椅子」は、マチスが「均衡、純粋、澄明」を言い換えた言葉ですので、「観衆には、そのようには評価されなかった」という**イ**の後半の記述も、本文に一致します。

ウは、本文第4段落に「近代的な芸術家たちと同様、絵画においては、対象の正確な再現という意味での『正確さ』は、けっして『真理』ではないということを、はっきり認識」という記述があり、一致します。

正解 F

特報 一部企業でテストをコロナ禍の前に戻す動き。オンライン監視テストは実施が続く

　2020年以降、新型コロナウイルス感染症の影響で、テストセンターやペーパーテストから自宅受検型Webテストに変更する動きがありました。2023年に入り、社会が徐々に以前に戻ろうとする中で、一部の企業では2019年までの実施方式に戻す動きが見られるようになっています。

● 2025年度の夏インターンでは玉手箱が最多。一部の企業でSPIのテストセンターへの回帰も

　2025年度の夏インターンシップで最も多かったのは、昨年度と同じ玉手箱、次にSPIのWEBテスティングです。昨年度と異なるのは、SPIのテストセンター実施企業が、やや増えたことです。これまでテストセンターからWEBテスティングなどに変更していた企業の一部で、元に戻す動きがあったことや、テストセンターの自宅受検が可能になったことなどが理由と考えられます。

※2025年度から、一定の条件を満たしたインターンシップに限り、企業が参加学生の情報を本選考で使用できるようになりました（本選考開始日以降）。これもテストセンター増加の一因と考えられます。

● 2024年度の本選考や2025年度の夏インターンでも、オンライン監視テストの実施が続く

主なオンライン監視テスト（2023年10月現在）

テスト名	方式	説明
SPI	テストセンター（2022年10月開始）	予約時に会場受検か自宅受検かを選べる。自宅で受検するときは、パソコンのWebカメラなどを通じ、監督者が受検を監視する ※どの企業でも自宅受検を選べる
C-GAB	テストセンター	予約時に会場受検か自宅受検かを選べる。自宅で受検するときは、パソコンのWebカメラなどを通じ、監督者が受検を監視する ※自宅受検を選べるようにするかどうかは企業により異なる
TG-WEB	自宅受検	「TG-WEB eye」というテストで、AIが受検を監視する
SCOA	テストセンター（2022年6月開始）	「SCOA cross」というテストで、受検者が予約時に会場受検か自宅受検かを選べる。自宅で受検するときは、パソコンのWebカメラなどを通じ、監督者が受検を監視する。出題されるテストは「SCOA-A」 ※従来のSCOAのテストセンター（会場受検のみ）も引き続き実施

※SPIのWEBテスティングにはオンライン監視のオプションがありましたが、2023年10月現在では、なくなっています。

● 実施する時期によって方式を使い分ける企業も。同系列のものを一通り対策しておこう

　採用活動のオンライン化が進んでいます。採用テストの主流はWebテストやテストセンターで、今後もその傾向が続くでしょう。企業の中には、春頃はオンライン説明会後にWebテストやテストセンター、夏頃の会社での説明会ではペーパーテストというように、時期によって実施する方式を使い分けるところもあります。同系列の方式・テストを一通り対策しておくと万全です。

	同系列の方式・テスト		
	自宅受検型Webテスト	テストセンター	ペーパーテスト
SPI	WEBテスティング	テストセンター	ペーパーテスト
SHL社のテスト	玉手箱・Web-CAB	C-GAB・C-CAB	CAB・GAB・IMAGES
ヒューマネージ社のテスト	TG-WEB	ヒューマネージ社のテストセンター	i9

※SCOAにもテストセンター、ペーパーテストがありますが、内容は同じです。
※C-CABは、テストセンターに出向いてWeb-CABの能力テストを受けるテストです。C-GABと同じ会場で実施されます。

第5部

「性格」
完全攻略

SPI の性格検査 概要

🔍 SPI の性格検査とは

　SPI の性格検査は、企業の風土や職務内容に、受検者がどの程度、適しているかを客観的に診断するための検査です。大きく分けて以下の3つの項目で診断をします。

● 職務適応性
「多くの人と接する仕事」など、さまざまな特徴を持つ職務に対して、受検者がどの程度適しているかを診断します。

● 組織適応性
「創造（重視風土）」などの組織風土に対して、受検者がどの程度適しているかを診断します。

● 性格特徴
受検者の性格にどのような傾向があるかを、行動、意欲、情緒、社会関係の4つの側面で診断します。

🔍 性格検査の構成

　SPI の性格検査は、テストの種類、方式に関係なく共通のものが実施されます。ただし、問題数やテスト全体の制限時間は、パソコン受検方式（テストセンター、WEB テスティング、インハウス CBT）とペーパーテストとで異なります。

【性格検査の構成】

	テストセンター・WEBテスティング・インハウスCBT		ペーパーテスト	
	質問数	制限時間	質問数	実施時間
第1部	約90問	約12分	93問	3部あわせて約40分
第2部	約130問	約13分	133問	
第3部	約70問	約11分	74問	

🔍 性格検査 第1部

第1部は、左右で組になった質問文に対する回答を選びます。

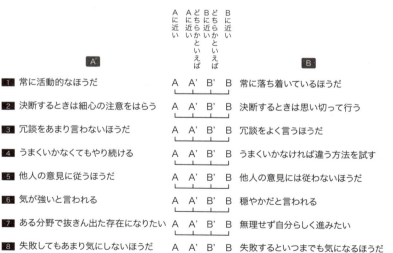

🔍 性格検査　第2部

第2部は、1つの質問文に対してどの程度当てはまるかを選びます。

以下の質問は、あなたの日常の行動や考え方にどの程度当てはまるか。最も近い選択肢を1つ選びなさい。

	当てはまる	どちらかといえば当てはまる	どちらかといえば当てはまらない	当てはまらない
1 困難なことがあっても強気で進むほうだ	1	2	3	4
2 時間をかけて考えてから行動に移すほうだ	1	2	3	4
3 ユニークな考え方をするほうだ	1	2	3	4
4 人前で話すときも緊張しないほうだ	1	2	3	4
5 物事を手際よく進めるほうだ	1	2	3	4
6 活発に動きまわるほうだ	1	2	3	4
7 深く考えることが必要な仕事がしたい	1	2	3	4
8 やることが多すぎるとうまくできないのではと不安になる	1	2	3	4

🔍 性格検査　第3部

第3部は、第1部と同じ形式です。

以下の質問は、あなたの日常の行動や考え方にどの程度当てはまるか。最も近い選択肢を1つ選びなさい。

	A		Aに近い	Aにどちらかといえば	Bにどちらかといえば	Bに近い		B

1 自分のやり方をたとえれば長距離ランナーだ　　A　A'　B'　B　自分のやり方をたとえれば短距離ランナーだ

2 物事を素早く判断するほうだ　　A　A'　B'　B　物事を判断するのに時間をかけるほうだ

3 休日は家でゆっくりするほうだ　　A　A'　B'　B　休日は外出するほうだ

4 他人のためになることをしたい　　A　A'　B'　B　自分の成長に結びつくことがしたい

5 全体をおおざっぱに理解する　　A　A'　B'　B　細かい部分まで念入りに確認する

6 感情を顔に出すほうだ　　A　A'　B'　B　感情を顔に出さないほうだ

7 他人との対立を避けるほうだ　　A　A'　B'　B　他人との対立をいとわないほうだ

8 あることで数日間も悩むことがある　　A　A'　B'　B　悩むことはあまりない

🔍 全問回答を心がけよう

　SPIの性格検査は全問回答を前提に診断されます。なるべく全問に回答することを心がけましょう。未回答があまりにも多いと、正しい診断結果が出ません。パソコン受検方式では、画面ごとの制限時間があるので注意しましょう。

415

SPIの性格検査は
こう考えよう

性格検査は「適社・適職」探しにつながる

　企業が応募者に求める人物像は、企業ごと、また職種ごとに違います。ですから、企業は応募者が自社の風土や職務内容に適しているかを重視します。企業にとって、SPIの性格検査は、こうした観点から応募者を客観的に判断するための重要なツールなのです。

　受検者にとって大事なのは、自分がその企業の風土や職務内容に合っているかどうかを知ることです。まずは、応募企業が求める人物像を知ることから始めましょう。研究を進めて理解が深まれば、性格検査の質問に対してどう答えればよいのか、推測できるようになってきます。

　志望企業を絞り込んでいないときは、逆に「自分はどんな企業で働きたいのか」「どのような職種につきたいのか」を考えることから始めましょう。SPIの性格検査対策は、「適社・適職探し」につながるのです。

性格検査は自分を補足説明してくれる資料

　企業にとって、SPIの性格検査は、必ずしも受検者をふるい落とすためのものではありません。**その後の面接などの選考過程で、より詳しく受検者の人物面を確認するための資料づくり**という側面があります。

　面接官は応募者が自社に適しているか、さまざまな切り口で確認したいと考えています。しかし面接の時間は限られています。客観的な指標にもとづいた受検者の診断結果は、応募者を知るための貴重な資料なのです。性格検査を受検するときは、ただ「テストさえ通過すればいい」と考えるのではなく、その後の過程で自分を補足説明する資料づくりに協力するつもりで回答しましょう。性格検査も、自分を知ってもらうための手段の1つなのです。

🔍 働くときの自分を想定して答える

　回答するときは、**「社会に出て働いている自分」ならどう考えるか、どう行動するか**ということを念頭に置きましょう。

　働くということは、家族でも友人でもない人たちと、社会人として接するということです。社会人には節度のある言動が求められます。そのような場面で、プライベートな場面の自分と同じ考え方、同じ行動を取ることが望ましいかどうか、想像してみることが大事です。

　まだ社会に出ていないのでよくわからない、という人は、アルバイトなどで職場の上司と接するときの自分や、大学などで教授と接するときの自分を想定してもよいでしょう。

性格検査の結果は
こう表示される

　性格検査の結果は、基礎能力検査などの結果とともに、SPIの報告書に表示されます。

SPIの報告書（例）

氏名・年齢	**「応答態度」欄**
基礎能力検査などの得点欄	**「性格特徴」欄** ※受検者の性格特徴を、「行動的側面」「意欲的側面」「情緒的側面」「社会関係的側面」に分けて表示
「職務適応性」欄 (新) **「組織適応性」欄** ※14の職務に関する適応性と、企業や配属部署の風土に関する適応性を表示	
	「人物イメージ」欄
コミュニケーション上の注意点 (新) ※受検者をタイプごとに分け、面接や選考でのコミュニケーション上の注意点を表示	**「チェックポイントと質問例」欄** (新) ※面接での確認ポイントと質問例を表示

（SPIノートの会調べ）

　※（新）とある項目は、2018年1月のリニューアルで変更があった項目です。

● 「職務適応性」欄 **（新）**

　「多くの人と接する仕事」などのように、職務が14のタイプに分けられています。受検者の職務に関する適応性が5段階で表示されます。

● 「組織適応性」欄

　「創造（重視風土）」などのように、組織の特徴が4タイプに分けられ

ています。受検者の組織に対する適応性が5段階で表示されます。

● 「コミュニケーション上の注意点」欄 （新）

受検者のタイプと、面接や選考でのコミュニケーション上の注意点が表示されます。

● 「応答態度」欄

質問に対して矛盾の多い回答をする傾向が非常に強く現れた場合に、その旨が表示されます。ただし、これは性格検査としての信頼性にやや欠けることを示すもので、受検者の性格傾向についての注意を示すものではありません。

● 「性格特徴」欄

受検者の性格特徴が、4つの側面（「行動的側面」「意欲的側面」「情緒的側面」「社会関係的側面」）に分けて表示されます。

● 「人物イメージ」欄

「性格特徴」欄の結果から、受検者のイメージが文章で説明されます。

● 「チェックポイントと質問例」欄 （新）

「性格特徴」で傾向が強く表れている尺度について、面接で確認するためのポイントと具体的な質問例が表示されます。

2018年1月のリニューアルによる変更点

・「職務適応性」「組織適応性」と「性格特徴」の位置を入れ替え
・「職務適応性」の14のタイプの名称を変更
・「コミュニケーション上の注意点」を新設
・「チェックポイントと質問例」欄に、面接での質問例を追加

性格検査の結果はこう表示される

SPIの性格検査の尺度一覧

🔍「職務適応性」 ※2018年1月にリニューアル

14タイプの職務について、受検者がどの程度適しているかが診断されます。

職務適応性の14タイプ

職務適応性のタイプ	どんな職務か
関係構築	多くの人と接する仕事
交渉・折衝	人との折衝・交渉が多い仕事
リーダーシップ	リーダーとして集団を統率する仕事
チームワーク	周囲と協調・協力して進める仕事
サポート	人に気を配ったり、人のサポートをする仕事
フットワーク	フットワークよく進める仕事
スピード対応	スピーディーに手際よく進める仕事
柔軟対応	計画・予定にはないできごとへの対応が多い仕事
自律的遂行	自分で考え、自律的に進める仕事
プレッシャー耐性	目標達成へのプレッシャーの大きな仕事
着実遂行	粘り強く着実に進める仕事
発想・チャレンジ	まったく新しいことに取り組む仕事
企画構想	新しい企画・アイデアを考え出す仕事
問題分析	複雑な問題を分析する仕事

（SPIノートの会調べ）

🔍 「組織適応性」

　4タイプの組織風土について、受検者がどの程度適しているかが診断されます。

組織適応性の4タイプ

組織適応性のタイプ	どんな組織か
創造（重視風土）	・革新的な考えや、創造に対して積極的な組織 ・風通しが良く、積極的に議論をする組織 ・社員が新しいことに挑戦することを受け入れる組織
結果（重視風土）	・各自に高い目標の達成を求める競争的な組織 ・各自の成果・責任が明確な組織 ・合理性を重んじ、意思決定が速い組織
調和（重視風土）	・人の和を重視しつつ、着実に進める組織 ・面倒見がよく、チームプレーを強みとする組織 ・家庭的で温かみのある組織
秩序（重視風土）	・明確なルールに従って、秩序だった意思決定をする組織 ・合理的な判断が強みの組織 ・計画的で、手堅く仕事を進める組織

（SPIノートの会調べ）

「性格特徴」(社会関係的側面を含む)

　受検者の性格特徴です。その項目について強い傾向が現れたときは尺度が高くなり、逆の場合は尺度は低くなります。

性格特徴の尺度

性格特徴の4項目	尺 度	測 定 内 容
行動的側面 行動としてあらわれやすい性格特徴を測定。	社会的内向性	対人的に消極的か積極的か
	内省性 (ないせいせい)	物事を深く考えるかどうか
	身体活動性	体を動かし、気軽に行動するか
	持続性	困難があっても、あきらめずに頑張り抜くか
	慎重性	先行きの見通しをつけながら、慎重に物事を進めるか
意欲的側面 目標の高さやエネルギーの大きさを測定。	達成意欲	大きな目標を持ち、第一人者になることに価値を置くか
	活動意欲	行動や判断が機敏で意欲的か
情緒的側面 行動にあらわれづらい性格特徴を測定。	敏感性	神経質で、周囲に敏感か
	自責性	不安を感じたり、悲観的になりやすいか
	気分性	気分に左右されやすく、感情が表にあらわれやすいか
	独自性	独自の物の見方・考え方を大切にするか
	自信性	自尊心が強く、強気か
	高揚性	調子がよく、楽天的か
社会関係的側面 周囲の人と関わりあう際の特徴を測定。厳しい状況であらわれやすい。	従順性	他人の意見に従うか
	回避性	他人との対立やリスクを避けるか
	批判性	自分と異なる意見に対して批判的か
	自己尊重性	自分の考えに沿って物事を進めるか
	懐疑思考性	他人との間に距離を置こうとするか

(SPIノートの会調べ)

「職務適応性」「組織適応性」を参考にしよう

　志望業界や企業、職種などが決まっているときは、その企業や職種が「職

務適応性」「組織適応性」のどのタイプに当てはまるのかを確認しておきましょう。企業風土がわからない場合は、4タイプのどれに当てはまるのかが大まかにわかる程度まで研究を進めておきましょう。

志望業界や企業がまだ決まっていないときは、逆に「職務適応性」「組織適応性」の各タイプを参考に、自分がどんな職業につきたいのか、どんな風土の企業で働きたいのかを考えるとよいでしょう。

性格検査の診断項目はどのように変わってきたか

SPIは、SPI2、SPI3と大きなリニューアルを2度行っています。そのつど、性格検査では診断項目の増減がありました。

初期のSPIの性格検査の診断項目は「性格特徴」「性格類型」でした。受検者がどのような性格なのかに焦点を当てて確認するテストといえます。

SPIは2002年にSPI2にリニューアルします。このとき性格検査に「職務適応性」が追加され、「性格類型」が廃止されました。受検者の性格に加え、仕事に対する適応性を確認する検査になったのです。

SPI2の登場後、ITの進展やグローバル化など企業を取り巻く環境は変化し、社員に要求される仕事の難易度は高まりました。しかし、企業は以前に比べ、人材育成に時間を割くことが難しくなっています。その結果、若手社員の組織への不適応が大きな問題になりました。これを受けて登場したのがSPI3の新項目「社会関係的側面」「組織適応性」です。これにより、SPI3では、受検者が自分を取り巻く社会や組織にどのような適応性があるかを客観的に確認できる検査になりました。

SPI	SPI2 (2002〜)	SPI3 (2013〜)
性格特徴	性格特徴	性格特徴※
性格類型	職務適応性	職務適応性
		組織適応性

※社会関係的側面が追加

【編著者紹介】

SPIノートの会 1997年に結成された就職問題・採用テストを研究するグループ。2002年春に、『この業界・企業でこの「採用テスト」が使われている！』（洋泉社）を刊行し、就職界に衝撃を与える。その後、『これが本当のSPI3だ！』をはじめ、『これが本当のWebテストだ！』シリーズ、『これが本当のSPI3テストセンターだ！』『これが本当のSCOAだ！』『これが本当のCAB・GABだ！』『これが本当の転職者用SPI3だ！』『完全再現 NMAT・JMAT 攻略問題集』『「良い人材」がたくさん応募し、企業の業績が伸びる 採用の極意』『こんな「就活本」は買ってはいけない！』などを刊行し、話題を呼んでいる。講演依頼はメールでこちらへ pub@spinote.jp

SPIノートの会サイトでは情報を随時更新中

https://www.spinote.jp/

カバー・本文イラスト＝しりあがり寿
口絵イラスト＝草田みかん
図版作成＝山本秀行（Ｆ３デザイン）／相澤裕美
DTP作成・本文デザイン・イラストキャラクター＝横田良子・杉沢直美

本書に関するご質問は、下記講談社サイトのお問い合わせフォームからご連絡ください。
サイトでは本書の書籍情報（正誤表含む）を掲載しています。

https://spi.kodansha.co.jp
2026年度版に関するご質問の受付は、2025年3月末日までとさせていただきます。

＊回答には１週間程度お時間をいただく場合がございます。
＊基本的にご質問は問題の正誤に関わるものに限らせていただいております。就活指導など、本書の範囲を超えるご質問にはお答えしかねます。

本当の就職テストシリーズ

【主要３方式〈テストセンター・ペーパーテスト・WEBテスティング〉対応】
これが本当のＳＰＩ３だ! 2026年度版

2024年1月20日　第１刷発行

編著者	ＳＰＩノートの会	
発行者	森田浩章	
発行所	株式会社講談社	
	東京都文京区音羽2-12-21　〒112-8001	
	電話　編集　03-5395-3522	
	販売　03-5395-4415	
	業務　03-5395-3615	
装　丁	岩橋直人	
カバー印刷	共同印刷株式会社	
印刷所	株式会社新藤慶昌堂	
製本所	株式会社国宝社	

Ⓒ SPI notenokai 2024, Printed in Japan
定価はカバーに表示してあります。

落丁本・乱丁本は購入書店名を明記のうえ、小社業務あてにお送りください。送料小社負担にてお取り替えいたします。本書のコピー、スキャン、デジタル化等の無断複製は著作権法上での例外を除き禁じられています。本書を代行業者等の第三者に依頼してスキャンやデジタル化することは、たとえ個人や家庭内の利用でも著作権法違反です。Ⓡ〈日本複製権センター委託出版物〉複写を希望される場合は、事前に日本複製権センター（電話03-6809-1281）の許諾を得てください。

ISBN978-4-06-534512-2　N.D.C. 307. 8　445p　21cm

SPIのテストセンター方式の専用対策書！

これが本当の
SPI3
テストセンターだ！

SPIノートの会 編著

■Ａ５判・並製
■定価：１６５０円（税込）

SPI3のテストセンターを出る順で対策！

○就活初心者から難関企業の志望者まで、SPI3テストセンター
　の徹底対策書！

○SPIで最も実施率の高いテストセンター方式に完全対応。
　基礎能力検査（言語、非言語）、オプション検査（英語、構造的
　把握力検査）、性格検査を掲載。

○見開き完結、図解中心の解説で、難問もスラスラ解ける！

○最新傾向の問題を多数収録。実力の底上げに最適！

2026年度版
好評発売中

WEBテスティング（SPI3）・
CUBIC・TAP・TAL 編

付 Webテスト実施企業一覧

これが 本当の Webテストだ！③

Webテスト・
テストセンター特定法
「裏技」を大公開！

SPIノートの会 編著
■ Ａ５判・並製
■定価：１６５０円（税込）

「SPI3」のWEBテスティング方式と
CUBIC・TAP・TALを対策！

○「自宅PCで受けるSPI」WEBテスティング方式に完全対応。
　入力形式、電卓の使用など独自の特徴を踏まえた解説を掲載。

○急増中のWebテストCUBICとTAPの全科目を掲載。
　また、絵を描かせる珍しい性格テストTALを掲載。

○Webテスト・テストセンター特定法「裏技」を大公開！

CUBIC、TAP、TALの対策ができるのは本書だけ！

2026年度版
好評発売中

玉手箱・C-GAB 編

付 Webテスト実施企業 一覧

これが **本当の Webテストだ！①**

Webテスト・テストセンター特定法「裏技」を大公開！

SPIノートの会 編著

■ Ａ５判・並製
■ 定価：１６５０円（税込）

Webテストで圧倒的なシェアを誇る「玉手箱」を徹底対策！

○玉手箱の能力テストは、言語、計数、英語それぞれに数種類の問題形式があります。

○攻略のカギは時間配分。効率のよい解き方が必須です！

○本書は、玉手箱の全科目に対応した玉手箱専用対策本です。

テストセンター方式の玉手箱（C-GAB）の独自解法を掲載しているのは本書だけ！

2026年度版 好評発売中

SCOAのテストセンター対応

これが本当のSCOAだ!

SPIノートの会 編著

■Ａ５判・並製
■定価：１６５０円（税込）

理・社の出るSPI？　それは「SCOA」です！

○SCOAは伝統ある大手企業が毎年のように実施している
　３０年以上の実績を持つ採用テストです。

○情報不足のため、多くの学生がこのテストを「理科や社会
　も出題される、難しいSPI」と誤解してきました。
　しかし、SCOAはSPIとはまったくの別物です。

○本書は、いまだ正確な情報が浸透していないSCOAを
　徹底解明した、日本初の専用対策本です！

2026年度版
好評発売中

テストセンター・SPI3-G対応

これが **本当の**
転職者用
SPI3だ!
【改訂3版】

SPIノートの会 編著

■A5判・並製
■定価：1650円 (税込)

転職者に実施される「SPI-G」の対策問題集!

○ SPIの最新バージョン「SPI3」に完全対応!

○ テストセンター、ペーパーテストに対応!

○ 手早く解ける解法を掲載! 短時間で正確に解ける!

○ 性格検査に完全対応。 報告書のリニューアルにも対応!

好評発売中

面接の赤本

どんな質問にも答えられるワークシート付き！

一条はやと 著

■Ａ５判・並製
■定価：１６５０円（税込）

○自分はとりわけPRできることがないと悩んでいる人にも、それなりにがんばったが、より効果的に自分の学生時代をアピールしたい人にも。
○人事や面接官、リクルーター、OB・OGを活用して、効率よく面接上手になる方法を紹介。
○面接だけにはとどまらず、就活全体を楽にする方法も解説

就職活動を控えるすべての学生に！

**2026年度版
好評発売中**